干部教育培训管理

李景娟　等编著

中国林业出版社
China Forestry Publishing House

图书在版编目(CIP)数据

干部教育培训管理／李景娟等编著 . —北京：中国
林业出版社，2023.9
ISBN 978-7-5219-2258-5

Ⅰ.①干…　Ⅱ.①李…　Ⅲ.①干部教育–干部培训–
研究　Ⅳ.①G726

中国国家版本馆 CIP 数据核字(2023)第 133367 号

策划编辑：高红岩
责任编辑：高红岩
责任校对：苏　梅
封面设计：睿思视界视觉设计

出版发行　中国林业出版社
　　　　　(100009，北京市西城区刘海胡同 7 号，电话 83223120)
电子邮箱　cfphzbs@163.com
网　　址　www.forestry.gov.cn/lycb.html
印　　刷　北京中科印刷有限公司
版　　次　2023 年 9 月第 1 版
印　　次　2023 年 9 月第 1 次印刷
开　　本　710mm×1000mm　1/16
印　　张　14
字　　数　235 千字
定　　价　45.00 元

前　言

党的二十大报告指出，全面建设社会主义现代化国家，必须有一支政治过硬、适应新时代要求、具备领导现代化建设能力的干部队伍。干部教育培训是干部队伍建设的先导性、基础性、战略性工程，在进行伟大斗争、建设伟大工程、推进伟大事业、实现伟大梦想中具有不可替代的重要地位和作用。

干部教育培训管理是干部教育培训工作的重点内容，也是提高干部教育培训质量成效的有力抓手。干部教育培训管理是对教育培训工作中的诸多管理要素——学员、教师、课程、资源、评估、服务和质量等进行整体统筹管理，根据各管理要素在实际工作中的作用和地位以及相互之间的内在逻辑联系，从多角度、多方面形成立体的、动态的、开放的培训管理系统。干部教育培训管理及其创新，既是新形势下的重要理论命题，也是工作中急需解决的实践命题。建立科学、合理、完善的干部教育培训管理系统，规范培训管理流程，确保干部教育培训工作的精准性和实效性，可以提高培训效率与人才转化率，充分增强干部综合素质与实践能力，进而以人才实力提高带动个人和组织事业发展，为实现中国式现代化贡献人才力量。

基于以上考虑，我们组织从事干部教育培训理论研究、管理实践及培训教学等方面的精干力量编写了《干部教育培训管理》。本书结合干部教育培训管理实际，从培训管理制度体系、培训资源管理、培训计划管理、培训实施管理、培训评估管理等基本管理要素出发，阐述如何把干部教育培训管理工作做到位，较全面、系统地介绍了干部教育培训管理的相关理论、方法、过程、技巧与实例。第一章介绍了干部教育培训管理的概念内涵、相关理论、发展历程、工作定位及主要内容；第二章介绍了干部教育培训的管理体制、政策体系、运行制度体系及组织架构；第三章介绍了干部教育培训中教师、课程、方法、基地、教材、经费的管理内容和原则等；第四章介绍了干部教育培训需求分析和项目策划的相关内容；第五章介绍了干部教育培训实施的工作要点、流程管理及人员管理；第六章介绍了干部教育培训评估的相关内容，包括评估模型、评估方法、评估指标、评估流程等。

本书紧密结合干部教育培训管理实践，内容丰富，通俗易懂，具有实战性和可操作性，可以作为培训管理者的指导用书和学习资料。本书整体框架由李景娟策划，统稿工作由李景娟、苏立娟完成，参与编写工作的成员包括李景娟、苏立娟、赵珊、张红威、李金、李虹。本书在编写过程中，参考了国内外相关机构和专家的研究成果，得到了国家开放大学、国家林业和草原局管理干部学院等单位领导、同事的大力支持和倾心指导，获得了中国林业出版社提供的出版保障，在此一并表示感谢！

受时间、精力和水平所限，书中难免有疏漏和欠缺之处，恳请广大读者批评指正，为继续完善本书提供宝贵意见和建议。

李景娟

2023 年 4 月

目　录

第一章

干部教育培训管理概述

党的二十大提出，全面建设社会主义现代化国家必须有一支政治过硬、适应新时代要求、具备领导现代化建设能力的干部队伍。干部教育培训是干部队伍建设的先导性、基础性、战略性工程。如何准确把握干部教育培训规律，不断改革完善干部教育培训管理制度，建立科学高效的干部教育培训资源运转体系，做好培训前期、中期和后期管理，提升干部培训精准性和实效性，成为当前干部教育培训工作者关注的重要话题。

第一节　概念内涵

一、干部教育培训的内涵和特点

党的干部是党和国家事业的中坚力量。落实党的二十大确定的各项任务，建成富强民主文明和谐的社会主义现代化国家，实现中华民族伟大复兴的中国梦，必须着力培养千千万万忠诚、干净、担当的高素质干部。

干部教育培训是指依据党的路线、方针、政策，根据党和国家的要求及社会与个人发展的需要，并结合党不同历史时期的中心任务，以提高推动党的事业发展所必需的政治理论素养、整体知识水平、岗位履职能力、思想水平为目标，对各级干部进行有组织、有计划的多种层次、多种形式、多种渠道的继续教育、发展、培养和训练的活动。其主要任务就是为党和国家培养、造就高素质干部队伍。历史经验表明，干部教育培训在提升党的建设和促进经济飞速发展中起到了积极的推动作用。

干部教育培训从性质上看是一种继续教育，是拓宽知识结构、开发潜能的再教育，培训对象一般来说实际工作经验较为丰富，有的具有领导工作经历，往往具有明确的学习风格及培训需求。从功能意义上来说，良好的干部教育培训有利于培养造就信念坚定、为民服务、勤政务实、敢于担当、清正廉洁的好干部，是提高干部素质的有力抓手，也是干部队伍建设的重要途径。

干部教育培训是对干部进行培养教育的活动，相比于成人继续教育和企业员工培训，其特点主要体现在以下方面：一是政治性，干部教育培训始终坚持社会主义办学方向，紧紧围绕党和国家事业发展需要，结合干部岗位职责和成长需求开展教育培训；二是实践性，干部教育培训坚持弘扬理论联系实际的学风，坚持和运用马克思主义立场观点方法，紧密联系干部思想和工作实际，以中心工作为主，以解决实际问题为导向开展教育培训工作；三是针对性，干部教育培训遵循分类分级、精准科学、突出重点、注重实效的原则，对各级各类干部进行培训；四是时代性，干部教育培训以干部成长规律与干部教育培训的基本规律为遵循，不断适应时代发展和形势任务的变化，不断推进培训内容的更新、培训方式的改进、培训资源的整合、培训队伍的优化。

二、干部教育培训管理的概念界定

(一)什么是管理

管理是在特定的环境下，对组织所拥有的资源进行有效的计划、组织、领导和控制，以便达成既定的组织目标的过程。人类文明程度及社会性发展到一定阶段便出现了管理，管理最初指掌管事务，传说黄帝时代设百官，"百官以治，万民以察"，百官就是负责主管各方面事务的官员。"管理"一词出现也很早，原来既可以是动词，也可以作名词，如"万历中，兵部言，武库司专设主事一员管理武学"，其中"管理"是动词；而"东南有平海守御千户所，洪武二十七年九月置。又有内外管理、又有碧甲二巡检司"，其中的"管理"为名词，表示官职。

"管理科学之父"弗雷德里克·温斯洛·泰勒(Frederick Winslow Taylor)认为，"管理就是确切地知道你要别人干什么，并使他用最好的法去干"，在他看来，管理就是指挥他人能用最好的办法去工作。诺贝尔奖获得者赫伯特·A.西蒙(Herbert A. Simon)对管理的定义是："管理就是制定决策。"彼得·F.德鲁克(Peter F. Drucker)认为："管理是一种工作，它有自己的技巧、工具和方法；管理是一种器官，是赋予组织以生命的、能动的、动态的器官；管理是一门科学，一种系统化的并到处适用的知识；同时管理也是一种文化。"亨利·法约尔(Henri Fayol)在其名著《工业管理与一般管理》中给出的管理概念对西方管理理论的发展具有重大的影响：管理是所有的人类组织都有的一种活动，这种活动由五项要素组成——计划、组织、指挥、协调和控制。法约尔对管理的看法颇受后人的推崇与肯定，形成了管理过程学派。孔茨(Koontz)是第二次世界大战后这一学派的继承与发扬人，使该学派风行全球。斯蒂芬·P. 罗宾斯(Stephen P. Robbins)给管理的定义是：所谓管理，是指同别人一起，或通过别人使活动完成得更有效的过程。

管理不仅仅指商业管理，虽然在现代市场经济中工商企业的管理最为常见。除了商业管理，还有很多种类的管理，比如行政管理、经济管理、社会管理、城市管理、卫生管理等。每一种组织都需要对其事务、资源、人员进行管理。

(二)什么是培训管理

培训管理是为了更有效地实施培训，让培训真正落地并发挥作用，而对培训活动开展的规划、组织、实施、评估、改进等一系列管理活动。培训管理是人力资源或组织人事管理体系中非常重要的一环，培训管理的质量直接影响着培训实施的效果。

理解培训管理的内涵，要把握三个关键点：首先，培训管理的方式是"培养、训练"。与"培养、训练"内涵相近似的词还有"教学""辅导""指导""引导""锻炼"等，其中心都是围绕"教"。在培训管理中，第一个核心问题是如何"教"，需要考虑教的人是谁、组织者是谁、方法有哪些、是否有效等。本书后续将围绕这个核心问题展开分析。其次，培训管理的目标是"掌握、提升、改变"，即掌握知识、提升技能、改变思维，这些目标的实现途径是培训管理的第二个核心问题。最后，培训管理的对象是"人"，具体来说，是"人的知识、技能、思维"。人的可变性和复杂性不言而喻，每个人从小到大学习了很多知识和技能，思维方式也在不断地转变。在培训管理中，首先需要明确的问题是，培训对象需要继续学习哪些知识、掌握哪些技能、转变哪些思维。如何更有针对性地解决这些与"人"有关的问题是培训管理的第三个核心问题。

(三)什么是干部教育培训管理

干部教育培训管理是以干部教育培训工作为核心，以干部需求为导向，以党性修养、最新理论成果、专业知识和技能培训等实践为内容，由干部教育培训组织部门负责组织实施，通过培训最终实现以政治素质培育、业务能力提升为目标的干部培养管理工作。干部教育培训管理实质上就是组织通过开发干部的知识、技能、思维认知，从而帮助实现组织目标的系统过程。

按照上述培训管理的三个关键点，干部教育培训管理的内涵理解如下：

1. 干部教育培训管理的组织者

干部教育培训管理是以服务党和国家发展为核心，以教育培训管理对象的需求为导向，以最新理论成果和工作实践方法为内容，由干部教育培训的组织者设置培训目标、培训计划、培训考核体系，在短期或中期、脱产或半脱产的培训中进行理想信念培育、能力提升、实践检验的全程化、系统化的干部培养解决方案。

具体到各行各业，一般以各级人事组织主管部门为主要培训管理部门，负责本级及以下干部教育培训管理工作，具体内容包括干部培训规划编制、年度培训计划的制定与实施，以及干部教育培训考核评估等工作。其他如党校、纪委、干部学院、继续教育学院等相关部门密切配合，对各级干部进行教育培训，构建相对完善的教育培训管理体系，优化管理服务效能，从而提高干部教育培训管理的实际效果。

2. 干部教育培训管理的目标

通过对干部队伍进行培训管理，提高干部队伍素质，为国家事业发展、地方建设和区域发展提供人才支撑和后备干部队伍保障。干部教育培训的管理性质突出体现在以中央、省、市的各项方针、政策为导向，要求在政治方向上与党中央保持一致，对干部开展理论知识、业务知识与党性修养等主要方面的培训管理。

3. 干部教育培训管理的对象

干部教育培训管理的对象为干部，该群体具备鲜明的特征，具体表现在：

（1）具备较高的理论素养与政治觉悟。各类干部教育培训班的受训学员大多数都是党员，在各单位担任中、高层干部职务，大多具备较高的理论素养和文化水平，并且具备坚定的政治立场，有较高的政治觉悟，对于促进经济社会发展具有较强的职责使命感与历史责任感。

（2）拥有丰富的实践工作经验。受训干部来自不同的工作岗位，包括党政机关、事业单位等，大部分学员都有长时间在基层一线工作的经历，历经多岗位锻炼、业务精通、实践经验丰富，能够将理论知识与实践工作紧密结合。

（3）参加培训的目的明确。党的十八大以来，马克思主义理论中国化取得新的发展，习近平新时代中国特色社会主义思想内涵丰富、意蕴深刻，各级干部只有不断强化理论学习，掌握最新法律法规政策，才能更好地解决实际问题。

（4）个体差异较大。各种培训班次包括单次培训中干部的个体差异都比较突出，包括年龄、学历、工作背景、所在地区等客观因素，以及参训目的、学习动机和主动性等主观因素。如同一个培训班的学员年龄层次可以涵盖"60后"到"90后"，学历层次可以涵盖专科到硕士、博士。

（5）培训工作两手抓，易出现工学矛盾。根据《中华人民共和国公务员法》和干部教育培训的有关规定，学员在学习培训期间原则上不承担本单位的工作任务。但在实际执行过程中，受训干部虽然因参加培训暂时脱离岗位，但个人的岗位职责没有明确的人员接替，因此往往要参与处理单位安排的各项常规工作与突发情况，这必然会与培训管理产生较大的冲突。

干部培训管理的具体对象是人的知识、技能、思维。冰山理论（后文将详细阐述）认为，显性的"知识、技能"在培训管理中可以通过测试等方式评估效果。但"思维"是冰山下的"社会角色、自我形象、特质、动机"的集合体，它们决定了表象的"知识、技能、行为"，但却难以测试和衡量。因此，如何能够有效地改变思维就成为培训和培训管理的主要难点。

第二节 相关理论

前文明确了干部教育培训管理的概念和内涵，为把握全书的研究范畴提供了方向和原则，本节将引入管理学相关理论，从干部教育培训管理理论入手，理解干部教育培训管理的主要内容和理论遵循。

一、新公共管理理论

20世纪70年代末80年代初，西方国家掀起了一场轰轰烈烈的新公共管理（new public management，NPM）运动，并成为当代西方政府改革的一种指导性理论。新公共管理主张在政府管理中借鉴企业管理模式和方法来提高管理效率，引入竞争机制来提高服务的质量和水平，最终以市场或顾客为导向来改善行政绩效。简要而言，新公共管理理论就是引入市场机制，把政府的一部分权力让渡给社会组织和私营部门，降低政府管理成本。同时，向服务型政府转变，提供优质的公共服务。

过去 40 多年中，新公共管理在干部教育培训中也日趋流行。发达国家公务员培训管理最突出的特点在于将新公共管理的培训理念运用于政府官员和公务员的培训实践之中。随着培训主体的多元化和市场竞争机制的引入，政府培训机构的垄断地位被打破，政府培训机构、高校、私营培训机构处于同一起跑线上争取"客户"，竞争的本钱则是适销对路和高质量的产品与服务。

在全球化背景下，立足于新公共管理理论的中国化应用，借鉴其理论、方法及模式中的合理因素，审视我国当前干部教育培训管理工作，对于深化干部教育培训体制改革、提高培训质量和效率具有重要的现实意义。干部教育培训可以在以下五个方面吸收新公共管理理论：一是政府角色调整、职能优化。新公共管理主张的是政府"掌舵而不划桨"，具体执行事务可交由市场和社会力量去完成，政府作为"掌舵型"组织机构，主要致力于控制方向，发现达到目的的最佳途径。二是公共部门引入企业管理方法。新公共管理理论主张在管理上公共部门与企业有其共性，可适当把企业管理的方法运用到对公共部门的管理。三是推进公共服务市场化。在以政府为核心主体的前提下，实现管理主体多样化和社会化，是新公共管理所大力倡导的。四是结果导向绩效管理。新公共管理主张政府行为要坚持以结果为导向，适度放松行政规则，科学推行绩效评估，通过目标管理进行导向和控制。五是顾客导向需求服务。新公共管理认为，政府要像企业对待顾客一样对待公民，把"顾客"当成"上帝"，以满足公民的实际需要为重要价值取向。

二、项目管理理论

项目管理理论（project management theory）是第二次世界大战时期因提升国防建设项目质量和效率而诞生的一种管理方法。该理论将一个具体项目的管理作为研究对象，把该项目的最终目标分解为无数个小的短期目标，在规定时间、有限资源和一定预算的前提下，对项目进行计划、实施、监控和评估，提高项目管理效率以实现每个小目标，进而逐步实现最终目标。

项目管理理论经历了产生、形成和发展三个阶段。

（1）20 世纪 50 年代，现代项目管理理论在实践中产生。20 世纪中前期，"曼哈顿工程"等重大工程项目的管理人员，共同致力于研究并运用能够在预定的时间内用有限的资源和资金高效地完成预期工程目标的方法，他们发现，限定时间、资源、控制进度和成本等方法有非常可观的效用。随后关键路径法（CPM）、计划评审技术（PERT）等计划管理方法出现，得到普遍应用并发挥巨大作用。

（2）20世纪80年代，现代项目管理理论体系初步形成。CPM、PERT等网络计划技术的出现为项目管理提供了一种切实有效的方法技术，项目管理开始逐渐被理论界和管理者所重视，一些国家建立起学术团体，项目管理的理论研究进入了新阶段。这一时期一些项目管理专著陆续出现，如1983年的《项目管理手册》，集众多专家和管理者的思想于一体，为项目管理搭建起基础的理论体系。

（3）当前时期，现代项目管理的理论体系逐渐成熟。随着应用环境变化和操作经验的丰富，初期的理论体系不能承载当前项目管理实践的需求，结合实践经验和教训，学者们和高级管理人员开发出一系列具体的项目管理方法和技术，项目管理理论迅速发展，细分的项目管理理论和方法都呈现不断发展的态势，项目管理理论体系逐渐完备。

项目管理主要包括项目整体管理、范围管理、时间管理、费用管理、采购管理、风险管理、人力资源管理、沟通管理和质量管理九大知识体系。项目管理过程包括启动、计划、执行、控制和评估五个阶段。

把项目管理理论应用到干部教育培训管理工作中，就是将一项具体的培训活动作为一个独立的整体进行管理，视为一个"项目"。通过临时抽调各相关部门人员成立项目组，对该培训项目直接负责，包括计划制定、培训实施及评估，以更好地满足学员的差异化需求，更好地控制成本、提升管理效率和培训质量。

三、人力资本理论

人力资本理论最早起源于经济学研究。20世纪60年代，美国经济学家西奥多·W. 舒尔茨（Thodore W. Schults）和加里·S. 贝克尔（Gary S. Becker）创立人力资本理论，该理论认为，资本分为物质资本与人力资本。物质资本指现有物质产品上的资本，而人力资本则是体现在人身上的资本，即蕴含于人身中的各种生产知识、劳动技能、管理技能和健康素质的存量总和。该理论的主要含义就是对人的投资，通过提高教育质量提高人口总体质量，进而充分激发人的主观能动性和创造力，推动经济社会发展。

2001年，诺贝尔经济学奖获得者迈克尔·斯宾塞（Michael Spence）提出了人力资本内涵的另一种解读。他认为，透过学历程度和职业技能水平而观测到的人力资本仅具有信号价值，并不是劳动市场生产率的真实反映。人力资本的意义是表征了劳动者的某些私人信息，为从事生产活动的社会组织提供了适当的人才筛选标准。从这个角度来说，职业技能培训可视为信号机制。完成职业技能培训并通过相应的考核机制，即可获得职业技能证书。企业或其他社会组织还将职业技能培训作为一种筛选机制，用其挑选出与岗位需求最相匹配的劳动者。但从本质上说，学校教育和职业技能培训仍是提升人力资本的基本方法，职业技能培训还能显著缩短从学校到工作岗位的转变期，使劳动者尽快进入工作状态。

干部教育培训管理就是提高干部的理论水平和实践能力，提高干部群体的综合竞争力和政策落实能力，让他们在地方经济社会发展中发挥更大的作用，实现人力资本向经济资本、社会资本的转变。基于人力资本理论，干部教育培训最直接的效果就是提升在职干部的人力资本水平，并扩大其视野空间、增加其职业前景，从这个意义上说，干部教育培训可以提升社会总福利，同时会带来干部自身福利的显著提升。

四、学习型组织理论

自 20 世纪 90 年代以来，"学习型组织"理论顺应信息化、全球化的时代背景，融合东西方管理思想的精华，成为当代较为流行的新型管理学理论。学习型组织(learning organization)是指通过培养弥漫于整个组织的学习气氛、充分发挥员工的创造性思维能力而建立起来的一种有机的、高度柔性的、扁平的、符合人性的、能持续发展的组织。这正是知识型组织的理想状态，是知识型组织的实践目标，这种组织具有持续学习的能力，具有高于个人绩效总和的综合绩效的效应。

学习型组织最初的构想源于美国麻省理工学院杰伊·福瑞斯特(Jay Forrester)教授，1965 年他在《企业的新设计》一文中，运用系统动力学原理，非常具体地构想出未来企业组织的理想形态——层次扁平化、组织信息化、结构开放化，逐渐由从属关系转向为工作伙伴关系，不断学习、不断重新调整结构关系。这是关于学习型企业的最初构想。

美国学者彼得·圣吉(Peter Senge)被誉为"学习型组织之父"，他所创的学习型组织理论更受关注，被称为"21 世纪的管理圣经"。圣吉认为，当前社会组织越来越复杂，任何组织要想在竞争社会中立足和发展，就要应用组织中每个人的学习能力，让组织中的成员全身心投入，平等地、和谐地进行个人和集体学习，不仅使个人在工作中体会到生命的意义，不断超越自我，不断创新，不断实现更高的人生价值，而且推动组织在管理思想、组织机构、管理方法、管理制度等方面不断创新，从而提高组织的整体创造力和适应社会变化的能力。

圣吉把学习型组织的特点归纳为五点：一是系统思考，即在潜移默化中促使大家树立整体的思维方式，把组织看作一个有机系统，运用系统的观点思考和分析问题；二是自我超越，即组织成员应该不断地搞清楚有关个人的情况，搞清楚个人的长处和不足，客观看问题，不断克服缺点，不断超越自我，这是学习型组织的核心；三是改善心智模式，心智模式指个人所拥有的信念，它帮助人们理解环境，影响人们如何采取行动，它根深蒂固于心中，要求人们有效表达自己的想法，并以开放的心灵容纳别人的想法；四是建立共同的愿景，所谓共同愿景，是指把每个人的愿望与组织的理念整合在一起，它促使组织成员朝着一个共同目标迈进，鼓励组织成员努力工作，拼搏进取；五是团队学习，一个组织是由若干个体组成，这就需要成员之间"对话"，相互协调，相互学习，实现组织的任务和目标。

学习型组织是学习型社会的基本单位，它倡导以人为本的管理理念，让组织持续学习，提高凝聚力和核心竞争力，不断应对知识经济的挑战和外在环境的变化。随着知识经济持续发展和深化，学习型组织理论风靡全球，并广泛应用于众多企业、学校、机构的管理中。

干部教育培训管理是管理系统的一个分支，学习型组织理论作为一种平等的、开放的、普遍适用的管理理念，也适合在干部教育培训管理中应用。将学习型组织理论引入干部教育培训管理工作，就是要建立学习型机关，通过组织干部教育培训，培养其自我超越意识和系统思考能力，激发创造力、凝聚向心力，使干部更加贴合事业发展需要。

五、胜任力理论

"胜任力"英文单词来源为 competency，这个概念最早由哈佛大学教授、著名心理学家戴维·麦克利兰（David·McClelland）于 1973 年正式提出，是指能将某一工作中有卓越成就者与普通者区分开来的个人的深层次特征，它可以是动机、特质、自我形象、态度或价值观、某领域知识、认知或行为技能等任何可以被可靠测量或计数的并且能显著区分优秀与一般绩效的个体特征。胜任力与工作绩效密切相关，是一种与任务场景紧密相关的，可以区分绩优与绩差人员的知识、态度和技能。

胜任力模型是胜任特征的集合，它是某一领域或行业中绩效优秀者为了成功完成某项工作而需具备的知识、行为、技能的集合。胜任力模型可以用图 1-1 的冰山模型和图 1-2 的洋葱模型进行很好的体现。

麦克利兰 1973 年提出了著名的"冰山模型"，就是将人员个体素质的不同表现形式，划分为表面的"冰山以上部分"和深藏的"冰山以下部分"。其中，"冰山以上部分"包括基本知识、基本技能，是外在表现，是容易了解与测量的部分，相对而言也比较容易通过培训来改变和发展；而"冰山以下部分"包括社会角色、自我形象、特质和动机，是人内在的、难以测量的部分，它们不太容易通过外界的影响而得到改变，却对人员的行为与表现起着关键性的作用。冰山模型将胜任力模型形象地比作一座漂浮于水中的冰山，它将个体素质的不同表现划分为水面以上部分和水面以下部分。水面以上的特征容易被人感知，但不能作为有出色表现的关键特征因素，而是基准性胜任力，水面以下部分是区分绩效优秀者的关键特征因素，称为鉴别性胜任力。

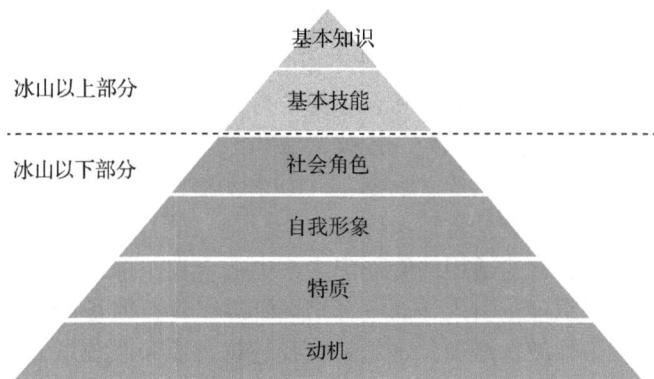

图 1-1 冰山模型

在麦克利兰冰山模型的基础上，另外一位培训管理研究的美国学者博亚特兹(Boyatzis)进行了拓展，提出了洋葱模型(图 1-2)，采取层级递进的思路更加直观地展现了个体核心的内在学习动机、个体特质和外在的知识理论、专业实践能力之间的本质联系。他认为，即使培训本身能够为组织提供合格的个体，为组织完成既定的工作任务，但是，培训要让个体能够有持久的创新热情，激发他们工作的奉献精神以便于更好地服务于组织，却是一件难事。因此，个体员工内在的秉性和内在动机应当是组织更加重视的一个方面，这也正是胜任力模型核心的研究问题。

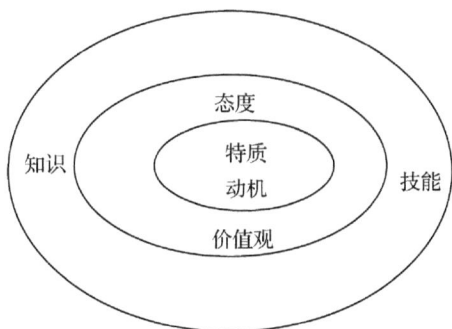

图 1-2 洋葱模型

六、成人学习理论

成人一般指的是年龄在 18 岁以上，以从事一定的社会劳动作为自己角色职责的人。由于年龄、生理、心理及环境等因素，成人的学习特征与儿童有很大不同。成人学习的理论研究最早始于 20 世纪初，1928 年美国心理学家桑代克(Thorndike)在《成人的学习》一书中指出，成人学员有巨大的学习能力，学习的实质在于形成刺激与反应的联结，学习过程是试误过程，效果率、练习率和准备率是学习的三大定律。他的理论对于我国成人教育具有十分重要的启示。

20 世纪中叶，成人学习和成人教育运动蓬勃发展，"成人学习之父"诺尔斯(Knowles)的成人教育思想成为成人学习理论的主要代表。诺尔斯的成人教育思想为后续的成人学习研究提供了重要的参考。诺尔斯在借鉴其他学科领域已有的优秀成果的基础上，以成人学员为中心，深刻揭示成人学习的主要特点与规律，提出了系统化的成人学习思想。基于诺尔斯的成人教育思想，成人学习的特点主要表现在以下四个方面。

1. 学习自主性较强

诺尔斯认为，随着个体变得越来越成熟，其自我概念也发生了重大变化，逐步从依赖型转变为独立型。成人和儿童在学习主动性上存在显著差别，儿童的学习活动是由教师决定学习目的、学习内容、学习计划和教学方法，更多地依赖教师的教学活动。在成人的学习活动中，更强调自身学习的自主权，有很强的独立性，对教师的依赖性低，具有较强的个人意识和个人责任感，倾向于自己诊断学习需要、选择学习内容、制定学习计划以及对学习进行评价。

2. 学习认知过程以经验学习为主

对儿童来说，其经验主要来自成人的间接经验，并且不够丰富和全面。相比之下，成人因其丰富的社会经历，已经积累了更具直接性和多样性的经验，成人的学习活动更多地借助于自己的经验来理解和掌握知识，个体生活经验对学习活动具有较大影响，成人的已有经验与新知识、新经验的有机结合有利于提高学习的有效性。诺尔斯十分重视经验在成人学习中的作用，并且随着个体的成熟和实践活动的增加，生活经验也在不断丰富，对成人学习所起的作用也在不断增大。但不可否认，成人的经验有时会形成某种学习定势而对学习产生消极影响。

3. 学习任务与其社会角色和责任密切相关

儿童的学习任务主要是促进其身心成熟与发展，而成人学习在很大程度上受到其社会角色的影响。对于成人而言，其学习任务主要是为了确保自身所具有的社会责任得以顺利完成，学习计划、学习目的、内容、方法等与其社会角色任务密切相关，往往具有更强的针对性，并且学习动机比较强。随着个体的发展阶段向另一个阶段转移，他们学习的基本任务也会相应地变化。了解不同成人学习者的需要是教育工作的一项基本要求，要围绕成人学习需要开展工作。具有相同学习需要的成人能够在学习中互相交流与帮助，组成学习共同体。

4. 学习目的是解决问题

主观需求是成人学习的驱动力。诺尔斯认为，随着个体的不断成熟，学习目的也在不断发生着变化。儿童学习的目的指向未来的生活，而成人学习的目的则在于直接运用所学知识解决当前社会生活遇到的问题。他们不仅关注学习内容，更加关注学习对于工作、生活的"实用"价值，因此，成人学习是一个目的十分明确的学以致用、解决问题和提高能力的过程，更喜欢问题中心或任务中心的学习。教育活动对成人是一个十分明确的学以致用的过程，他们希望针对社会生活中的具体问题学习，通过学习解决问题。

干部作为典型的成人学习者，遵从的是成人学习理论，这对干部教育培训管理具有不可忽视的指导意义。因为成人有其自身的人生阅历，对人和事物形成了相对固定的思考模式和见解，这就使简单学生式管理很难发挥作用，需要采用灵活多样的管理形式和方法。干部有较强的自我学习能力，要尊重和发挥他们已有的经验，重视干部本身的角色，设计有效的学习活动和管理方式，给其留有适当的空间进行自主安排，激发干部的学习动机，提高积极性、主动性、创造性。

第三节　发展历程

一、干部教育培训管理的理论发展

干部教育培训管理是一个实践性较强的课题，国内外学者对此展开了大量的、丰富的研究，提出了许多有价值、有意义的观点，为我国干部教育培训管理实践工作提供了重要的理论指导。

(一)国外理论发展

目前来看，国外关于干部教育培训管理的专门研究相对较少，一般研究都是针对公务员培训管理来展开的。

1. 理论起源

教育培训管理理论是从早期的科学管理理论发展而来的。美国学者弗雷德里克·泰勒在1911年提出，科学管理的中心是提高劳动生产率。这就要求企业管理者必须科学地选择和培训工人以提高生产率。同期的德国学者马克思·韦伯(Max Weber)在其代表作《社会和经济组织的理论》一书中提出，理想的企业组织要想获得良好的组织绩效，其员工必须要经过正规培训。1931年，德国心理学家雨果·闵斯特伯格(Hugo Munsterberg)针对教育培训在公务员、军人的选拔工作中的重要性进行了研究。这些早期可追溯的管理学理论，尽管理论内容较为简单、系统性不强，且大多强调企业对员工开展培训的重要性，却也为后来公务员培训管理理论奠定了基础。

2. 系统发展

进入20世纪60年代，培训管理理论日趋系统和完善。1961年，麦格希(Mcgehee W.)、赛耶(Thayer P. W.)提出的"三层次分析法"，为后期组织开展培训需求分析、制定培训计划等提供了理论指导。舒尔茨于1963年提出了人力资本理论，他认为由教育形成的人力资本的投资收益率远超其他形式的物质资本的投资收益率。1965年，法国学者保罗·朗格朗(Paul Lengrand)在《终身教育引论》中提出终身教育的思想，他认为教育过程必须持续贯穿在人的一生中，而非前半生用于受教育，后半生用于劳动。

3. 创新发展

进入20世纪80年代后，培训管理理论有了新的发展。1985年，美国学者戈德斯坦(Goldstein)等人构建了经典的Goldstein模型。该模型从组织分析、任务分析和人员分析三个方面对培训需求展开分析，实现了培训需求评价的系统化。1990 年，美国学者弗农·汉弗莱(Vemon Humphtye)在罗杰斯(C. R. Rogers)"群体学习理论"的基础上，提出了"员工集体培训理论"。该理论的主要观点是从全局出发，通过组织员工集体学习、集体培训的方式来改变复杂组织。同年，美国管理大师彼得·圣吉提出"学习型组织"的管理理念，认为可以通过建立共同愿景、团体学习、改善心智、超越自我和系统思考来构建学习型组织。

莱斯利·瑞(Le Slie Rae)在其著作《培训管理效果评估》中提出，要对从计划到结束的每一培训阶段的管理效果进行评估，并强调做评估一定比不做评估好，但评估还是要适度。早在 1959 年，柯克帕特里克(Kirkpatrick)在其博士论文中提出目前应用最广泛的柯氏四级评估模型，即通过反应层、学习层、行为层和效果层对培训效果展开分析。1994 年，考夫曼(Kaufman)扩展了柯氏四级评估模型。他认为，培训能否成功与培训前资源的获得有着密不可分的关系，因此他在四层次模型的基础上加入了对资源获得可能性的评估，构建了考夫曼五层次评估模型。紧接着，1996 年学者菲利普斯(Phillips)提出了五级投资回报率模型，即菲利普斯五层次评估模型，该模型在柯氏四级评估模型的基础上加入了投资回报率这一层次。关于培训效果评估模型方面的研究日益丰富，为评估培训效果提供了新的思路。培训效果评估模型相关内容将在后文详细说明。

国外关于公务员培训管理的研究为干部教育培训管理奠定了坚实的理论基础，其中不乏先进的培训管理理念，为后续研究的深入开展提供了可靠的理论支持。国外非常注重培训管理的可持续性，关于干部教育培训管理的研究已经有了非常完整的研究体系，特别是人力资本理论、柯氏四级评估模型等相关研究为开展干部教育培训管理提供了诸多思路。

(二)国内理论发展

1. 培训管理需求方面

了解干部的培训管理需求是提升培训管理质量的核心。刘伟等(2018)认为，公务员岗位培训以组织需求和岗位需求为主，兼顾个人成长需求，这是公务员任职培训课程设计的关键。戴玲(2021)聚焦少数民族干部培训需求，从知识、能力、价值观、动机四个层面分析了需求特征，认为少数民族干部总体上具有站位较高、目的明确、动机务实、类型多元等培训需求的特征。胡丁月(2020)认为，要通过培训需求调研准确地掌握干部的培训需求，才能科学地确定培训目的、优化配置课程和师资、强化培训管理。马佳等（2019）认为，培训需求调研应处于培训全流程的首要环节，做好培训需求调研，对于提升培训工作的针对性和实效性有着至关重要的作用。

2. 培训管理方法方面

干部教育培训管理方法的选择日益多样化，方法创新研究也层出不穷。赵永业等（2019）对现代远程教学模式和传统的集中讲授模式相结合的多元培训模式进行对比分析，提出了构建"以实践教学为取向、以能力培训为目标、以远程教学为先导"的多元培训模式，对于提高培训的实效性和针对性具有积极的促进作用。胡银根等（2016）在终身教育背景下对干部培训教学法进行探讨，提出"实、链、趣、土、特、奇、忌、比"等教学法，认为此方法可以使受训者达到坐得住、听得懂、记得牢、用得上的效果。王立娟（2021）认为，现代科学技术的发展为党校干部培训模式的创新提供了良好的基础，而"互联网＋"党校干部培训就是其中最为有效的手段之一，能够有效避免传统模式下党校干部培训的弊端，有力应对党校工作在时代发展当中面临的挑战。周忆陶等（2019）认为，自媒体平台的构建对传统的干部教育培训带来挑战的同时，也给其带来了新的机遇，建议运用信息数字技术创新干部教育培训模式，解决培训者与学习者的痛点、难点问题，使其成为一个可持续的、循环流动的整体。

3. 培训管理评估方面

科学的培训管理评估对了解培训效果、界定培训对组织的贡献和对员工的影响具有非常重要的作用。黄卓等（2020）对国际视域下中国干部培训标准化评估方法进行了研究，认为干部教育作为一种明显有别于学历教育的教育模式，在实践中不可能套用学历教育中行之有效的效果评估手段，目前全国干部教育存在培训需求总量大、培训层次多、参与主体广的特点，但是行之有效的效果评估手段一直相对匮乏，现实中往往是采用问卷法开展效果评估，但是该方法是否优越一直存疑。薛红（2014）认为，培训评估是培训过程的一个重要环节，培训效果评估的准确性、客观性取决于各个方面的相互协调及配合，同时也是培训效果作用到实际工作中的有力保证。李闯（2017）认为，培训评估是整个培训活动的最后环节，但也是培训活动中的重要组成部分，他还从柯氏四级评估模型角度分析基层党员干部培训评估问题，提出了一些合理化的对策和建议。王凌鸿等（2022）认为，培训实施单位可以运用全过程评估理念下的企业工会干部培训模式，提升培训环节设计的逻辑性和流畅性。

4. 培训效果转化方面

培训效果转化是培训管理的重要环节之一。范治军(2021)认为,许多干部对培训学习成果的转化不及时、不充分,而且存在学用脱节的问题,这严重影响了培训效果。郭磊(2020)针对上海市公务员队伍建设研究提出,干部培训要重视人员专业能力和素养的培育和提升,注重培训效果的转化,切实将培训所学与工作所用相结合,以提升培训效能。刘银行(2019)基于柯氏四级评估模型理论提出,人才培养是培训产出成果的最主要体现,他进一步提出了培训成果转化三级模型,从培训的基础阶段、提升阶段、沉淀阶段逐级强化效果转化。

针对培训转化为生产力的问题,周俊(2020)认为,完善的培训计划加上合适的培训方式以及综合素质高的培训讲师,有助于培训水平的提升,有利于将培训效果转化为生产力。刘欢(2020)指出,当今时代企业员工培训的转化率非常低,培训效果难以达到预期,如何提升培训成果转化率成为摆在人事教育组织部门面前的一大难题。彭毅(2020)认为,对培训转化重视不足、环境氛围不浓厚等问题导致培训成果转化存在障碍,并有针对性地提出要高度重视成果转化、创设良好的环境氛围等措施。刘志凯等(2019)认为,营造良好的培训生态,有助于实现培训成果的转化,进而达成培训目标。培训效果转化是干部教育培训管理的重要一环,必须认真做好培训效果转化工作。

国内对干部教育培训管理的研究也相继展开,主要集中在培训管理理论、培训管理需求分析、培训管理方法和培训管理评估等方面,但是未能在一个具体领域形成成熟的、可推广的研究成果,相关研究还有待进一步完善。随着我国人才发展体制改革的深化,有关干部教育培训管理的相关研究也逐步丰富和完善,为本书的研究提供了重要借鉴。

二、干部教育培训管理的实践经验

(一)国外实践经验

随着公务员培训管理理论研究的不断深入,西方国家开始进行一些有益的探索。德国针对公务员培训管理创建了"四阶梯"培训模式,设置"新领导成员→处级公务员→资深领导人→高级领导人"的培训模式,该模式下培训内容更具有针对性。国外关于培训管理实践方面的探索,也为我国干部教育培训管理研究提供了有益借鉴。美国、新加坡等国在公务员培训管理方面理念先进、内容丰富、方式新颖,梳理其先进做法和宝贵经验,对我国干部培训管理研究有着积极的参考作用。

1. 美国公务员教育培训管理

美国公务员培训制度是伴随美国公务员制度的确立而产生的。1883年，美国国会通过《文官制度法》，设立文官委员会。经过100多年的探索，美国形成了比较成熟的公务员培训管理制度，是西方公务员培训管理制度中最成功的制度之一。

在培养理念方面，建立功绩制，在道德标准一致的前提下，根据个人能力和表现进行选拔任用，确保每个人都享有平等的晋升和实现人生价值的机会。在培训目的上，注重把人力资源转化为人力资本，从战略的高度和产业发展的高度重视人才培养工作，将中高级公务员培训作为战略投资。在培训内容上，强调能力提升尤其是解决实际问题能力的提高，通过职前、在职、晋升等不同阶段的培训，让公务员尽快适应个人角色和岗位职能的变化。在课程设计上，注重体现差别对待，针对不同对象和工作需要，结合法律知识和专业技能设计培训课程；在培训方式上，注重方法的适用和有效性，同时突出培训机构的特色和优势，采取案例教学、技术训练、团队合作等培训方式。在教师选任上，注重师资的广泛性和代表性，会聘请知名学者、政府官员、企业高管等各行业各领域的优秀人才。在评估方式上，注重"实绩论英雄"，结合实际工作中的表现评估培训效果；在评估结果的确定上，从定性向定量转变，运用科学的数学模型进行计算，以准确评估效果，提高人力资源培训和管理成效。

2. 新加坡公务员教育培训管理

新加坡非常注重公务员教育培训管理，以激发公务员潜能，从而提高国家的综合竞争力。具体做法：一是把人才资源作为第一资源，政府与企业进行人才竞争，设立专门"奖学金"在大学吸引优秀人才。二是保证公务员培训时间，确保公务员政策水平和工作能力与时俱进，适应时代发展变化，公务员培训工作落实情况与其主管政绩和晋升直接挂钩。三是借鉴企业做法，引入能力管理模型，在评估方法上更加科学，公务员参加培训时要定期提交培训报告，培训单位对培训投入和效果进行评估。四是加强基础设备建设，保障教学设备处于一流水平；运用现代信息技术，优化培训管理程序，提高效能。

(二)国内实践经验

虽然国内专门针对干部教育培训的研究不少，但将其作为管理的一个有机整体的研究并不多见。部分行业在各自职责范围内对开展干部培训进行了积极、有益的探索和尝试，可以作为干部教育培训管理的发展样板。

1. 自然资源干部教育培训管理

自然资源部组建以来，各级自然资源管理部门一直高度重视干部教育培训工作，在分级分类培训、高校共建、网络培训、师资库建设等方面做了许多有益的探索，取得了一定的成效。

(1)高度重视，组织有力。各级自然资源干部教育年度培训工作均做到有计划、有实施、有成效。以"自然资源学习大讲堂""自然资源大调研"等形式，邀请机关专家、领导讲课，以专题授课、视频教育等培训形式覆盖各省、市、县。按照"重点干部重点培训、优秀干部加强培训、年轻干部经常培训、紧缺人才加紧培训"的原则，建立了"五库"(师资库、教材库、场地库、课题库和试题库)，制定年度培训计划，分级分类分专题开展各项培训。

(2)分层分类，方式多样。积极选调干部参加省委党校、省直机关工委党校等主体班次的培训，参加自然资源部举办的全国自然资源系统市县局长、所长等领导干部培训班及专题业务培训班。设立大讲堂，科长或业务骨干带头讲课；开设"新时代讲堂"，每周五给中层以上干部讲课；完善培训与年度考核挂钩的制度，派干部到对口地区挂职锻炼。

(3)依托高校，共建共享。积极依托高校资源，如清华大学、浙江大学、河南大学、中国地质大学以及当地的大专院校、科研院所等，进行专题培训，开展学历教育、继续教育、短期业务等相关教育培训，有力促进了干部理论知识、业务素质的提高。

(4)网络培训成为重要补充。网络培训在全国各省(自治区、直辖市)自然资源主管部门都已广泛运用，如中宣部"学习强国"平台，中国干部网络学院平台，地方省委、政府网络学习平台，自然资源部网络学习平台等。网络培训内容丰富，有党建、政府管理、自然资源业务等多方面、多层次的课程，而且线上的培训讲座与线下的培训班一样都设有现场互动交流和提问、点评、最佳讲课人评选等环节，有效补充了线下培训的不足。

(5)注重实效，改善方式。培训方式方面以课堂面授为主，案例教学为辅，增强可理解性和操作性，避免大水漫灌式的填鸭教学，有助于迅速解决问题，调动学员积极性，增加课堂互动和交流讨论的机会，提高干部对某一类问题的认识，增强其处理实际事务的能力。

2. 气象年轻干部教育培训管理

气象部门着眼长远、系统研究、统筹谋划、精准实施，策划并实施针对气象年轻干部的培训，通过系统化的设计补足年轻干部的短板，在此过程中积累了丰富的年轻干部培训管理经验。

（1）坚持系统性，精准定位年轻干部培训。中国气象系统始终坚持从战略上统一谋划和部署年轻干部培训工作，确立年轻干部培训的定位和目标，将年轻干部培训分为正处级、副处级和科级三个层次，实现气象年轻干部培训体系科学的分层分类。

（2）坚持人民性，努力提升年轻干部政治能力。结合中央和气象部门对年轻干部的新要求，对培训精准定位，即新时代气象年轻干部要以习近平新时代中国特色社会主义思想为指导，提高气象年轻干部的政治站位，为气象部门建设一支忠诚干净担当、数量充足、充满活力的高素质专业化年轻干部队伍。从这一定位可见，对年轻干部政治能力要求不断加强。

（3）坚持科学性，分层搭建年轻干部培训课程体系。干部教育培训是有组织、有目的、有计划的系统工程，年轻干部培养目标的实现需要科学的课程体系作为支撑，按照分层分类培训思想对气象年轻干部课程体系进行分层设计。从课程结构上看，始终把学习习近平新时代中国特色社会主义思想和党的基本理论放在突出位置，深化党性教育的内容和内涵，聚焦新时代气象事业高质量发展主题，全面提升年轻干部素质和能力。从学习要求上看，结合不同层次年轻干部特点和要求，在学习设计中体现出差异性，在培训内容深入性、培训方式选择中有所不同。

（4）坚持规律性，加强党性教育实践教学方法。在气象年轻干部党性教育中开展了内容丰富、形式多样的党性教育，特别是加强党性教育实践教学方法的运用，取得了较好效果。在教学评估中，对党性教育实践活动的评估平均分数是三大教学模块中最高的，充分反映了学员对党性教育实践教学活动的肯定，也充分体现了遵循党性教育规律的重要性。

（5）坚持多样性，发挥专兼职教师优势互补作用。在培训中为年轻干部配备力量雄厚的师资，发挥专兼职教师优势互补作用。聘请中央党校（国家行政学院）优秀教师讲授理论课程。积极推动领导干部上讲台，为学员解读中国气象局发展战略和工作思路。充分发挥干部学院专职教师的作用，开展案例教学、心理学等特色课程。

（6）坚持纪律性，严格教学管理与考核。把从严治党要求和从严治校方针结合起来，要求学员严格遵守政治纪律和组织纪律，严格遵守学习培训和廉洁自律各项规定，严格遵守各项管理制度。同时，加强跟班考核和教学评估，提高评估的科学性和准确性。

第四节　工作定位

干部教育培训管理及其创新，既是新形势下重要理论命题，也是工作中急需解决的实践命题。通过提高干部培训管理水平，能够有效确保干部培训及其管理实效性，提高培训效率与人才转化率，充分增强干部综合素质与实践能力，进而能够以人才实力提高带动个人和组织事业发展，实现长远可持续发展。

一、干部队伍建设的战略角度

（一）提升干部队伍整体素质

人力资源是第一资源，是组织发展的核心要素，高素质专业化的干部队伍是新时代中国特色社会主义事业顺利发展的坚强保障。党中央历来高度重视干部队伍建设工作，党的干部在整个党的事业中居于重要地位，干部队伍建设状况直接决定了全党建设的质量与效果。党的十九届四中全会专门对推进国家治理体系和治理能力现代化作出全面部署，并把提高治理能力作为新时代干部队伍建设的重大任务，明确要求通过加强思想淬炼、政治历练、实践锻炼、专业训练，推动广大干部严格按照制度履行职责、行使权力、开展工作，提高推进"五位一体"总体布局和"四个全面"战略布局等各项工作的能力和水平，对新时期干部队伍素质能力提出了明确要求。

干部教育培训管理是实现干部队伍整体素质能力提升的重要途径。对于各行各业事业发展而言，改善干部队伍质量，主要有两种途径，其一为人才招聘，其二为干部教育培训。其中，人才招聘属于通过外部引进提高干部队伍水平的方式，目前机关事业单位招聘对象以应届毕业生为主，素质能力尚需锻炼，录用后很难快速、高效、熟练地开展工作。另外，事业发展需要的新知识、新技能更新很快，对干部人才的个人素质和知识技能提升提出了更高要求，因而越来越多的单位已经认识到，对干部开展有计划、有目的、有针对性的教育培训并提高培训活动的管理水平，是改善人才队伍水平最为行之有效的方式。

（二）增强干部凝聚力

干部教育培训管理是增强干部凝聚力、汇聚事业发展合力的重要举措。培训在帮助干部掌握先进工作理念及工作方法的同时，也向干部输出价值观，引导广大干部以高度的政治自觉和行动自觉，将干事担当作为自己的价值追求，内化为自身的价值品格，在全面建设社会主义现代化国家新征程中奋勇争先、建功立业。

干部教育培训管理有利于增强干部对事业发展的理解和追求，使干部认同所在行业的发展理念，切实提高干部工作积极性，培养干部形成对本行业的归属感与使命感，避免人才流失，进而在内部构建强大的凝聚力，推动全体干部相互帮助、共同进步。"人心齐，泰山移"，各行业唯有在内部形成协同配合效应，才能有效适应不断变化的国际国内环境，而这正是高水平干部教育培训管理能够达成的一项重要目标。

二、培训管理创新的组织角度

(一)规范培训管理流程

科学、合理、完善的培训管理流程是做好培训管理、提高培训质量的关键。必须要建立和完善干部教育培训管理体系、规范培训流程、明确各部门在培训中的职责，并做好培训监督、效果评估以及结果反馈，以真正达到提高干部理论素养和工作技能、提高组织整体绩效的目的。

规范的培训管理流程是培训管理的基础。不同层次、不同种类、不同形式、不同内容的培训在流程上会有很大的变化，规范培训管理流程并不是要求每一种培训都必须严格遵循统一程序，但是也有一些共通的、基本的步骤是必须遵守。因此，一个好的管理流程，除了通用性还要具备灵活性，可以在不同情况下进行适当的灵活变通。本书的管理方法、原则、流程等，可以应用于各类别和各行业广泛的培训领域，为之提供良好的借鉴。

(二)创新培训管理体系

干部培训是党和国家培养和管理干部的主要方式之一，通过在理论、知识、态度、能力方面对干部进行培训，使干部在思想上、能力上得到提升，不断提高为人民服务的本领，这是各级组织系统一直在做的事情。当前管理模式是我国在干部教育培训实践中不断总结发展出来的，对促进我国教育培训发展提供了良好的促进作用，但仍存在许多问题，如宏观导向机制滞后、管理部门缺乏有效协调与沟通、培训质量监控不健全等。本书立足我国干部培训管理现状，梳理培训管理各环节的主要做法和要求，可以为后续以及其他研究针对性地提出相关改进建议与完善策略提供参考，对完善培训体系、优化管理效能、提高培训质量提供依据。

三、干部价值实现的个人角度

(一)成就干事的价值取向

人生的价值在于奋斗，干部的价值在于干事。对于各级干部来说，既然选择了从政这条路，干事就应成为最基本的价值取向，"不因财贿动其心，不因爵禄移其志，不因困难废其衷"。干部干事创业价值的实现，关键是要加强个人的修养，既要注重个人价值的体现，追求个人的理想，也要注重服务好人民群众，做被人民群众依靠的人。

"学者非必为仕，而仕者必为学。"干部教育培训是加强党员干部思想淬炼、政治历练、实践锻炼、专业训练，提升党员干部政治觉悟、政治能力和执政能力的有效途径。培训切忌"眉毛胡子一把抓"，要坚持"一把钥匙开一把锁"，在培训对象、课程设置、培训管理、培训成效上"精准定位"。这就需要发挥培训管理的作用，科学的培训管理可以确保培训体系的良性运转，促成上述各项培训目标的顺利达成。

(二)培养做人的价值魅力

从心理学的角度讲，每一个人都有实现价值的需要，既包括干事创业的价值，也包括为人处世的价值。尤其是在全面从严治党的大形势下，干部作风建设要持之以恒，长期坚持。广大干部需要培养良好的工作和生活作风，培养科学的生活方式，加强党性修养和道德修养，经过学习和实践磨炼，努力塑造自己的高尚灵魂，树立正确的世界观、人生观、价值观。个人价值的实现，要有必要的激励措施，必要的素养培训，必要的基础工作，必要的评比表扬。通过系统规范的培训管理，合理安排个人价值培养等内容的比重和学习形式，促进工作水平和干部素养的同步提升，实现干部事业和人格的双重价值实现。

第五节   主要内容

一、培训管理内容

培训管理是将培训这一系统的诸多管理要素，即学员、教师、课程、服务和质量等进行整体管理，运用各管理要素之间相互作用的过程和方式，从多角度、多方面形成立体的、动态的、开放的培训管理系统。按照管理要素、管理流程、培训类型的不同，可以将培训管理内容从以下角度进行划分。

(一)按照管理要素划分

按照培训管理的诸要素划分,干部教育培训管理内容包括人员管理、课程管理、服务管理、质量管理等。其中,人员管理即学员、教师管理,是培训管理的核心;课程管理、服务管理、质量管理是基础,而且它们之间是相互联系、互为依存的关系。

1. 人员管理

人员管理是科学、合理地利用和开发培训的人力资源,包括教学团队管理和培训学员管理。教学团队是培训的第一要素,是重要的培训人力资源,主要包括培训组织者、培训师资和专家团队等,优秀的培训教学团队能够保证高水平的培训质量,能够保证培训产生良好的培训效果。因此,在组建和使用教学团队时,要形成良好的团队管理机制,如任课教师准入制度、专家(学员)资源库、教师评价等。培训学员管理是针对培训学员建立的管理机制,如组织调训、培训考勤、激励约束、成果管理等。

2. 课程管理

课程管理是干部教育培训管理的关键,是在课程设计、开发运行和质量评估等方面建立的有关管理流程和运行机制,如培训需求调研、培训课程设计、课程开发运行和课程教学评估等。

3. 服务管理

服务管理是在培训教学过程中涉及的培训管理服务,如后勤管理、经费管理、安全管理等。后勤管理是指培训机构对吃、住、行方面的有关管理,如学员住宿管理、培训交通管理、学员安全管理等。经费管理是为了保障培训工作顺利进行,培训机构要科学、合理地利用培训经费,并形成对经费使用和管理的有关机制,如培训经费使用管理办法。

4. 质量管理

质量管理是指主办单位和培训机构对培训质量进行监控而形成的管理,如评价管理、培训质量督导管理和培训成果及跟踪管理等。评价管理是为了确保培训质量,在培训过程中形成的教师评价、学员评价、课程评价和培训情况评价反馈等。培训质量督导管理是为了监控培训质量,需要有第三方对培训全程监控督导的管理。培训成果及跟踪管理是为了检验培训效果,需要在培训后对学员进行成果反馈和质量跟踪,形成的培训证书或培训论文管理和培训效果跟踪反馈机制等。

（二）按照管理流程划分

干部教育培训管理一般遵循通用的流程，即培训需求分析、培训计划制定、培训组织实施和培训效果评估四个主要步骤。

1. 培训需求分析

培训需求分析是培训管理整体流程的第一个环节，是其他三个环节的基础，也是整个培训管理的基础工作。它决定了这个培训是否有必要进行，培训需要解决什么问题、达到什么目标。通过各种需求分析技术和分析工具得到的培训需求信息是制定培训计划的基础。在这个环节中，干部教育培训管理人员需要明确培训需求分析的目标、内容、方法和流程。

2. 培训计划制定

培训计划制定是培训管理整体流程的第二环节，其必须以培训需求分析为基础。根据培训需求分析确定的培训目标、培训对象、培训范围、培训内容和形式等，制定培训计划。除此之外，培训计划还要包括培训实施的具体步骤、后勤服务和突发情况的应变措施等内容。一个好的培训计划应当有可执行性，目标可达到。在这个环节中，干部教育培训管理人员需要明确计划制定的原则、分类、内容和流程，也需要掌握一些培训计划制定的技巧。

3. 培训组织实施

培训组织实施是培训管理整体流程的第三个环节，是以培训需求分析制定的培训计划来组织实施的。培训项目的实施一般情况下应当严格遵照培训计划的内容，但遇到突发情况，要根据实际情况适时调整培训计划，确保计划的灵活性。实施过程会因培训类别的不同而有所差异，但培训实施的管理应当保证能从前期准备工作到后期善后工作的全程监督。具体的实施步骤如下：前期准备工作、实施中的管理工作、知识或技能的传授、后期知识总结、后期的管理工作。在这个环节中，干部教育培训管理人员需要明确培训实施的计划制定、审批流程、准备工作和过程监控。

4. 培训效果评估

培训效果评估是培训管理整体流程的第四个环节，是对前三个环节的效果评估，也是新一轮培训需求分析的基础。每一个培训项目实施过程结束后，培训管理者都应该对本次培训的效果作出评估。培训效果评估可以了解本次培训的实施情况，是否完成了培训计划，是否达到了培训目标；可以为改进以后的培训设计提供信息；可以通过培训评估信息交流和培训成果展示推广培训资源；也可以通过对培训过程的评估实现对培训过程的监控。在这个环节中，干部教育培训管理人员需要明确培训效果评估的工具和方法，以及执行培训评估的定期总结和总体分析。

在当前的培训理念指导下，培训效果评估环节还应当包括成果转化，它是对培训的跟进措施，监测通过培训获得的新知识、技能、行为或态度等，如果没有转化到工作中去，或在一定时间内不能维持，培训的价值就没有充分发挥，培训的投资回报率也无法提高。

(三)按照培训类型划分

干部教育培训项目类型多种多样，一般可以分为五类，对应的培训管理可分为初任培训管理、任职培训管理、专门业务培训管理、更新知识培训管理和其他培训管理。

1. 初任培训管理

初任培训管理是面向新录用的干部开展的培训管理工作。按照培训要求对新录用干部进行理想信念、职业道德、法律法规、行业基础知识以及依法行政技能等方面的培训，使之掌握基本的行为规范和业务基础知识。该培训旨在提升新录用干部的工作能力和水平，实现角色转变，增强履职能力，尽快适应新的工作岗位。

2. 任职培训管理

任职培训管理是指对晋升领导职务的干部，按照其新的职位要求进行的培训管理。每晋升一级领导职务，都必须参加相应的任职培训。原则上先培训后任职。任职培训管理的重点内容是党性教育和行政能力。根据任职岗位需求开展任职培训管理，旨在提升领导干部的政治素养和责任意识，培养其领导能力、决策能力、协调能力和履职能力，使其具备拟任职务所需要的岗位技能，以更好地胜任本职工作。

3. 专门业务培训管理

专门业务培训是针对不同行业和领域、不同工作岗位的干部组织实施的符合其岗位需求的培训，通常情况下是为了解决临时性的工作需要而组织的，具有较强的针对性、专业性和实用性。培训对象主要是专业骨干人才，因此对参训人员的业务水平要求相对较高。

4. 更新知识培训管理

更新知识培训管理也是干部教育培训管理的一个重要类型。通过对干部进行政策、时政、业务等知识内容的培训，及时更新和补充干部相应岗位所需要的政治素养和业务知识及实际操作技能，提高工作效率，使干部能够及时且精准地掌握政策的变化，并转化应用到岗位工作中去，更好地服务事业发展。

5. 其他培训管理

其他培训管理主要是指除以上四类培训管理以外的其他培训管理，如党风廉政建设、职业生涯规划等方面的教育培训管理。

二、培训管理体系

干部教育培训管理不是简单地搞几场培训，也不是机械或单一维度的培训管理，而是对教育培训有计划、有方法、有目标的顶层设计、资源整合和有效实施的过程。科学有效的培训管理体系是确保教育培训工作顺利实施、保障教育培训质量的关键。

（一）干部教育培训管理体系搭建的准备工作

在搭建干部教育培训管理体系之前，培训管理者需要提前注意三方面的状况，分别是"空气""土壤"和"水分"。干部教育培训管理体系就好像是一粒种子，这粒种子能不能在组织这个生态环境中生根、发芽、开花、结果，组织中的"空气""土壤"和"水分"起着决定性的作用。

1. "空气"

"空气"指的是组织内各层级对干部教育培训管理体系的观念，包括"一把手"的观念、各部门管理层的观念以及普通干部的观念等。在搭建培训管理体系之前，培训管理者需要让组织内各层级对培训管理体系具备客观和理性的认识，而不是想当然，从观念上为培训管理体系搭建做好思想准备。

2. "土壤"

"土壤"指的是组织的环境，包括组织的管理基础、组织的整体氛围、组织内的干部关系管理等。完整的干部教育培训管理体系是比较高阶的管理工具，如果组织不具备基本的管理基础，是无法有效实施的。在搭建干部教育培训管理体系之前，培训管理者要判断组织当前管理基础的适应情况。

3. "水分"

"水分"指的是干部教育培训管理体系的搭建方案，包括方案本身是否符合组织发展的实际、方案的落地是否现实、具体方案是否具备可操作性等。对大部分组织单位来说，都不能够或者没必要一步到位，而应当根据组织观念和管理基础的情况有计划、有选择地分步搭建实施。

(二)干部教育培训管理体系的三个层面

一套完整的干部教育培训管理体系至少包含三个层面,分别是制度层面、资源层面和实施层面,具体组成如图 1-3 所示。

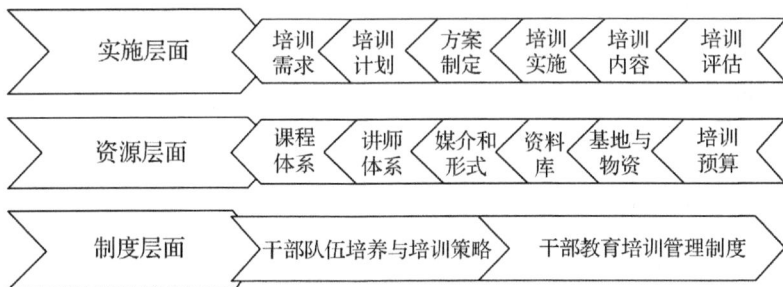

实施层面	培训需求	培训计划	方案制定	培训实施	培训内容	培训评估
资源层面	课程体系	讲师体系	媒介和形式	资料库	基地与物资	培训预算
制度层面	干部队伍培养与培训策略			干部教育培训管理制度		

图 1-3 干部教育培训管理体系的组成

最底层也是最基础的层面,是干部教育培训管理的制度层面,是组织基于自身的战略,制定的干部队伍建设规划中关于干部培训与发展的纲领性政策或导向性思路。

中间层是干部教育培训管理资源层面,是组织内部为培训策略和制度能有效实施所提供的可调配或者可以使用的资源。

最上层是干部教育培训管理实施层面,是组织在贯彻培训策略、动用各种培训资源的过程中,为了保证培训能够有效、有序地进行所采取的一系列关键行为。

培训管理者在评估组织自身的培训管理体系建设质量时,如果发现组织单位当前培训管理工作关注的模块有缺项,就说明该组织当前的培训管理体系是不完整的。当前干部教育培训效果或效能存在问题的原因很可能就是培训管理体系模块的缺失。

培训管理体系的三个层面之间的关系是互为递进、相互作用、共同发展的。完整的干部教育培训管理体系是保证人才培养与培训系统完整的必要保证,是保证培训体系持续有效运转的重要保障。对于培训管理体系还不完全的组织,需要不断地创建和完善这三个层面的内容。

1. 培训管理制度层面

干部教育培训管理制度处在培训管理体系中最底层、最基础的层面。培训管理制度层面可以分成两部分内容,一是干部队伍培养与培训策略,二是培训管理制度。

（1）干部队伍培养与培训策略。干部队伍培养与培训策略是根据组织单位的战略，制定出干部队伍管理策略，再制定出干部队伍管理规划。由于战略不同，不同组织的干部队伍培养与培训策略是有所不同的。

首先组织自身要有一套相对完善的干部培养机制，其次需要组织有一套能够操作队伍培养的管理机制，最后需要组织的人事管理部门具备一定的管理能力。

（2）培训管理制度。当组织有了干部队伍培养与培训策略之后，相当于有了培训管理工作的指导方针，培训管理工作有了相对明确的方向，接下来就需要有培训管理制度的支持。

培训管理制度是保证培训管理工作能够专业化、规范化、流程化的前提，是提高干部队伍整体素质、保证全员达到岗位要求的能力、打造优秀的干部队伍、建立学习型组织的有力保障。

培训管理制度其实就是组织实施干部教育培训的游戏规则。在开展培训之前，组织要事先把一切的规则都想明白、列明白、讲明白，后续的一系列培训管理工作才可能很好地开展。所以，培训管理制度一定要涵盖培训管理的资源层面和实施层面的所有工作，包含的主要内容如下：培训机构及其职责，即培训管理组织机构和具体职责的设置；培训对象和培训形式，详细地规定组织针对什么样的干部、由谁提供什么样的培训以及怎么提供培训；培训计划管理，详细规定出组织应该有多少种培训计划、什么时候开始做、培训计划怎么编制，以及审批流程等；培训资源管理，要规定培训讲师要如何选聘、培养、管理，培训课程要如何开发、更新、管理，培训的基地和物资要如何开发、管理，培训的资料库要如何更新、管理等；培训实施管理，为了更好地实施培训而作出的规定，包括教师和学员纪律规定、如何管理培训的档案、培训期间的考勤管理等；培训评估管理，要规定培训评估方式都有哪些，如何实施这些培训评估方法以及培训评估的结果如何应用等；培训协议管理，对于一些花费成本较高的培训，组织要规定和参训人员签署什么样的培训协议、明确在什么条件下以及要承担什么样的违约责任；外派培训管理，要规定外派学习的类别、选择外派培训干部的标准、外派培训申请和审批流程等；培训费用管理，包括有关培训预算、经费使用原则、支付报销等相关规定。

关于干部教育培训制度层面各管理模块搭建和操作的具体内容将在本书第二章详细介绍。

2. 培训管理资源层面

资源是管理行为的基础，很多项目要正常地开展，都离不开资源。干部教育培训管理的资源层面正是为组织培训能够有效实施和落地提供各种资源上的支持作用。干部教育培训管理资源层面包含如下管理模块。

(1)师资体系。师资体系是在培训管理中对培训讲师的开发和管理，包括从哪里获取培训讲师、如何选拔培训讲师、如何开发和培养培训讲师的能力、如何激励培训讲师、如何管理培训讲师等。

(2)课程体系。课程体系是在培训管理中对培训课程的开发和管理，包括如何开发培训课程、如何定期更新培训课程、如何管理培训课程等。

(3)媒介和形式。媒介和形式是组织培训可以用到的传播渠道和能够驾驭的培训形式资源，包括培训可以通过怎样的媒介进行传播、组织可以进行的培训形式有哪些、不同的培训形式适合哪些类型的培训等。

(4)资料库。资料库与课程体系有着不一样的功能和定位，它指的不是组织单位的档案资料室，也不是指培训档案的存放处，而是指在组织中有价值的、能够被组合或加工后转化为培训课程的原始资料体系。

(5)基地与物资。基地与物资是培训需要的培训场所资源和培训需要的物资资源，包括可以用来开展培训的培训场所都有哪些、不同的培训场所适合开展什么类型的培训、组织拥有开展培训需要的物资有哪些、如何管理这些培训物资等。

(6)培训预算。培训预算是组织为培训管理提供的可支配的资金资源，应当根据培训的需求，提前做好培训资金使用的筹划，提前做好各项目的预算，提前和组织的相关管理层沟通。

关于干部教育培训资源层面各管理模块搭建和操作的具体内容将在本书第三章详细介绍。

3. 培训管理实施层面

当干部教育培训的制度层面和资源层面比较完善之后，就必须考虑干部教育培训管理体系的第三层面，即培训管理实施层面。再好的制度和资源如果执行不力、落实不到位也不能发挥应有的作用。实施培训时，必须采取一系列有效措施，加强培训过程管理，认真落实培训管理制度，合理利用培训资源。培训管理实施层面包含如下管理模块。

(1)培训需求。培训需求管理模块是对组织内什么样的人适合什么样培训的信息进行了解、加工、处理并形成管理决策的过程。组织层面的培训需求调查一般是由人事部门、各业务部门或下属单位的培训管理者对培训需求进行客观、准确、全面调查分析，并统一汇总至人事部门。培训管理者对培训需求进行分类汇总，对于共性的需求由人事部门统一组织，而对于各业务部门和下属单位的个性需求，则由各业务部门和下属单位培训管理者自行组织部门培训。

（2）培训计划。培训计划是培训管理者了解培训需求之后，在考虑组织战略、干部队伍建设规划和策略以及现有的培训资源后，制定的培训计划。培训管理者一般应在每年的12月底前制定出下一年度的本级单位培训计划，并且要报本单位领导批准后执行。培训计划需结合受训部门的实际情况，详细具体、切实可行，并明确每次培训的培训对象、培训主题、培训时间、培训负责人、培训讲师等，做到分工明确、保障有力，保证培训计划的可执行性。培训计划一旦通过，就要严格执行，并根据实际需要及时更改培训计划。

（3）方案制定。培训方案是具体培训活动实施参照的依据。在收集、审核、确认并审批通过了单位整体和各部门的培训计划之后，培训管理者要根据每一次培训的目的和预期效果的不同，制定有针对性的、具体的、可操作的、可执行的培训方案。

（4）培训实施。培训正式实施时，有实施前的准备、实施过程中的组织协调和实施之后的总结。很多培训管理体系不完善的单位，做培训时大部分的重点工作都是放在了培训实施前、中、后这些操作环节。

（5）培训内化。培训内化管理模块是培训管理者让参训人员把培训中获得的信息内化为自身的知识、技能、观念等的过程。这一步主要是通过培训过程中或者结束之后，培训管理者保证参训人员持续运用和实施培训内容而实现的。

（6）评估跟踪。培训的评估和跟踪是培训结束之后，跟踪和评估参训人员对培训信息的掌握程度，以及培训内容的落地程度。具体方式上可以采用培训结束后的满意度调查、对比培训前后行为的改变、考察培训后的行动计划和结果、分析培训前后绩效改善情况等评估手段。培训内化和培训评估跟踪两个管理模块也可以合并实施。

关于培训实施层面各管理模块搭建操作的具体内容将在本书第四至第六章介绍。

三、培训管理原则

做好干部教育培训管理工作，必须以服务新时代事业发展为导向，遵循干部成长规律，既要实现人才开发，更要关注人才培养和人才使用，真正做到高效优质培训。

（一）坚持问题导向

干部教育培训管理工作要坚持问题导向，立足客观实际，构建起规范性、闭合式管理链条体系，从需求分析、计划制定、组织实施到培训评估和结果运用，科学有效地提升干部教育培训质量和实效。

一是要充分做好培训需求调查。根据干部在思想上、工作中的实际需要，有目的、有针对性地进行教育培训管理。如准确把握培训管理要解决的实际问题，即干部思想观念滑坡，理想信念动摇，工作方法老旧，工作能力不足，对于新政策、新理论理解不深、不透等问题。通过对存在问题的搜集整理，拿出具体的培训方案，制定有针对性的培训课程，才会增加领导干部的学习欲望，使之充满动力和激情，上课才会认真听讲，作业才会缜密思考，讨论才会积极发言，调研才会真心实意。

二是要科学用对方式方法。干部教育培训管理在培训路径上绝不能墨守成规、千篇一律、永恒不变，而要因人而异、因事而异、因需而异。当前，网络课程、微课程、微视频、远程视频系统等新技术、新应用不断拓展学习培训渠道和载体，培训内容更丰富、方式更灵活、渠道更多元，通过干部在线自主式学习、交互式学习、普及式学习，实现培训学习资源管理优化，实现教育培训优势互补。

三是要坚持理论与实践相结合。实践历练对干部健康成长必不可少，实践是干部教育培训最好的老师，也是最好的评委。干部教育培训管理的目的是提升素质、解决问题，是否达到目的需要实践来检验。学以致用、推动工作、提升工作成效才是检验培训成果的准绳，因此要加强培训效果跟踪，建立有效的效果评价机制和考核机制，促进干部培训科学化、制度化、规范化。

（二）坚持以人为本

学习培训强调以人为本，力求最大限度满足干部的多样化、差异化和个性化需求。需求的满足程度，就是衡量培训质量的尺度；满足若干个体的需求，就是满足组织的需求。因此，干部教育培训管理必须坚持以人为本，才能实现干部教育培训目标，满足干部的多元化需求，真正提高干部的能力素质，激发干部的创新活力和干事热情，更加有效地推动各行各业发展。

一是要与社会发展在目标追求上相协调。干部教育培训工作是促进生产力发展的重要因素。加强干部教育培训管理，开发和提升领导干部的素质和能力，为经济社会发展提供人才资源、智力支持和精神动力，是生产力发展的必然要求。

二是要遵循干部成长规律和干部教育培训工作规律。干部教育培训管理是一项复杂的系统工程，干部人才成长规律要求干部教育培训工作必须常抓不懈，干部自身学习必须持之以恒。干部要树立终身学习的理念，把学习培训作为一种政治需求、一种职业准备、一种精神追求，把书本知识转化为实践知识。在干部教育培训管理过程中，要认真研究、准确把握和充分尊重各类干部成长规律，对于不同年龄、不同层次、不同类型、不同行业的干部队伍因人制宜进行培养教育，增强工作科学性、针对性和实效性。

(三)坚持统筹发展

公共管理培训理论认为，现代培训是一个有机整体的系统，如同有若干道工序组成的工艺流程，由多个环节组成。任何片面地对待干部教育培训管理，将本应完整的培训系统分割利用的做法都将使其失去宝贵的价值，也浪费宝贵的资源。

干部教育培训管理的统筹发展可以分为两个层次：一是宏观层面，即在干部教育培训运行过程中统筹协调各主体间的关系，增强干部教育培训管理部门的指导性、培训施教机构的自发性、学员派出单位的主动性和参训学员的积极性，"四大主体"紧密相连、协调配合、相互促进；二是微观层面，即各主体自身统筹协调内部系统发展，"管"要恰当，"教"有成效，"选"则正确，"学"则管用。干部教育培训管理只有同时做到宏观统筹与微观协调发展，才能在更高层面上，实现干部教育培训事业的协调发展。

第二章

培训管理制度体系

第一节　干部教育培训管理体制

　　管理体制是指管理系统的结构和组成方式，即采用怎样的组织形式以及如何将这些组织形式结合成为一个合理的有机系统，并以怎样的手段、方法来实现管理的任务和目的。具体到干部教育培训的管理体制，就是规定中央、地方、部门、干部个人等在干部教育培训各方面的管理范围、权限职责及相互关系的准则，包括管理机构的设置、各管理机构职权的分配及各机构间的相互协调。

　　中国共产党高度重视加强干部教育培训工作，自建党以来，干部教育培训经历了从无到有、从小到大、从有到优的发展过程，管理体制也逐步系统化和规范化。

一、建党初期以工人为主体的工会管理制

　　建党初期的干部教育培训管理依托工会组织开展。1921年7月23日，党的一大通过了《关于当前实际工作的决议》，规定拥有会员200人以上的产业部门都要成立工会，并将此作为组织工人学习的重要机构，同时强调工人学校的管理者只能是工人。党的二大通过了《关于"工会运动与共产党"的决议案》，进一步强调工会有组织工人学习的责任，以及工人学习的目的等，指出"工会自身一定要是一个很好的学校，它应当花许多时间努力去教育工会会员，用工会运动的实际经验做课程，为的是要发展工人们的阶级自觉"。

二、新中国成立初期以部门管理为主的多重管理体制

　　新中国成立初期，干部教育培训管理体制由中央人民政府作出明文规

定，由各级文教部门来管理。1949 年，中共中央发出了《关于中央人民政府成立后党的文化教育工作问题的指示》，指出："中央政府已成立，全国的文化教育的行政工作，此后均应经由中央政府文教部门来管理。各地区有关文化教育行政的工作，此后均应经由各地政府及军管会之文教机关（其组织办法最近即将由政务院通过）向中央政府文化教育委员会或适当部门报告和请示。"

各级机关干部教育培训管理具体由各机关党委宣传部负责。1950 年10 月，中共中央发出的《中共中央关于在职干部学习问题的通知》明确要求，各级机关干部的教育培训工作由机关具体负责，同时，必要的管理工作由各级党委宣传部负责。1951 年，中共中央《关于健全各级宣传机构和加强党的宣传教育工作的指示》中明确指出，"各中央局及中央分局的宣传部现在一般均只设宣传及教育二处，前者以管理时事宣传为主，后者以管理在职干部教育为主"，并明确要求各级党委在一两年内逐步充实宣传部的机构与人力，并督促其进行各方面工作，其中包括"领导各级在职干部（包括党员及自愿参加的非党员）的政治和理论的学习"的理论教育工作。可见，中央宣传部是当时干部教育培训的主管部门，各级党委宣传部负责具体的管理工作。

新中国成立初期关于干部学习内容和形式的管理机制也初具雏形。1953 年《关于加强干部文化教育工作的指示》中明确提出："从 1954 年 1 月起将教育部门领导的工农速成初等学校改为干部文化补习学校或党校文化补习班，交由当地党委直接领导。在文委下设干部文化教育局（处），专区和县以下则由宣传部门直接领导主管。"以马克思主义理论学习为例：根据干部的不同情况，把学习内容分为政治常识、理论常识、理论著作三级，政治常识的学习由党的地委和大城市的市委进行考试，理论常识的学习由党的省委和大城市的市委进行考试，理论著作的学习由党的中央局进行考试。

三、改革开放时期中央和地方分级管理的管理体制

改革开放后，全国干部教育培训管理体制逐步走上规范化发展轨道。1983 年 10 月，中共中央组织部印发了《全国干部培训规划要点》，对全国干部教育培训进行了 8 年规划，提出建立必要的干部教育管理体制，明确提出：中央和省、自治区、直辖市要建立干部教育工作小组，统一领导和管理干部教育工作，包括研究和拟订干部教育工作的方针、政策、制度；

统筹和制定干部教育规划和重大措施；协调各部门对干部教育工作的管理；督促、检查干部教育工作和组织交流经验等。各级工作小组由主管这项工作的书记担任组长；由组织部、宣传部主管干部教育工作的部长或副部长担任副组长；由教育、人事、经委、计委、科委、财政、党校等部门的有关负责干部任组员。工作小组的组成单位的分工是：组织部负责综合制定干部培训工作的规划和计划，并办理干部教育工作小组的日常工作；宣传部负责干部教育内容的研究和指导，组织编写政治理论教材；教育部门负责管理高等院校、中等专业学校、电大、业大等举办的干部专修科、干部培训班的有关工作和自学考试；劳动人事部门负责管理干部院校建设的有关工作及科技干部培训提高规划工作；经委、计委、科委、财政部门，从本部门工作方面负责解决干部教育工作中的问题。至此，由中共中央组织部主管，中央和国家机关有关工作部门分工负责，中央和地方分级管理的干部教育培训管理体制逐渐形成。

四、现行分级管理、分工负责的管理体制

各级人事教育主管部门(各级党委组织部)作为培训管理的归口管理部门，应当首先考虑如何让培训为组织创造价值，应当先把培训管理工作定位为管理性工作，而不是一些发放培训通知、整理培训场地、准备培训设备、安排参训人员等这类的具体事务性工作。

(一)宏观管理

中共中央2015年印发的《干部教育培训工作条例》对全国干部教育培训管理职责划分做如下规定：

(1)管理体制。全国干部教育培训工作实行在党中央领导下，由中央组织部主管，中央和国家机关有关工作部门分工负责，中央和地方分级管理的体制。

(2)职责分工。中共中央组织部履行全国干部教育培训工作的整体规划、制度建设、宏观指导、协调服务、督促检查等职能。全国干部教育联席会议成员单位按照职责分工，负责相关的干部教育培训工作。中央和国家机关各部门负责指导本行业、本系统的业务培训。地方各级党委领导本地区干部教育培训工作，贯彻执行党和国家干部教育培训工作的方针政策，把干部教育培训工作纳入本地区经济社会发展规划，统筹研究部署。地方各级党委组织部主管本地区干部教育培训工作。地方各级干部教育领导小组或者联席会议成员单位按照职责分工，负责相关的干部教育培训工

作。干部所在单位按照干部管理权限，负责组织实施本单位的干部教育培训工作。垂直管理部门的干部教育培训工作由部门负责。双重管理单位的干部教育培训工作由主管方负责，经协商，也可以由协管方负责。

通常干部教育培训管理的职责分工见表2-1所列。

表2-1　干部教育培训管理职责分工

机构	职责权限
各级人事教育主管部门	1. 制定各级干部教育培训政策、规划和计划； 2. 指导和监督同级业务部门、干部所在单位和下级主管部门的业务培训工作； 3. 负责公务员初任培训（公共知识技能部分）、领导干部任职培训等，组织开展通用性业务知识岗位培训； 4. 组织调训下一级重点群体干部
业务部门	负责开展业务范围内的专门业务培训
干部所在单位	负责组织实施本单位的干部教育培训工作

（3）监督检查。干部教育培训主管部门会同有关部门对干部教育培训工作和贯彻执行《干部教育培训工作条例》情况进行监督检查，制止和纠正违反《干部教育培训工作条例》的行为，并对有关责任人员提出处理意见和建议。

（二）具体实施

干部教育培训管理的归口管理部门是各级党委组织部，但干部培训管理的职责绝不只在各级党委组织部，培训也不应该只由各级党委组织部或培训实施机构发起和组织。世界500强企业普遍对培训管理的定位是：培训是员工自己和他上司共同负责的事情，其他部门主要是支持和配合。同样，在干部教育培训管理中，各级党委组织部其实主要是支持和协助各用人部门做好培训，并提供统一的培训（任康磊，2021）。

要想有效地实施培训管理，各方的角色定位和职责见表2-2所列。

表2-2　干部教育培训管理各方角色和职责简述

部门	角色定位	具体职责
主管部门	领航者	1. 提出本行业、本领域发展需要的培训需求； 2. 提出培训管理必须遵循的规章制度； 3. 及时把握培训管理大方向

（续）

部门	角色定位	具体职责
用人部门	需求者/实施者/配合者	1. 提出部门发展需要的培训需求； 2. 自行在部门内部实施人才培养； 3. 制定部门内部的培训大纲； 4. 协助制定培训方案、确定师资、开发课程； 5. 支持主管部门的培训管理工作
干部	需求者/配合者	1. 提出个人的培训需求； 2. 配合培训的交流反馈工作； 3. 支持主管部门的培训管理工作
组织实施部门	培训的组织者/协调者/资源整合引导者/管理者	1. 建设培训体系； 2. 建立培训制度； 3. 制定培训计划； 4. 收集培训需求； 5. 管理培训资源； 6. 组织实施培训； 7. 培训效果评估改进
培训教师	开发者/实施者/评估者	1. 开发培训课程； 2. 落实培训内容； 3. 保证参训人员获取到相关信息； 4. 协助进行培训效果评估

做好干部教育培训管理，主管部门、用人部门、干部、组织实施部门、培训教师等都要发挥各自重要的作用。只有当每个角色都发挥各自的定位和职责时，培训管理才能有效地运行。

第二节　干部教育培训政策体系

政策体系是指不同政策单元之间和同一政策内部不同要素之间的关联性及其与社会环境相互作用而形成的系统。政策体系具有整体性、相关性、层次性、有序开放性等特点。干部教育培训政策体系提供了干部教育培训过程中干部培训目标、原则和指导思想等方面的宏观指导。在我国干部教育培训工作发展历程中，相关政策体系也经历了几个阶段的变迁。

一、建党初期对系统化开展理论学习的初步探索

1921 年 7 月，中共一大在通过的第一个决议《关于当前实际工作的决议》中明确提出，"一切产业部门都要成立工人学校，提高工人觉悟，并逐

渐使之成为工人政党的中心机构",并对党成立后如何组织工人学习做了明确要求:一是提出创办工人学校是每个产业部门必须完成的任务,工人是否参加有组织的学习直接决定了工会的组织程度;二是要求工人学习的课程要符合统一和规范的原则,以促进工人形成高度统一的认识,达到团结的目的;三是规定工人学校的管理者只能是工人;四是提出工人学校是工人政党的中心机构。这是我党有关职工学习的最早文件。

1929年,古田会议通过了《中国共产党红军第四军第九次代表大会决议案》,即古田会议决议。古田会议决议对干部教育培训进行了系统总结,确立了从思想上建党和政治上建军的原则,强调用马列主义和党的正确路线教育党和军队,详细而具体地规定了有效纠正党内错误、进行党内思想教育的10项教育材料,包括政治分析、上级指导机关的通告讨论、组织常识、红军党内八种错误思想的纠正、反机会主义及托洛茨基主义反对派问题的讨论、群众工作的策略和技术、游击区域社会经济的调查研究、马克思列宁主义的研究、社会经济科学的研究、革命的目前阶段和它的前途问题。古田会议决议同时明确了要加强党内教育的18种教育方式,具体包括党报、政治简报、编辑各种教育同志的小册子、训练班、有组织地分配看书、对不识字党员读书报、个别谈话、批评、小组会、支部大会、支部委/组联席会、纵队为单位组长以上活动分子会议、全军支书以上活动分子大会、纵队为单位党员大会、纵队为单位各级书/宣/组联席会议、全军支书以上书/宣/组联席会议、政治讨论会、适当地分配党员参加实际工作。古田会议决议第一次对干部教育培训的规范性进行了探索。

1940—1942年,中共中央发布了《中共中央关于干部学习的指示》《中共中央关于在职干部教育的决定》等一系列指示和决定,明确了干部教育培训的方针政策,确定了干部教育、在职干部教育工作的重要地位,对干部培训课程、在职教育相关问题作出规定。这一时期,我党对干部教育培训政策开始了有益探索,为新中国成立后干部教育培训的良好起步奠定了基础。

二、新中国成立后干部教育培训政策的起步和发展

1949年新中国成立后,针对干部队伍能力素质与国民经济建设和城市管理之间的差距,干部教育培训政策体系对干部教育培训的内涵性质、方式方法等进行了调整和规范。

(一)以加强理论教育为主要内容的干部教育培训制度初步建立

1951 年中共中央颁布了《中共中央关于加强理论教育的决定(草案)》，将干部理论学习分成三级：第一级是学习政治常识，即关于中华人民共和国的常识和中国共产党的常识；第二级是学习理论常识，即关于社会发展史的常识(包括历史唯物论和政治经济学)，关于中国共产党的历史和毛泽东的生平事迹，关于马克思、恩格斯、列宁、斯大林的生平事迹；第三级是学习马克思、恩格斯、列宁、斯大林的理论著作和毛泽东的理论著作。要求每个党员按照这三级开展理论学习，并且实施学年制和考试制，规定每学年学习时间为 8 个月，每周学习的时间不少于 8 小时，考试不及格者须重新再学。之后，先后颁布了《关于加强干部文化教育工作的指示》《关于轮训干部的决定》《关于在工业系统中加速培养提高干部问题的意见》等。1957 年 10 月，毛泽东在党的八届三中全会上对全党干部提出"又红又专"的要求，将干部的政治理论、党性教育与文化、业务教育并重。围绕党的中心工作，干部的政治理论教育广泛开展。

(二)以提高中高级干部理论水平和专业素养为主要目标的大规模轮训和针对性教育相结合的培训制度逐步施行

1954 年 12 月，中共中央印发《关于轮训全党高、中级干部和调整党校的计划》，确定党的各级干部的轮训制度，有计划有步骤地把全党各方面的高、中级干部调入党校轮训，并对各级党校的调整、轮训计划以及课程等进行了明确规定。其中，高级党校(即中共中央直属马列学院)的任务是轮训地委正副书记、专员和相当于这一级以上的高级干部，学习课程主要为中共党史、苏共党史、政治经济学和经济问题、辩证唯物主义和历史唯物主义、党的建设等；中级党校的任务是轮训地委委员、县委正副书记、县长以及相当于这一级的干部，主要课程是中共党史、党的建设、辩证唯物主义和历史唯物主义等；初级党校的任务是轮训县委委员、区委正副书记、区长以及相当于这一级的干部。

(三)以短期内培养大量干部为目的的干部教育培训机构体系逐渐形成

新中国成立后，逐步建立起比较完整的党校教育培训体系，同时充分利用普通高校、社会团体等各种资源，大力举办干部业余文化补习学校、工农速成中学、专业干部学校等各类教育培训机构。基于多种层次、多种类型的干部教育培训体系，短期内培养了大量国家建设需要的各类专业干部人才。据统计，1953 年 1 月，全国开办的干部理论教育学校已达 800 多所，参加理论教育的干部人数达 40 多万。到 1956 年，全国共开办了 1700

多所业余政治学校，配备了4500多名专职干部。1956年中央组织部《关于全国省市以上各专业部门在职干部轮训工作向中央的报告》中指出，据政法、财贸、群众团体系统不完整的统计，全国省、市以上共有干部学校和训练班347所，其中中央一级34所，省、市一级313所。这些机构几年以来共训练了约128万人。

三、改革开放后干部教育培训政策的规范和完善

1978年12月，党的十一届三中全会召开，标志着我国进入改革开放和社会主义现代化建设的新时期。这一时期，根据干部队伍"革命化、年轻化、知识化、专业化"要求，党中央采取一系列措施恢复、规范和完善干部教育培训工作。

（一）明确干部教育培训的战略地位

1980年2月，中共中央宣传部、中共中央组织部发布《关于加强干部教育工作的意见》，阐述了干部教育的地位、作用、目标和政策，这是自改革开放以来中央首次出台专门的干部教育培训政策文件。其中明确提出新时期干部教育的方针：以马列主义、毛泽东思想为指导，以解决我国"四化"建设的问题为中心，学习有关的理论和实践知识，培养一支懂得马克思主义基本知识和党在新时期的路线、方针、政策，坚持社会主义道路，具有专业知识，富于艰苦创业精神的干部队伍，并从中造就一大批各业专家。同时在学习的内容和要求上，明确了干部教育培训要实行"干什么学什么、缺什么补什么"的原则。并具体提出了干部教育的办学方法，要"大办短期轮训班，普遍轮训干部"，要"逐步建立以党校、专业干部学校为支柱的干部教育网，逐步实行正规的干部教育制度"。1983年10月，中共中央组织部发布了新时期第一个干部教育培训规划——《1983—1990年全国干部培训规划要点》，提出要建立必要的干部教育管理体制，对全国干部教育培训进行了8年规划。此后，以5年为一个周期，印发《全国干部培训规划要点》，对干部教育培训工作进行部署安排。

（二）完善干部教育培训制度建设

2006年1月，党中央制定了《干部教育培训工作条例（试行）》，明确提出，"干部教育培训面向全体干部"，要"大规模培训干部，大幅度提高干部素质"，要"将干部的教育培训情况作为干部考核的内容和任职、晋升的重要依据之一"，并对干部教育培训的指导思想、管理体制、培训对象、内容与方式、培训机构、考核评估等作出了全面系统的规定，为干部教育

培训事业发展提供了制度保障。此外，还发布了《国家公务员培训暂行规定》《行政学院工作条例》等文件，逐步建立并完善了组织调训、脱产进修、在职自学等教育培训制度。

(三)加强干部教育培训机构体系建设

1977年3月，中央党校复校，1977年10月，中央作出《关于办好各级党校的决定》，各级党校得到恢复重建。1979年召开第一次全国党校工作会，提出进一步办好党校必须解决好的八个问题，明确了党校的办校任务就是培训党的干部，要求加强对干部的定期轮训和培训，使之成为制度。八个问题中确定的关于加强党委对党校的领导、以教学为中心、建立一支又红又专的教学和研究队伍等原则初步形成了干部教育培训的政策建议。1994年9月，国家行政学院正式成立，各地行政院校也相继成立。2005—2006年，中国浦东、井冈山、延安干部学院和中国大连高级经理学院四所国家级干部学院先后建成。2009年，《关于建立和规范高校干部培训基地的意见》确定了北京大学、清华大学等13所重点高校为全国干部培训基地，推动高校学科优势与培训需求的有效对接，基本形成教育培训多元格局。

四、党的十八大以来干部教育培训政策的改革和创新

根据党的十八大提出的"建设学习型、服务型、创新型的马克思主义执政党"指示精神，以习近平总书记提出的"信念坚定、为民服务、勤政务实、敢于担当、清正廉洁"的好干部标准为培训目标，干部教育培训体制机制改革创新全面推进。

(一)进一步明确干部教育培训的战略地位

党的十八大以来，党中央相继出台了干部培训的长期规划，从培训要求、培训内容、培训体系、培训保障以及方式方法等方面对干部教育培训作出了规划部署。《2018—2022年全国干部教育培训规划》是最新的中央关于教育培训的系统性的政策性文件，该文件中这样定性干部教育培训："是干部队伍建设的先导性、基础性、战略性工程，在进行伟大斗争、建设伟大工程、推进伟大事业、实现伟大梦想中具有不可替代的重要地位和作用。"这一定位是极高的：强调先导性，是因为思想是行动的先导，理论是实践的指南，干部教育培训对统一党员干部的思想，凝聚共识具有极其重要的作用；强调基础性，是因为育人是用人的基础，要培养造就高素质干部队伍，必须夯实教育这个基础；强调战略性，是因为干部教育培训是

保证我们党的事业薪火相传、后继有人的战略需要，必须着眼长远，把干部教育培训作为事关全局的重大任务来抓。此外，相关部门陆续印发了一系列干部教育培训工作相关文件，如中共中央组织部、人力资源社会保障部印发了《事业单位工作人员培训规定》《公务员培训规定》，中共中央办公厅印发了《2019—2023年全国党员教育培训工作规划》等，对事业单位培训、公务员培训、党员教育培训等工作进行了系统规范。

(二)进一步突出干部教育培训理论教育

2015年，习近平总书记在全国党校工作会议上指出，"党校事业是党的事业的重要组成部分，党校是我们党教育培训党员领导干部的主渠道""党校姓党，决定了党校工作的重心必须是抓党的理论教育和党性教育"。《2018—2022年全国干部教育培训规划》中明确规定，中央党校(国家行政学院)和省、市两级党校(行政学院)教学安排中，以习近平新时代中国特色社会主义思想课程为主，理论教育和党性教育的比重不低于总课时的70%。各级党校(行政学院)、干部学院的主体班次都要设置党性教育课程，1个月以上的班次要安排学员进行党性分析，确保党性教育课程不低于总课时的20%。

(三)进一步严格干部教育培训学风管理

2013年3月，中共中央组织部印发《关于在干部教育培训中进一步加强学员管理的规定》，对学员在参加教育培训期间的学习态度、食宿安排、行为纪律等作出了具体规定，要求按中央"八项规定"精神，进一步加强学员管理。2015年10月，党中央发布修订后的《干部教育培训工作条例》，强调"依法治教、从严管理""全面提高质量和效益"，并对完善考核评估体制机制作出具体规定。2019年11月，中共中央组织部对《干部教育培训学员管理规定》进行了修订，要求加强学员管理，严肃培训纪律、切实改进学风。

(四)进一步创新干部教育培训方式方法

2015年印发的《干部教育培训工作条例》要求"综合运用讲授式、研讨式、案例式、体验式等教学方法"。《2018—2022年全国干部教育培训规划》进一步提出要改进方式方法，探索运用访谈教学、论坛教学、行动学习、翻转课堂等方法。同时提出要将干部教育培训和互联网融合发展，建设兼容、开放、共享、规范的全国干部网络培训体系。线上线下相结合的干部教育培训模式快速发展，中国干部教育培训网络学院、各级各类干部教育网络培训平台相继建成开通，干部教育培训步入"互联网+"时代。

五、现行干部教育培训政策体系构成

根据发布的部门和实施的范围，现行干部教育培训政策可以划分为以下六类：《中华人民共和国宪法》(以下简称《宪法》)和《中国共产党章程》(以下简称《党章》)有关公民、党员和干部教育培训的条款；干部教育培训基本政策；干部教育培训单行政策；干部教育培训部门政策；地方性干部教育培训政策；党和国家领导人有关干部教育培训问题的指示批示和重要讲话。

(一)《宪法》《党章》有关公民、党员和干部教育培训的条款

《宪法》《党章》主要对干部参与教育培训的权利和义务作出了规定。

《宪法》总纲第十九条规定，国家发展各种教育设施，扫除文盲，对工人、农民、国家工作人员和其他劳动者进行政治、文化、科学、技术、业务的教育，鼓励自学成才。国家鼓励集体经济组织、国家企业事业组织和其他社会力量依照法律规定举办各种教育事业。

《党章》中明确指出，党员必须履行的义务包括：认真学习马克思列宁主义、毛泽东思想、邓小平理论、"三个代表"重要思想、科学发展观、习近平新时代中国特色社会主义思想，学习党的路线、方针、政策和决议，学习党的基本知识，学习科学、文化、法律和业务知识，努力提高为人民服务的本领。

(二)干部教育培训基本政策

干部教育培训基本政策指用以指导干部教育培训具体政策的主导性政策，反映了国家对干部教育培训工作的价值导向，具有相当的权威性，在相当长一段时期内不会发生根本性变化，如《中华人民共和国公务员法》《干部教育培训工作条例》《党政领导干部选拔任用工作条例》《中国共产党党员教育管理工作条例》《中国共产党党校(行政学院)工作条例》等。

2019年6月1日起施行的《中华人民共和国公务员法》明确规定，公务员工资、福利、保险以及录用、奖励、培训、辞退等所需经费，列入财政预算，予以保障；公务员享有参加培训的权利；机关根据公务员工作职责的要求和提高公务员素质的需要，对公务员进行分类分级培训。

2015年印发的《干部教育培训工作条例》对干部教育培训的管理体制、对象、内容、方式方法、机构、师资、课程、教材、经费、考核与评估等作出明确规定，根据新形势新任务对干部教育培训制度进行了改进完善，体现了中央关于干部教育培训工作的新精神新要求，是做好新形势下干部

教育培训工作的基本遵循。

2019年印发的《党政领导干部选拔任用工作条例》指出，提拔担任党政领导职务的，应当经过党校（行政学院）、干部学院或者组织（人事）部门认可的其他培训机构的培训，培训时间应当达到干部教育培训的有关规定要求，确因特殊情况在提任前未达到培训要求的，应当在提任后一年内完成培训。

2019年印发的《中国共产党党员教育管理工作条例》以党章为根本遵循，总结吸收实践创新成果，对党员教育管理的内容、方式、程序等作出规范，是新时代党员教育管理工作的基本遵循。

2019年印发的《中国共产党党校（行政学院）工作条例》要求，党校（行政学院）工作必须坚持党校姓党、坚持实事求是、坚持质量立校、坚持改革创新、坚持从严治校，充分发挥党校（行政学院）干部培训、思想引领、理论建设、决策咨询作用，培养造就忠诚、干净、担当的高素质专业化干部队伍，是新时代党校（行政学院）工作的基本遵循。

（三）干部教育培训单行政策

干部教育培训单行政策即只针对干部教育培训相关事项进行特别规定的政策文件，如《2010—2020年干部教育培训改革纲要》《2018—2022年全国干部教育培训规划》等。现就当前主要单行政策《2018—2022年全国干部教育培训规划》（以下简称《规划》）的主要内容进行解读。

1. "一条主线"：凸显干部教育培训总要求

《规划》对新时代干部教育培训必须遵循的指导思想总体要求进行了明确规定：以学习贯彻习近平新时代中国特色社会主义思想为首要任务，以坚决维护习近平总书记的核心地位、坚决维护党中央权威和集中统一领导为最高政治原则，以坚定理想信念宗旨为根本，以全面增强执政本领为重点，突出政治训练、政治历练，把提高政治觉悟、政治能力贯穿全过程。这是我们党对新时代干部教育培训最重要最突出的要求，这也构成了贯穿新一轮干部教育培训规划始终的"主线"。

2. "五个更加"：标注干部教育培训新目标

《规划》用"五个更加"标注了干部教育培训的主要目标：一是以习近平新时代中国特色社会主义思想为中心内容的理论教育更加深入；二是党性教育更加扎实；三是能力培训更加精准；四是知识培训更加有效；五是体系改革更加深化。现阶段要紧紧围绕干部教育培训工作的主要目标，让广大干部的政治理论素养不断提高、理想信念进一步强化、适应新时代的能力明显增强、履职基本知识体系不断健全，不断完善新时代中国特色社会主义干部教育培训体系，努力开创干部教育培训工作新局面。

3. "四项指标"：强化干部教育培训硬约束

《规划》的第三个部分着重规定了未来五年内干部教育培训工作必须达到的重要指标，这些指标从四个方面强化了对干部教育培训工作的硬约束：

第一项指标约束的是各级党政领导干部。《规划》要求，省部级、厅局级、县处级党政领导干部5年内参加党校（行政学院）、干部学院以及干部教育培训管理部门认可的其他培训机构累计3个月或者550学时以上的培训。科级以下干部每年参加培训累计不少于12天或者90学时。

第二项指标约束的是各级党政领导班子成员。《规划》要求，省（自治区、直辖市）、市（地、州、盟）、县（市、区、旗）党政领导班子成员每2～3年到党校（行政学院）、干部学院至少接受1次系统理论教育和严格党性教育，5年内累计不少于2个月。同时，每年一般要参加1次1周左右的专业化能力专题培训。

第三项指标约束的是各级党校（行政学院）的教学内容。《规划》要求，中央党校（国家行政学院）和省、市两级党校（行政学院）教学安排中，必须以习近平新时代中国特色社会主义思想课程为主，理论教育和党性教育的比重不低于总课时的70%。各级党校（行政学院）、干部学院的主体班次都要设置党性教育课程，1个月以上的班次要安排学员进行党性分析，确保党性教育课程不低于总课时的20%。

第四项指标约束的是党校（行政学院）的教学方法。《规划》要求，省级以上党校（行政学院）、干部学院、社会主义学院主体班次中，领导干部讲课课时不低于总课时的20%，运用研讨式、案例式、模拟式、体验式、辩论式等互动式教学方法的课程比重不低于30%。

4. "三个重点"：聚焦干部教育培训新内容

《规划》明确规定了干部教育培训的内容体系，突出强调了干部教育培训的重点是党的基本理论教育、党性教育、专业化能力培训和知识培训。要以学习贯彻习近平新时代中国特色社会主义思想为首要任务，把学习贯彻习近平新时代中国特色社会主义思想摆在干部教育培训最突出的位置；以坚定理想信念宗旨为根本，加强党的基本理论教育、加强理想信念教育；以全面增强执政本领为重点，按照新时代对干部的能力和素质的新要求，加强专业化能力培训，持续开展知识培训。

5. "三大体系": 牵引干部教育培训改革再深化

改革是干部教育培训事业不断向前发展的根本动力。《规划》明确指出了深化"三大体系"改革和完善的战略部署: 一是优化分类分级培训体系,通过分类分级培训提高干部教育培训针对性实效性,细分培训对象类别,明确各类干部培训目标和重点; 二是加强培训保障体系,加强培训机构建设、师资队伍建设、课程教材建设,加大培训方式方法创新力度,推动干部教育培训和互联网融合发展,加强学风建设、经费管理、理论研究; 三是健全培训制度体系,完善需求调研制度,健全组织调训制度,健全教学组织管理制度,建立健全干部教育培训考核评价制度、干部教育培训质量评估制度、干部教育培训工作督查制度。

(四)干部教育培训部门政策

干部教育培训部门政策指国务院各部门针对干部教育培训制定的政策文件,如《关于严格规范领导干部参加社会化培训有关事项的通知》《公务员培训规定》《干部教育培训学员管理规定》《中央和国家机关培训费管理办法》等。

2014年,中央党的群众路线教育实践活动领导小组、中共中央组织部、教育部印发的《关于严格规范领导干部参加社会化培训有关事项的通知》强调,要严格规范党政机关、国有企业、事业单位领导干部参加社会化培训,领导干部个人未经批准不得擅自参加其他面向社会举办的教育培训项目。

2019年,中共中央组织部印发的《公务员培训规定》对公务员培训的培训对象、培训内容、培训类型、培训方式与方法、培训保障、培训登记与评估等做了详细规定,并对中央和地方各级公务员主管部门的职责和干部管理权限作出了说明,是推进公务员培训工作科学化、制度化、规范化的重要依据。

2019年,中共中央组织部印发《干部教育培训学员管理规定》对学员的学习态度、学习风气等提出了要求,目的是进一步在干部教育培训中加强学员管理、严肃培训纪律、切实改进学风。

2016年,财政部、中共中央组织部、国家公务员局印发的《中央和国家机关培训费管理办法》,对中央和国家机关及其所属机构使用财政资金在境内举办的三个月以内的各类培训的经费使用作出了明确规定,指出各单位举办培训应当坚持厉行节约、反对浪费的原则,实行单位内部统一管理,增强培训计划的科学性和严肃性,增强培训项目的针对性和实效性,保证培训质量，节约培训资源，提高培训经费使用效益。

（五）地方性干部教育培训政策

地方性干部教育培训政策主要指地方政府根据国家相关政策，针对地方的具体情况制定的关于干部教育培训的制度文件。包括省市级政府发文、区县级地方政府发文等。如河北省委印发的《2018—2022年全省干部教育培训规划》、陕西省晋中市委印发的《2018—2022年晋中市干部教育培训规划》等，都是依据《干部教育培训工作条例》和《2018—2022年全国干部教育培训规划》，结合当地实际制定的地方性培训政策，是当地干部教育培训工作的具体指导。

（六）党和国家领导人的相关指示批示和重要讲话

党和国家领导人的相关指示、批示和重要讲话指党和国家领导人有关干部教育培训问题的指示、讲话等。

党的十八大以来，习近平总书记高度重视干部队伍建设和干部教育培训工作，对选人、用人、育人、管人等作出了一系列重要指示批示，对新时代做好干部教育培训工作多次发表重要讲话。主要概括如下。

1. 强调了加强干部教育培养的重要性紧迫性

2013年3月1日，习近平总书记在中央党校建校80周年庆祝大会暨2013年春季学期开学典礼上强调，同过去相比，我们今天学习的任务不是轻了，而是更重了。全党同志特别是各级领导干部都要有加强学习的紧迫感。这充分体现了我们党历来重视学习的优良传统，集中反映了我们党从时代和战略全局出发加强学习的高度自觉。

2015年1月18日，习近平总书记为第四批全国干部学习培训教材作序中强调，全党同志特别是各级领导干部要有本领不够的危机感，以时不我待的精神，一刻不停增强本领。只有全党本领不断增强了，"两个一百年"奋斗目标才能实现，中华民族伟大复兴的中国梦才能梦想成真。

2018年9月21日，习近平总书记主持中共中央政治局会议，审议《中国共产党支部工作条例（试行）》和《2018—2022年全国干部教育培训规划》。会议指出，干部教育培训是干部队伍建设的先导性、基础性、战略性工程，在进行伟大斗争、建设伟大工程、推进伟大事业、实现伟大梦想中具有不可替代的重要地位和作用。2019年2月27日，习近平总书记为第五批全国干部学习培训教材作序中指出，我们党依靠学习创造了历史，更要依靠学习走向未来。要加快推进马克思主义学习型政党、学习大国建设，坚持把学习贯彻新时代中国特色社会主义思想作为重中之重，坚持理论同实际相结合，悟原理、求真理、明事理，不断增强"四个意识"、坚持"四个自信"、做到"两个维护"，教育引导广大党员、干部按照忠诚、干净、担当的要求提高自己，努力培养斗争精神、增强斗争本领，使思想、能力、行动跟上党中央要求、跟上时代前进步伐、跟上事业发展需要。

2021 年 9 月 1 日，习近平总书记在 2021 年秋季学期中央党校（国家行政学院）中青年干部培训开班式上的讲话强调，年轻干部生逢伟大时代，是党和国家事业发展的生力军，必须练好内功、提升修养，做到信念坚定、对党忠诚，注重实际、实事求是，勇于担当、善于作为，坚持原则、敢于斗争，严守规矩、不逾底线，勤学苦练、增强本领，努力成为可堪大用、能担重任的栋梁之材，不辜负党和人民期望和重托。

2. 指出了干部教育培养的主要任务

2015 年 12 月 11—12 日，习近平总书记在全国党校工作会议上的讲话中指出，党性教育是共产党人修身养性的必修课，也是共产党人的"心学"。各级党校要把党性教育作为教学的主要内容，深入开展理想信念教育、党的宗旨教育，深入开展党史国史教育、革命传统教育，深入开展道德品行教育、法治思维教育、反腐倡廉教育，把党章和党规党纪学习教育作为党性教育的重要内容。

2016 年 1 月 18 日，习近平总书记在省部级主要领导干部学习贯彻党的十八届五中全会精神专题研讨班上的讲话中指出，要加强对干部的教育培训，针对干部的知识空白、经验盲区、能力弱项，开展精准化的理论培训、政策培训、科技培训、管理培训、法规培训，突出针对性和实效性，从而增加兴奋点、消除困惑点，增强工作责任感和使命感，增强适应新形势新任务的信心和能力。

2017 年 10 月 18 日，习近平总书记在中国共产党第十九次全国代表大会上的报告中指出，用新时代中国特色社会主义思想武装全党。思想建设是党的基础性建设。革命理想高于天。要把坚定理想信念作为党的思想建设的首要任务，教育引导全党牢记党的宗旨，挺起共产党人的精神脊梁，解决好世界观、人生观、价值观这个"总开关"问题，自觉做共产主义远大理想和中国特色社会主义共同理想的坚定信仰者和忠实实践者。要建设高素质专业化干部队伍，注重培养专业能力、专业精神，增强干部队伍适应新时代中国特色社会主义发展要求的能力。

2020 年 6 月 29 日，习近平总书记在中央政治局第二十一次集体学习时指出，要把提高治理能力作为新时代干部队伍建设的重大任务，通过加强思想淬炼、政治历练、实践锻炼、专业训练，推动广大干部严格按照制度履行职责、行使权力、开展工作。要加强干部教育培训，使广大干部政治素养、理论水平、专业能力、实践本领跟上时代发展步伐。2022年3月1日，习近平总书记在中央党校（国家行政学院）中青年干部培训班开班式上发表重要讲话强调，年轻干部是党和国家事业发展的希望，必须筑牢理想信念根基，守住拒腐防变防线，树立和践行正确政绩观，练就过硬本领，发扬担当和斗争精神，贯彻党的群众路线，锤炼对党忠诚的政治品格，树立不负人民的家国情怀，追求高尚纯粹的思想境界，为党和人民事业拼搏奉献，在新时代新征程上留下无悔的奋斗足迹。

3. 明确了教育培养干部的基本途径

2013年6月28日，习近平总书记在全国组织工作会议上的讲话中明确，好干部要靠组织培养，形势越变化、党和人民事业越发展，越要重视干部培养。培养干部，要抓好党性教育这个核心，抓好道德建设这个基础，加强宗旨意识、公仆意识教育。要强化干部实践锻炼，积极为干部锻炼成长搭建平台。

2013年8月22日，习近平总书记主持中央政治局常委会议，审议通过《2013—2017年全国干部教育培训规划》，在讲话中明确，要切实抓好成千上万各级干部的培训，越是重要岗位、关键岗位的干部越需要培训；要高度重视培训质量，坚持理论联系实际，加强师资队伍建设、教材建设；要坚持从严治校、从严治教、从严治学，切实加强学员管理和学风建设。

2019年7月9日，习近平总书记在中央和国家机关党的建设工作会议上的讲话中指出，要深化理论武装，提高学习教育针对性和实效性。中央和国家机关必须走在理论学习的前列，在学懂弄通做实上当好示范。在理论学习上，一是要自觉主动学，二是要及时跟进学，三是要联系实际学，四是要笃信笃行学。

2020年10月10日，习近平总书记在2020年秋季学期中央党校（国家行政学院）中青年干部培训班开班式上发表重要讲话强调，各级党组织要有针对性地加强对年轻干部的思想淬炼、政治历练、实践锻炼、专业训练，明确培养年轻干部的正确途径，坚决克服干部培养中的形式主义，帮助他们提高解决实际问题能力，让他们更好肩负起新时代的职责和使命。

2022年1月11日，习近平总书记在省部级主要领导干部学习贯彻党的十九届六中全会精神专题研讨班开班式上的重要讲话中强调，要用好干部教育培训机制，继续把党史作为党校（行政学院）、干部学院必修课、常修课。

六、干部教育培训政策的发展趋势

（一）干部教育培训政策逐渐趋向制度化、完善化、精细化发展

中国共产党从诞生之日起就十分重视干部教育培训工作，各个时期都对干部教育培训工作提出了明确而具体的要求。梳理干部教育教训政策的发展历程可以发现，我国干部教育培训政策的发展呈现出逐步完善、规范、精细的特点。

首先从政策选定出台的历程来看，我国干部教育培训政策逐渐严格化、制度化。从建党初期的讲话、决议、决定中涉及部分教育培训政策，到逐步出台的《关于加强干部教育工作的意见》《干部教育培训条例》等几十项针对性政策文件，还制定了七次干部教育培训规划，已经形成了包括党内规章与国家法律在内的较为完善的干部教育培训制度体系。

其次从政策中干部教育培训的工作原则上看，经历了一个从无到有并逐渐完善的过程。最初干部教育培训的相关政策文本中对原则无明确表述，到《1983—1990 年全国干部教育培训规划》有一个总体性要求，即"对不同层次不同工作部门的干部应有不同的要求""要从干部现有的政治理论、业务知识水平、文化程度出发，进行定向培训，有计划、有步骤地予以提高"，逐步发展到如今涵盖干部教育培训内容、方式方法、质量要求等各个环节的全面的工作原则。如《2018—2022 年全国干部教育培训规划》中专门提到：坚持政治统领、服务大局，坚持以德为先、注重能力，坚持精准培训、全员覆盖，坚持改革创新、共建共享，坚持联系实际、从严管理。

最后从政策执行的角度来看，干部教育培训政策内容逐渐精细化。如《干部教育培训条例》《关于在干部教育培训中进一步加强学员管理的规定》等政策文件中不仅对教育培训对象、教育培训内容、教育培训方式方法、教育培训机构及师资教材等进行了明确规定，而且对培训资金管理、学员纪律要求、考核评估方式等进行了说明。在培训对象上，既有普通干部的培训规划，也有党政领导干部的培训要求；在培训内容上，既有政治理论教育和党性教育，也有业务知识培训和科学人文素养教育；在培训方式方法上，既有传统的集体讲授式培训，也强调了干部教育网络培训模式；在培训机构上，既明确了各类干部教育培训机构的建设要求和功能定位，也

提出了高等学校、科研院所等承担干部教育培训任务的准入制度；在学员管理上，既对学习态度和学习纪律作出了明确规定，又对日常管理和餐饮住宿提出了明确要求。总体看来，全方位全流程的培训管理政策逐步完善。

（二）干部教育培训内容从注重文化层次提高到突出理论教育和党性教育发展

新中国成立初期，中国共产党在军事、经济、政治等方面面临诸多执政挑战，党的干部素质能力与执政要求存在差距，该时期的干部教育培训重在提高干部的文化层次、理论水平和专业素养，解决新中国干部数量不足、干部队伍能力素质与国民经济建设和城市管理之间存在差距的问题。

随着社会的发展，根据国民经济发展需要，1980 年《关于加强干部教育工作的意见》提出，要对干部教育培训内容进行调整、改革和提高，明确实行"干什么学什么、缺什么补什么"的原则，同时，更加注重政治理论、专业知识和能力的培养。如 1998 年党中央开展"讲学习、讲政治、讲正气"党性党风教育活动，加强领导班子建设、提高领导干部素质。

党的十八大以来，干部教育培训工作更加突出了对理论教育和党性教育的重视。《2013—2017 年全国干部教育培训规划》明确了深入开展马克思主义基本原理学习培训、突出抓好中国特色社会主义理论体系学习培训、大力加强党性党风党纪和党史国史教育等六个方面重点培训内容。《2018—2022 年全国干部教育培训规划》要求坚持把学习贯彻习近平新时代中国特色社会主义思想摆在干部教育培训最突出的位置，完善以党的理论教育、党性教育、专业化能力培训、知识培训为内容的培训体系。《2019—2023 年全国党员教育培训工作规划》明确党员教育培训内容要聚焦基本任务、围绕中心工作、体现不同领域和群体特点。干部教育培训将习近平新时代中国特色社会主义思想作为重中之重，各级党校主体班教学中规定党的理论教育和党性教育的课程不低于总课程的 70%。

教育培训越来越重视思想政治工作，是由培训工作的政治性决定的，也就是阶级属性。新时期的干部教育培训一直强调要突出理想信念和党性党规教育，就是要统一思想、统一信仰，只有如此，才能凝心聚力办大事、渡难关。信仰缺失、思想不统一，后果就是干部队伍的一盘散沙。习近平总书记曾指出，中国共产党自诞生之日起，就把马克思主义鲜明地写在自己的旗帜上，中国共产党一路走来，无论是处于顺境还是逆境，从未动摇对马克思主义的坚定信仰。正是马克思主义彻底的中国化，随着时代的发展不断进步，才使共产党领导着我们的民族在险恶的国际环境中不断发展进步。也正是国家发展和国际斗争形势的需要，教育培训必须坚定开展思想政治教育工作。

（三）干部教育培训原则从坚持全员培训到全员覆盖和精准培训并重发展

1939 年 5 月 20 日，毛泽东就在《在延安在职干部教育动员大会上的讲话》中深刻指出"把全党变成一个大学校"。改革开放时期，1980 年邓小平同志号召全党必须再重新进行一次学习，提出"无论在什么岗位上，都要有一定的专业知识和专业能力，没有的要学，有的要继续学，实在不能学、不愿学的要调整"。这个时期，成千上万的干部接受培训，干部队伍的思想政治素质和文化专业素质大大提高，为推进改革开放和现代化建设提供了重要保证。

到 20 世纪 90 年代，我国干部教育培训政策的实施开始呈现出分级分类、精准培训的特点。在《1996—2000 年全国干部教育培训规划》中首次提出了分级分类干部教育培训的原则，指出要"整体规划，统筹安排，区别不同情况，逐步建立起分层次、分类别、多渠道、多形式、重实效的充满活力的干部培训新机制"。在具体要求中，将参训干部分为九类进行规划：县以上党政领导干部、年轻干部、国家公务员、企业管理人员、各类科技人员、少数民族干部、妇女干部、非中共党员干部以及老少边和贫困地区干部。

在这以后的历次干部教育培训规划中都对干部教育分级分类培训提出了具体的要求。其中，《2006—2010 年全国干部教育培训规划》将干部培训分为三个大类，即党政干部队伍（包括领导干部、后备干部、基层干部、女干部、少数民族干部、党外干部以及其他公务员七个类型）、企业经营管理人员、技术人员。在此基础上，《2013—2017 年全国干部教育培训规划》又增加了对中青年干部和基层干部这两种类型的培育培训要求。《2018—2022 年全国干部教育培训规划》第四部分专门论述了"优化分类分级培训体系"，将参训人员按照党政领导班子成员、机关公务员、企业领导人员、事业单位领导人员、专业技术人员、年轻干部、基层干部分为七类，针对各类人员的特点和不同需求，分别提出了不同的培训重点和主要措施，其中在规划中首次明确提出对事业单位领导人员的专门培训。

（四）干部教育培训教学管理逐渐突出对教育培训纪律的严格要求

1. 培训纪律方面

2013 年，中共中央组织部印发《关于在干部教育培训中进一步加强学员管理的规定》，要求按中央"八项规定"精神，进一步加强学员管理，对学员在参加教育培训期间的学习态度、食宿安排、行为纪律等作出了具体规定，如明确了"学员之间、教员和学员之间不得用公款相互宴请""学习期间累计请假时间超过总学时 1/7 的，按退学处理"等要求，进一步严格了干部培训纪律。2019 年中共中央组织部对《干部教育培训学员管理规定》进行了修订，结合新时代干部教育培训工作实际提出了包含学风、纪律管理在内的十条要求。

2. 培训经费管理方面

1983 年印发的《财政部关于中央级党政机关干部教育经费开支的暂行规定》对干部教育经费的开支范围和标准作出了说明；2013 年和 2016 年印发的《中央和国家机关培训费管理办法》及其修订本，对培训费的范围和标准、培训组织、报销结算等作出了明确规定，规范了培训费管理。培训经费的管理逐渐标准化、规范化。

第三节　干部教育培训运行制度体系

从前文我国干部教育培训工作的政策体系发展情况来看，全国各级干部教育培训主管部门及相关单位，根据新时期事业发展和干部队伍建设需要，按照中央有关教育培训工作的要求部署，相继制定、出台了一系列制度、措施、规定，形成了中国特色的干部教育培训运行管理制度体系，基本保证和支撑了各地干部教育培训工作的需要。当前在干部教育培训全过程各环节工作中起到保障、支撑、推动、激励作用的重要制度主要包括计划审批、经费保障、组织调训、监督考核、质量评估等制度。

一、计划审批

干部教育培训计划审批制度是指要按照干部管理权限，由培训主办单位向干部教育培训主管部门提前申报下一年度的干部教育培训计划。各级干部教育培训主管部门结合上级有关要求和本级本行业工作重点，对各单位申报的培训年度计划进行统筹考虑、统一审批。审批后的培训计划，由各级干部教育培训主管部门统一下达，培训主办单位负责组织实施。

例如，某省关于干部教育培训计划申报做如下规定：

（1）各地级市、各厅局委办每年年底要对下一年度县处级以上领导干部教育培训情况作出计划安排。凡拟举办培训班时间在两周以上的（含两周），必须填写年度《干部教育培训计划申报审批表》，在每年的 11 月 30 日前向省委组织部申报。

（2）申报内容主要包括培训目的、培训对象、培训内容、师资安排和经费预算等。

（3）省委组织部按照整体规划、统筹安排的原则，对各地区各部门申报的年度培训计划进行初审后，提交省干部教育领导小组审核，并于每年的 12 月底前下达次年培训计划。

（4）凡是由上级有关部门临时下达的培训任务，或根据实际需要临时决定举办的培训班，时间在两周以上的（含两周），各地级市、各厅局委办必须提前一周向省委组织部申报，同意后方可组织实施。

（5）各地级市、各厅局委办要严格按照审核批复的干部年度培训计划组织实施培训工作，做到培训前合理安排课程内容、培训过程中具体抓好组织落实、培训结束后认真做好总结汇报，确保培训效果。

（6）主办单位要在培训班结束后 15 天内，将培训通知、参训人员名单、课程安排表、培训总结等相关材料整理成册，报送省委组织部。

（7）凡时间在两周以上（含两周）、未列入全省干部教育培训年度计划或未经省委组织部审批同意的培训班，一律不得开办。

（8）各地级市、各厅局委办举办的各类县处级以上领导干部政治理论培训班、专题学习班等，时间在两周以下的，应在开班前一周到省委组织部备案。

各地、各级、各行业的干部教育培训审批制度时间、流程上略有差异，但总体要求都是相同的，各类培训班都必须统一管理、严格审批。计划审批制度既能规范干部教育培训班管理，又起到行政强力推动干部教育培训工作落实的作用。因此，该制度是目前各级人事部门、单位组织开展干部教育培训工作的重要依据，是推动开展教育培训工作的重要手段，在各地各级备受重视。

二、经费保障

建立科学合理的保障机制，是培训方案得以切实实施、培训目标得以顺利实现的根本保证。从干部教育培训行政主管部门宏观管理的层面看，主要是政策保障、制度保障；从培训机构微观管理的层面看，主要是经费保障和资源保障。本书其他部分单独对政策、制度、资源保障进行了详细说明，这里就不再赘述。

经费保障制度是干部教育培训基础保障制度中重要的一环。目前全国大部分人事部门、单位都依据有关要求，制定出台了干部教育培训经费筹措投入制度，但各地干部培训经费情况差别较大，出台的制度内容差异也较大，概括起来主要有三点：一是各级行政主管部门将教育培训经费列入年度财政预算，并逐步形成稳定增长的长效机制，企事业单位要根据国家的有关规定，按工资总额 1.5%~2.5% 的比例安排职工教育培训经费，切实用于本单位职工的教育培训。二是重点工程项目把人员培训经费列入预算，与工程同步实施，同步检查验收。如天然林保护工程等。三是积极争取国际和国内社会组织、企业和个人的投入，引导社会力量投资干部教育培训，多渠道、多形式筹集资金，促进干部教育培训事业发展。例如，《2014—2017 年安徽省干部教育培训规划》明确，按照分级管理的原则，加大基层干部教育培训经费投入力度，地方各级党委留存的党费要对基层党员干部教育培训给予适当补贴，财政困难的地方可以统筹使用自有财力和上级转移支付开展干部教育培训工作。省、市、县财政要统筹安排培训经费，以支持重点教育培训项目的实施。从制度落实、执行情况看，因种种原因，尤其近两年，财政预算大幅缩减，该制度的许多内容无法落实，培训经费不足已成为当前制约各级干部教育培训工作最主要的问题之一。

三、组织调训

干部教育培训组织调训是各级组织人事部门按照年度培训计划选派干部到指定教育培训机构参加脱产培训。组织调训分为点名调训和推荐调训，其中，点名调训是指由组织人事部门直接确定对象的调训，一般点名到人或点名到岗；推荐调训是指不确定具体对象的调训，一般由选派单位根据要求的范围或条件推荐干部参训。

脱产培训以组织调训为主。干部教育培训管理部门负责制定干部调训计划，组织人事部门选调干部参加脱产培训，对重要岗位的干部可以实行点名调训。干部所在单位按照计划完成调训任务，被抽调的干部必须服从组织调训。

例如，某省领导干部组织调训实施办法明确规定：各级党委组织部门应当严格控制调训频次，同一名党政领导班子成员原则上 1 年内调训不超过 2 次，参加出省培训不超过 1 次，3 年内参加 2 个月以上的培训不超过 1 次，一个任期内参加出国境培训一般不超过 1 次。年度内已参加上级有关调训的干部，一般不再参加本级同类调训。各级党委组织部门负责对调训任务完成情况开展监督检查，每年年底进行通报，结果作为年度目标考核的重要依据。

各级组织人事部门要紧密结合干部岗位职责、成长需要和参训实际精准调训，防止多头调训、重复调训、长期不训问题。近年来，组织调训力度不断加大，从根本上解决了各级干部，特别是党政领导干部的培训渠道不畅和调训难等问题。目前该制度已广泛成为各级组织人事部门开展教育培训工作重点实施的制度和主要形式。

四、监督考核

(一)培训监督制度

干部教育培训监督制度是指干部教育培训管理部门会同有关部门对干部教育培训工作和贯彻执行培训规划、计划等文件的情况进行监督检查，制止和纠正违反行为。培训监督制度是督促干部教育各项政策落实的重要手段。《2018—2022年全国干部教育培训规划》指出，中央组织部要对本规划实施情况进行督促检查，开展中期和五年总结评估工作。中央国家机关各部委对本系统干部教育培训规划、实施意见等落实情况进行督导检查，开展总结评估，及时通报有关情况，各部委组织人事主管司局负责指导监督各司局、各直属单位教育培训工作。各地组织人事部门每年对本地区干部教育培训工作进行监督检查，对不经批准，擅自办班、收费、发证和以培训为名组织外出旅游的部门及单位，将进行通报批评和严肃查处，情形严重的要追究有关领导人的责任。各级组织人事部门要加强对领导干部参加社会化培训的监督管理，切实维护干部培训的良好秩序。培训主办单位对培训实施情况主体负责，应当对培训班教学情况及培训期间的就餐、住宿、上课、外出教学等方面规范化操作情况实行监管。干部教育培训机构要切实履行学员管理主体责任，完善并严格执行学籍、学习、考勤等规章制度，从严管理、从严监督学员。

(二)培训考核制度

干部教育培训考核制度是指各级人事主管部门全面考核干部的学习态度和表现、掌握运用理论和知识、党性修养和作风养成等情况。学员培训考核评价结果会以适当方式向学员所在单位领导班子和领导人员反馈，并作为领导班子建设和领导人员选拔任用、培养教育、管理监督、激励约束、问责追责等的重要依据。

干部接受教育培训情况作为干部年度考核的内容和任职、晋升、评先评优的重要依据。干部教育培训考核不合格的，年度考核不得评为优秀等次。干部教育培训工作也是各级组织人事部门对下级单位领导班子进行年终考核的重要内容。

监督考核机制既有利于促进培训工作全面实施，又有利于各级单位、部门明确培训工作的任务、职责及作用。干部教育培训监督考核制度得到了基本落实，在一定程度上促进了干部参加培训的积极性。

五、质量评估

干部教育培训质量评估制度是指培训管理部门和实施机构要组织学员对培训项目、课程设置、师资水平、教学管理等进行评价，根据评价情况不断改进工作，提高教学管理水平。例如，国家林业和草原局规定，主办单位和承办单位应当及时组织开展培训综合质量评估和培训授课质量评估；上海市绿化和市容管理局要求，对培训项目进行考核评定，合理设置评估指标和权重，研究制定教学质量评估办法和指标体系，将评估结果作为干部教育培训机构承担培训任务、深化教学改革的重要依据。具体的评估实施过程和方法将在下文说明。

培训管理者通过参考有效的培训评估结果可以了解和掌握课程设置、培训内容、培训效果、资金使用等各个环节的情况，能够及时发现问题，吸取经验，改进工作，保证干部教育培训工作规范、有效地进行，真正起到促进培训教学管理专业发展的作用。干部教育培训质量评估制度的建立和完善，有利于不断拓展和延伸培训效果。

第四节　干部教育培训组织架构

一、新中国成立前的各类干部培训学校

新中国成立以前，针对干部数量、质量和革命任务需要之间的矛盾问题，中国共产党兴办了许多不同层级的红军教导大队、苏维埃大学、中央党校、抗日军政大学、青年干部学校等各类干部学习机构。其中比较著名的有湖南自修大学、安源党校、马克思共产主义学校等。

1921 年 8 月，毛泽东同志在长沙创办了党的历史上第一所宣讲马克思主义的干部学校——湖南自修大学，建校目的是使学员获得从事革命活动的知识和本领、具有向上的精神和健全的人格、成为能够改造社会的革命

干部。湖南自修大学采取自学和共同讨论结合的方法研究马克思主义，并以"函授指导"和"特别讲座"的形式邀请国内外学者集中授课。

从 1923 年开始，各种形式的党校开始在各地开办，特别是 1924 年 12 月，刘少奇同志等在江西萍乡创办了安源地委党校，它是安源路矿工人大罢工胜利后，党中央为组织大批新发展的党员学习而创办的，是我党历史上第一所正规党校。实际上，该校既培训党员干部，又培训青年团员和工会干部，做到了党校与团校合办。1925 年 1 月，中共四大通过的《关于宣传工作之决议案》也强调指出："党中教育机关除支部具其一部分作用，另外于可能时，更有设立党校有系统地教育党员，或各校临时讲演讨论会，增进党员相互间对于主义的深切认识之必要。"当时中央认为非常有必要开办专门的党校来教育和培训党员，以此强化党员对主义的认识。1925 年和 1926 年，中共北京地委和中共上海区委分别筹办了党校，随后，广东区、湘区和鄂区党校也相继开办。

1927 年 12 月，在江西宁冈创办工农革命军军官教导队，这是现代国防大学的源头。教导队以培养和训练下级军官以及边界各县的赤卫队指挥人员为目的，以军事教育为主，兼学政治、文化。

1933 年 3 月，在江西瑞金创办马克思共产主义学校，是中央党校的起点。学校的宗旨是：一要培养无限忠诚于党、忠诚于工农大众的干部；二要学习马列主义，总结亲身革命的经验，提高政治思想水平；三要锻炼思想意识，洗掉旧社会带来的脏东西，使大家适应土地革命战争需要。学校分设新区工作人员训练班，党团、苏维埃、工会干部训练班，高级干部训练班三种类型的班次。

1933 年 8 月，根据中华苏维埃共和国中央人民委员会第 48 次常委会决定，在瑞金创建了苏维埃大学，由毛泽东担任校长，并亲自制定了各种规章制度。苏维埃大学的教员包括专职教员和兼职教员两种，兼职教员多为在职高级干部或专家。学校的主要任务是从政治、经济上专门为苏维埃政权培养干部，开设了土地问题、国民经济、财政、内务、劳动、司法等课程。到 1934 年 7 月，苏维埃大学合并到马克思共产主义学校，即中共中央党校。同时期比较突出的学校还有中央农业学校、红军大学、中央列宁师范学校、高尔基戏曲学校等，这些学校的教育培训特色是把马克思主义基本理论与党的具体实践相结合，采用多种形式为党培养专门性、实用型的各类人才。

解放战争时期，为了适应解放形势的进一步发展，党中央在当时划分的各大行政区(华北、华东、西南、中南、华南、东北)相继成立了人民革命大学，对新进入学校的各类知识分子进行短期的教育培训。例如，在重庆成立的西南人民革命大学，是为了"适应西南地区解放后的和平建设，团结、教育、改造广大社会知识青年，培养为国家建设服务的人才"而建立的党校性质学校，由时任西南军政委员会主席的刘伯承同志兼任校长。除招收知识青年作为学员以外，西南人民革命大学的另一项重要历史使命就是负责西南地区的党员骨干和各方面干部的培训工作。

二、新中国成立初期以党校为主体的教育培训体系

(一)由初级、中级、高级党校构成的党校教育网

1948 年 7 月，为了给新中国培养干部和理论人才，党中央决定建立高级党校，名为马列学院，同时各大区都办有规模很大的党校，包括中共中央西北局党校、中共中央华北局党校、中共中央东北局党校、中共中央华东局党校，以及后来创办的中共中央西南局党校。

1954 年，邓小平同志提出要建立全国党校教育网，指示"为了在不久后开始把全部党员干部，包括党政群财经文教政法各方面的党员干部，分别由高级、中级、初级三级党校，在若干年内轮流训练一次，因此，必须着手把各级党校作适当的调整，建立高、中、初三级党校并制定轮训计划。初步意见：第一，拟把马列学院改为中央直属高级党校，负责轮训地委副书记和相当于地委副书记一级以上的高级干部，修业期限一年，准备以五六年的时间把全党这一级干部轮流训练完毕。中央高级党校并附设修业二年的班次，以培养理论教员和理论工作干部。第二，拟在全国选择适当地点，设立十几所中央直属的中级党校(委托所在地的省、市委领导)，负责轮训地委委员、县委书记、副书记以及相当于这一级以上的干部，修业期限一年。第三，初级党校由各省、市委自办，负责轮训区委书记、副书记、区长以及相当于这一级的干部。"

1954 年 8 月 25—30 日，中共中央组织部和中共中央宣传部在北京共同召开党校工作汇报会，着重讨论了轮训全党高、中级干部和建立由高级、中级、初级党校组成的全国党校教育网的问题。1954 年 12 月 17 日，中共中央制定《关于轮训全党高中级干部和调整党校的计划》。1955 年 8 月，马列学院(中央党校)改名为中共中央直属高级党校；以大区为主，建立中级党校，个别省(如广东省)也建立了中级党校；各省建立初级党校，来分别培训各级各类干部。至此，党校教育在全国形成网络体系。1956 年

2月，中共中央又发出《关于加强初级党校工作的指示》，进一步规范初级党校的建设，促进了党校教育网络的不断系统化、正规化。

(二)以工农速成中学和工农干部文化补习学校为主的脱产教育学校

1950年，为提高工农干部文化水平，政务院发布《关于举办工农速成中学和工农干部文化补习学校的指示》，决定在全国范围内有计划有步骤地创办工农速成中学和工农干部文化补习学校。

1. 工农速成中学

1950年起，中央和各大区开始创办属于普通中学性质的工农速成中学，招收参加革命或产业劳动一定时期的优秀的工农干部和工人，施以中等程度的文化科学基本知识教育，使其能升入高等学校继续深造，培养成为新中国的各种高级建设人才。到1950年年底，全国共有工农速成中学24所，123个班，招收学生4447人。1951年2月10日，教育部印发了《工农速成中学暂行实施办法》，对工农速成中学从招生到课程等做了一系列具体规定。自此，各地纷纷举办工农速成中学，到1954年全国已有87所工农速成中学，1168个班，在校学生达51079人。

2. 工农干部文化补习学校

工农干部文化补习学校由县以上各级人民政府、机关、工厂、人民团体、高等学校、中等学校和干部学校举办，省、自治区、直辖市人民政府核准并领导。招收具有初步阅读能力、18岁以上、参加革命工作3年以上、身体健康、志愿学习的工农干部，经考试入学，施以相当于完全小学程度的教育，修业期限为脱产两年。毕业后由原机关分配工作或进入工农速成中学或其他干部学校继续学习。1951年12月，教育部颁发《工农干部文化补习学校暂行实施办法》之后，全国各地普遍创办工农干部文化补习学校。

(三)以业余理论学校和马列主义夜校夜大学为主要形式的在职教育培训学校

1. 干部业余理论学校

1951年5月，中国共产党第一次全国宣传工作会议通过的《关于党的宣传教育工作的决议(草案)》规定，中心城市党委应试办干部理论业余学校，并建立正规的制度。会后，在前期经验的基础上，各地开始对创办和推广干部业余理论学校进行一系列探索，开办了业余政治学校、业余党校等。干部业余理论学校一般设有较正规的教学组织机构，通常由党委宣传部部长或政府主要负责人担任正副校长。据不完全统计，截至1953年

1月，全国各地开办各级干部业余理论学校 842 所，在校学习的在职干部达 43 万余人。其中，华北 18 所，学员 1.8 万余人；东北 482 所，学员 23.6 万余人；西南 242 所，学员 13.2 万余人；西北 6 所，学员 1800 余人；中南 16 所，学员 7500 人；华东 78 所，学员 4.2 万余人。1953 年 4 月 23 日，中共中央发布《关于一九五三——一九五四年干部理论教育的指示》，明确提出，"各省（市）以上党委，应有计划地举办业余政治学校（或业余党校）"，根据已有的经验，干部业余理论学校建立以后，"理论学习就能有组织、有计划地进行，学习效果有显著的提高"。随后，各地掀起了创办或扩大干部业余理论学校的热潮。经过 3 年多的发展，截至 1956 年 9 月，各级党组织为在职干部开办了 1700 多所干部业余理论学校，数量较 1953 年翻了一番，并配备了 4500 多名专职教学干部，学员能够受到如同中级党校和初级党校般的系统的马克思列宁主义理论教育。

2. 马列主义夜校和夜大学

为普遍提高干部的马克思主义理论水平，借鉴苏联的教育经验，依托高等学校的力量创办以夜晚学习为主的干部业余理论学校，即马列主义夜校和夜大学。如 1950 年 9 月，中国人民大学借鉴苏联先进教学经验，附设马克思列宁主义夜大学与夜校，建立比较正规的教学组织、教学计划和教学制度。招生对象主要是中国人民大学的教师、校行政工作人员以及校外党政机关干部，以提高他们的马克思主义理论水平和工作能力。招生名额由中国人民大学党委决定，校外干部则由中央人民政府直属机关党委和北京市委统一选派。夜校开办之初学制暂定 1 年，夜大学暂定 3 年，夜校学员经过申请且考试合格可进入夜大学继续学习。1952 年 9 月，夜校和夜大学的学制又改为各 2 年，共计 4 年。后来，普通职工也逐渐加入夜大学习中来，一批夜大学应运而生，其中就包括成立于 1958 年的北京宣武红旗夜大学，这是北京第一所区办业余大学。

三、改革开放后从中央到地方的四级干部教育培训体系

1978 年 12 月，党的十一届三中全会召开后，党的干部教育培训伴随着改革开放迎来了蓬勃发展新时期。党和政府大力建设干部教育培训机构，构建了以党校、行政学院、干部学院为主体的，从中央到省、地（市）、县四级干部教育培训体系。

随着公务员制度的推行，为加强公务员培训，1994 年 9 月国家行政学院正式成立，随后，各地行政学院体系逐渐建立。为加强中高级干部培

训，2005—2006 年，中国浦东、井冈山、延安干部学院和中国大连高级经理学院四所国家级干部学院先后建成，我国干部教育培训体系形成了以"一校五院"为引领的教育培训格局。

2018 年 3 月，按照中共中央关于深化党和国家机构改革的统一部署，为全面加强党对干部培训工作的集中统一领导，统筹指导全国各级党校（行政学院）工作，将中央党校和国家行政学院的职责整合，组建新的中央党校（国家行政学院）。之前的"一校五院"演化为目前的"一校四院"。

其中，中央党校（国家行政学院）发挥着干部教育培训主渠道作用，主要职责是有计划地培训省部级领导干部、厅局级领导干部、优秀中青年干部、国有重点骨干企业负责人、中管高校负责人、县（市）委书记、少数民族领导干部、理论宣传骨干、哲学社会科学教学科研骨干；对学员进行马克思列宁主义、毛泽东思想、邓小平理论、"三个代表"重要思想、科学发展观、习近平新时代中国特色社会主义思想教育和党性教育；开展重大理论问题和现实问题研究，承担党中央决策咨询服务；培养马克思主义理论人才；对全国各级党校（行政学院）进行业务指导等。

中国浦东干部学院是党培养中高级领导干部的政治学院，培训对象包括中高级党政领导干部、企事业单位高层管理人员、高级专业技术骨干及驻外使节、军队干部等各类领导人才，致力于加强党的理论教育和党性教育，对领导干部进行改革开放意识、中国特色社会主义信念、现代化建设知识和能力培训。

中国井冈山干部学院和中国延安干部学院是对党政干部、企业经营管理者、专业技术人员和军队干部进行中共党史、党建理论、革命传统教育和基本国情教育的国家级干部培训院校。以"实事求是、与时俱进、艰苦奋斗、执政为民"为办学要求，以"建设成为面向全国的革命传统教育和基本国情教育基地，提高领导干部素质和本领的熔炉，开展国际培训交流合作的窗口"为功能定位，深入开展党的基本理论教育、党性教育、专业化能力培训和知识培训。

中国大连高级经理学院主要承担国有骨干企业和金融机构的领导人员、后备领导人员和战略后备人员，以及全国企业培训基地的领导人员和骨干教师的培训任务，主要围绕党性教育、国企改革、时政热点、宏观经济形势、企业管理提升等方面展开。

四、当前党校、干部学院、高校共同参与的教育培训多元格局

进入 21 世纪以后，在原有以党校、行政学院、干部学院为主体的四级干部教育培训体系基础上，高校逐渐在非学历继续教育、大规模培训干部中发挥重要作用。全国各大高校纷纷开始重视领导干部的教育培养工作，一些高校，如清华大学和北京大学，结合学校自身发展实际，积极探索开展干部教育培训。1999 年，北京大学就把大力发展继续教育纳入学校争创世界一流大学的发展规划，明确要积极发展高层次干部教育培训。2000年，我国第一所公共管理学院在清华大学成立，学院的一项重要任务就是开展干部教育培训工作。2005—2008 年，北京大学和清华大学的党政干部培训规模都达到 5 万人次，并初步探索形成了项目委托、分段衔接、自主选学等多种特色培训形式，并且与哈佛大学、耶鲁大学等国际知名大学开展长期合作，联合举办了一些高级公共管理培训项目。

2006 年，中央印发的《干部教育培训工作条例（试行）》，第一次以党内法规的形式明确了"高等院校、科研院所可以发挥自身优势，承担相关干部教育培训任务"。高校在干部教育培训工作中的作用逐渐显现。2009年，中共中央组织部和教育部联合下发《关于建立和规范高校干部培训基地的意见》，确定北京大学、清华大学、中国人民大学、北京师范大学、复旦大学、西安交通大学、哈尔滨工业大学、浙江大学、南京大学、四川大学、南开大学、武汉大学、中山大学共 13 所重点高校为首批全国干部培训高校基地，推动高校学科优势与干部培训需求有效对接。2014 年，又新增西北农林科技大学为第 14 所全国干部教育培训高校基地。

全国干部教育培训高校基地确立后，各省份也积极推动省内干部教育培训工作与高校的合作，陆续涌现出一批省级干部教育培训高校基地，仅根据 2012 年的统计就超过 140 所。包含国家级、省级和市级高校的干部教育培训高校基地体系逐步完善，基本形成了党校、干部学院、高校共同参与的教育培训多元格局。

第三章

培训资源管理

第一节　培训教师的开发与管理

培训教师是干部教育培训管理体系中最重要的资源。即使课件、资料、设备等培训资源不能完全到位，只要有一位优秀的培训教师，也能完成一场有效的培训。可如果没有培训教师，即使场地、设备、课件、经费等都很充足，培训也无法完成。可以说，干部教育培训教师资源的质量，决定了整个培训管理体系中资源层面的质量。

一、培训教师管理的工作定位

(一)高质量培训工作顺利开展的客观需要

建设高素质专业化的干部队伍与培训师资建设息息相关，强化培训师资队伍建设是加强和改革培训工作的系统性工程。干部教育培训工作事关各行业、各地区经济建设发展大局，也是地方党政领导干部队伍自我革新的重要手段，新发展阶段也对干部培训工作提出了更高的要求。教师是培训质量的保证，是实现培训目标的关键，没有高质量的师资队伍就没有高质量的培训工作，要想从根本上提升培训质量和水平，使干部教育培训工作更加贴合实际发展需要，更好地为经济社会发展服务，就必须加强培训教师资源规范科学管理，使得培训工作真正"学有所成，学有所用"。

(二)培训管理体系可持续运行的重要保障

当前干部教育培训工作越来越呈现出开放化、竞争化、多样化的特点，在市场经济条件下，只有不断提高自身适应时代潮流的能力，遵循培训市场的客观规律，才能在激烈的竞争中激流勇进，才能不断开创培训工作新局面。培训管理体系的长效发展，离不开高素质的师资队伍建设，干部培训不同于普通教育，不能单纯灌输理论，授课内容除了要贴合实际需要，还必须形式新颖，让培训效果具有更强的操作适用性。规范的教师资源管理，既能保障培训效果立竿见影，又能保障培训机制的可持续发展，是干部培训机构建设的重要一环。如果缺乏必要的教师资源及其管理，培训工作就变成无源之水、无米之炊，更谈不上培训机制的创新与长效发展。

二、培训教师的角色特征与类型

(一)角色特征

培训教师，确切地说应该是"培训师"，是指能够结合经济发展、技术进步和就业要求，研发针对新职业的培训项目，以及根据组织发展和生产经营需要，掌握并运用现代培训理念和手段，策划开发培训项目，制定实施培训计划，并从事培训咨询和教学活动的人员。干部教育培训教师是掌握某一领域的系统知识或专业培训技能，能够运用现代干部教育培训理念和手段，从事干部教育培训需求分析、方案设计、课程开发、教学组织、管理服务、领导咨询等培训与管理活动的专业人员。这类人员能够胜任开发与管理干部培训项目、制定与实施干部培训方案和监测与评估干部培训质量等专业化培训工作。干部教育培训教师的职业特征主要体现在干部培训工作的专业性和自主性上，是普通教师、企业培训师或社会其他领域工作人员不可替代的。

1. 传统培训教师的角色特征

传统培训教师的基本职业角色包括三类：培训管理者、培训开发者和培训实施者(图 3-1)，各类角色的职责范畴如下。

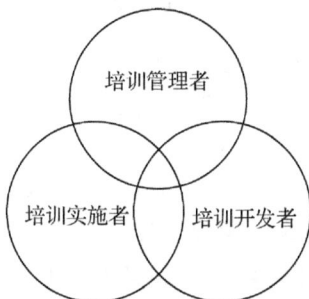

图 3-1　传统培训教师的基本职业角色

（1）培训管理者。培训政策与制度的制定，培训需求的调研，培训项目的组织、实施与评估，培训活动的协调等。

（2）培训开发者。学习需求的分析，培训项目的开发，学习材料、学习媒体、学习过程、评估手段与学习环境的设计等。

（3）培训实施者。学习需求分析，课程的实施，学习过程的促进，学习成果的评估等。

在培训实践中，一位培训教师可能担任其中一个角色，也可能兼任两个或三个角色的多重工作。

2. 现代培训教师的角色特征

英国培训专家罗杰·贝内特（Roger Bennett）从培训的"实施与促进"和"维持与变革"两个维度对变化中的现代培训教师角色及各种角色之间的相互关系做了精准的分析，较好地呈现了现代培训教师功能的发展路向（图3-2）。

图3-2　变化中的培训师职业角色

（1）培训实施者即培训讲师、授课教师，主要任务包括课堂教学、实验室工作、小群体工作、个人工作计划执行情况监督和其他直接影响学习过程的所有活动。

（2）培训提供者角色的主要任务是设计、保持和实施培训计划，涉及培训需求分析、学习目标设定、课程设计、培训方法选择、培训课程和活动的评估等。该角色还要帮助培训实施者开展培训活动，促进学习的有效发生。

（3）管理者角色的主要任务涉及培训目标的设计、培训政策和计划的制定，以及与直线部门和高层领导建立广泛而密切的联系，确保组织能够设计和实施恰当而有效的培训活动；还涉及培训工作者队伍的建立和完善，以及在培训部门建立有效的领导体制和顺畅的信息交流渠道，并建立一定的培训质量监督标准和良好的控制流程。

（4）创新者角色强调变革，强调培训应与组织长期发展战略建立紧密的联系。

（5）顾问角色的任务是帮助组织分析各方面现存的问题，提出和评估最终解决这些问题的培训对策。作为顾问，应该与培训提供者、培训实施者等角色密切合作，以确保每个培训项目的有效实施。

根据贝内特的研究，培训实施者和培训提供者侧重于对培训的维护维度，其作用是维持既定培训绩效；顾问和创新者主要处于变革的维度，关注变化，引领变化，并致力于提出解决问题的对策；管理者角色处于两个维度的中间，与其他四个角色关系相当密切，主要对组织内整个培训体系进行计划、组织、控制和改善。

（二）教师类型

按照教师来源，可将干部教育培训教师分为专职教师和兼职教师。

1. 专职教师

从我国干部教育培训实践来看，一些干部教育培训的重要工作，如培训需求调研、培训专题设计、培训方案制定、培训效果评估等，是由培训机构的专职教师完成的，培训授课则大部分由兼职教师完成。专职教师主要通过内部培养得到，即干部教育培训机构自有的内部师资，可以包括专职培训师、优秀的部门主管、专业技术人才、骨干员工、中高层管理者、拥有某项技能的兴趣爱好者等。专职教师队伍的引进与培训、考核与评价、激励与约束等是教师队伍建设的重点。

2. 兼职教师

面对日益复杂的国际国内发展形势、日新月异的科技进步和知识发展，干部教育培训工作正面临着越来越大的挑战，干部教育培训机构必须拥有相当数量的高水平、高层次的专家学者，但同时拥有各个学科大量一流的专家学者是不现实，也是不经济的。有效的解决办法就是本着"不求所有、但求所用"的原则，充分利用社会智力资源弥补专职教师的不足，选聘实际经验丰富、理论水平较高、善于课堂讲授的党政领导干部、企业管理人员担任兼职教师，选聘国内外知名政要和具有较高权威性、影响力的大师、名家担任客座教授、名誉教授。兼职教师由此产生。

兼职教师一般都是外部聘请，《干部教育培训工作条例》规定：选聘思想政治素质过硬、实践经验丰富、理论水平较高的领导干部、企业经营管理人员、专家学者和先进模范人物、优秀基层干部等担任兼职教师。优秀的兼职教师都是稀缺的人力资源，尤其是党政领导很少有自由支配的时间，很难抽出时间来兼职授课。兼职教师的授课大多是利用空余时间，若授课任务与本职工作发生冲突，一般会优先保证完成本职工作，这样就给干部教育培训的管理工作带来了困难。

专职教师和兼职教师的优缺点见表 3-1 所列。

表 3-1　专职教师和兼职教师的优缺点比较

讲师来源	优点	缺点
专职教师	1. 熟悉行业或组织内部情况，培训过程中的交流较为顺畅； 2. 教师自身能够为参训人员树立榜样； 3. 易于管理，便于沟通； 4. 成本相对较低	1. 权威性相对较低； 2. 选择范围较小，高水平人员较少； 3. 可能出现近亲繁殖现象； 4. 参训人员可能热情不够
兼职教师	1. 选择范围大，可获取到高质量的讲师资源； 2. 可以给组织带来较多的新理念、新方法、新工具； 3. 对参训人员有较大的吸引力，获得良好的培训效果； 4. 能够提高培训的档次，引起组织内部各方重视	1. 对行业或组织缺乏了解，培训失败的风险较大； 2. 通用课程为主，有可能会让培训缺乏针对性，适用性低； 3. 难以形成系统的培训； 4. 成本相对较高

对于具备一定的管理能力或者对内部管理要求较高的组织或单位来说，从干部队伍长远发展的角度看，以内部开发和培养的专职培训教师为主、外部聘请的兼职教师为辅更有利于组织发展。

通过内部开发和培养培训教师，能够锻炼一部分核心干部的能力，激发他们深入研究某一领域的热情和积极性，增加他们的荣誉感，从某种程度上成为单位的培训教师是单位给优秀干部提供的激励因素。对于一些内部无法讲授的课程，除了聘请外部教师辅助授课之外，也可以通过聘请外部教师培训内部教师，补充内部教师缺失的相关知识，拓宽授课范围，提升讲授水平。

三、培训教师的专业素质

干部教育培训不同于普通的学历教育，工作对象、工作任务、工作要求均不同。教育培训面对的是具有一定理论知识和社会阅历，同时还有较丰富实践经验的成年人；工作任务是学习满足岗位需求的政治理论、技术技能，以及组织管理、科学决策、贯彻执行、沟通协调、开拓创新等方面的能力，改进态度和行为，转变价值观念；工作要求是形成与组织目标、文化相一致的工作态度和行为。培训是职业教育和继续教育的结合，也是终身教育的一种方式。正因如此，要求培训教师既要有丰富的专业知识和学科知识，也要有很强的专业实践能力，还要具备较强的教育学知识和教学技能，同时要有将本专业领域前沿的新知识新技术融入培训的研发能力。

（一）素质结构

基于前文对胜任力理论的描述，我们用冰山模型来描绘干部教育培训教师的素质特征。结合前人的研究和教学管理实践，干部教育培训教师胜任力模型主要包括以下四个方面的因素（图 3-3）：

图 3-3 干部教育培训教师胜任力模型

1. **思想品德胜任特征**

教师思想品德的好坏直接影响着教学质量的提高和人才的培养，因此，干部教育培训教师在实际工作中应培养良好的思想品德，包括政治修养、职业道德、敬业精神、高尚的价值观。

2. **知识技能胜任特征**

知识技能包括专业知识、创新能力、实践经验以及信息技术、教学技能、沟通写作等综合知识。

3. 教学科研胜任特征

这是教师胜任力的两大支柱，是教育培训结果的终极体现。包括教师完成了多少教学工作量，完成了多少课题，发表了多少论文著作，以及工作质量、工作效率、工作改进情况等。

4. 综合素质胜任特征

教师角色与其他高知人群不同，它是一个对人的综合素质要求极高的职业，包括自我形象、个人认知、社会角色以及本人的吸引力、影响力、执行力等。

作为复合型人才的培训教师的开发与培养，既要注重对其专业知识、技能和工作行为方面的专门培训，又要重视对其价值观、态度、自我认知、个性品质、社会动机和职业内驱力的长期培养。

(二)专业能力

能力是指人们顺利完成某种活动的心理特性，分为一般能力(如观察力、判断力、想象力等)和专业能力。干部教育培训教师的专业能力是指培训教师在从事干部培训工作的过程中，有效解决工作问题所必备的培训与管理能力，可以被视为培训教师的知识、技能、态度、个性品质、动机等素质要素在执行工作任务过程中的综合体现。

现代培训教师职业能力具有复合型特征，远远超越普通教师和一般行政管理人员具备的基本职业能力，不仅包括学习需求分析、课程开发、教学设计、活动组织、学习指导等培训课程与教学实施能力，而且涵盖培训需求分析、项目设计、资源开发、质量监控和评估等培训项目开发与实施所需要的培训管理专业能力。随着培训功能的"战略化"和培训方式的"技术化"，培训教师的专业能力将逐渐向组织发展、业务咨询、团队领导和现代技术开发与应用方面延伸。

借鉴欧美国家的培训师职责和专业能力要求，提出干部教育培训教师应该具备的十项专业能力，如图3-4所示。

教师培训专业能力网状结构以"需求分析—效果评估""方案设计—课程开发""教学实施—管理实施"和"团队建设—个人学习研究"四个能力轴线为基础，构成干部教育培训教师的十项专业能力，即培训需求分析能力、培训方案设计能力、培训课程开发能力、培训教学实施能力、培训管理实施能力、培训效果评估能力、培训团队建设能力、培训教师个人学习研究能力、培训教学咨询指导能力和培训管理咨询指导能力。

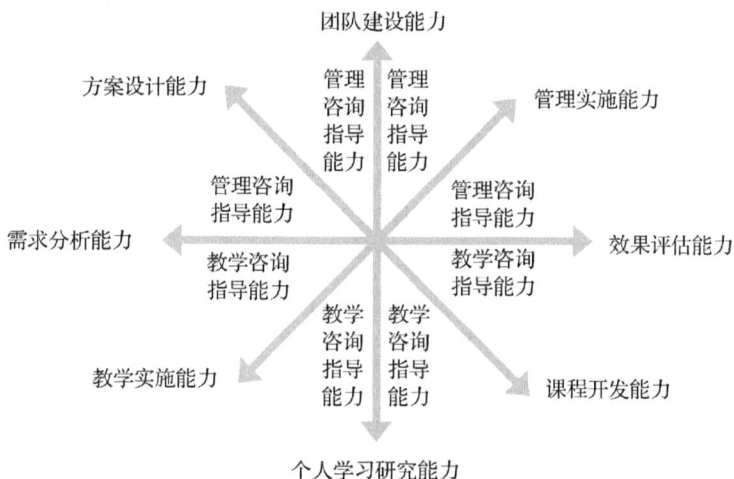

图 3-4　干部教育培训教师专业能力网状结构

干部教育培训教师十项专业能力从内容维度来看又可分为三种类型：第一类是基础专业能力，指培训团队建设能力和培训教师个人学习研究能力，这是很多行业和工作领域的专业人员必须具备的；第二类是通用专业能力，指培训需求分析能力、培训方案设计能力、培训课程开发能力、培训教学实施能力、培训管理实施能力和培训效果评估能力；第三类是专家咨询能力，指的是培训教学咨询指导能力和培训管理咨询指导能力，是培训教师在专业发展巅峰阶段体现的专业特长，今后随着"战略化"培训理念的普遍认识和深入研究，干部教育培训教师将逐渐关注专家咨询职责和能力。

四、培训教师的管理制度

《2018—2022 年全国干部教育培训规划》指出：把干部教育培训师资纳入各级人才政策支持范畴，努力造就一批马克思主义理论大家和忠诚于马克思主义、在学科领域有影响力的知名专家，定期评聘全国干部教育名师，给予支持和奖励。可以看到，做好教师资源管理也成为目前干部教育培训工作的迫切任务之一。

（一）选聘与培养

干部培训改革日益深化，对高素质培训教师的需求更加迫切。应制定适合的师资选聘标准和选聘程序，把竞争机制引入师资引进中，按照民主、公开、竞争、择优的原则，注重发挥市场在教师资源配置中的作用，在吸引、遴选优秀教师方面，形成相适应的选人机制，制定科学、合理的具体方法。

1. 选聘专兼结合的教师

坚持选聘兼职教师与专职教师相互结合、优化教师结构的原则。不少行业和单位出台领导干部上讲台制度，支持各级领导干部上讲台，同时鼓励退休干部返聘任教。这些都是兼职教师的重要来源。专兼职教师在干部培训中起的作用是不同的。专职教师有深厚的理论功底、丰富的教学经验、严谨的教学方法，而兼职教师不少是从事领导工作的干部，他们把个人的领导经验、管理理念以及处理复杂问题的能力融入教学实践中，讲授内容更贴合实际工作、更针对具体问题，对提高学员科学判断、解决处理问题的能力提供不少帮助，对提高学员的政策水平具有重要作用。专兼职教师结合的选聘方法在实际培训中深受学员欢迎。

2. 强化自有师资队伍培养

培训机构的自有师资是开展教育培训工作的主力军，要保障教育培训的质量，必须强化自有师资的培养。一般来说，培训机构自有师资的培养途径主要有培训进修、挂职锻炼、开展学术交流和合作、承担科研项目、传帮带、打造"名师效应"等。不同的培养方式对教师能力的提升各有侧重，但都能推动培训教师的个人成长发展。一是培训进修。通过多方创造机会让教师参与各类培训、定期安排教师进修，能够使教师始终站在干部培训的前沿，有条件的可以安排教师到国家级干部教育培训机构访学进修。二是挂职锻炼。能够让教师更了解基层、了解培训需求，从而制定更贴合行业发展需求的培训方案。三是学术交流、承担科研项目。能够锻炼教师的创新思维、科学精神，始终把握专业前沿动态。四是传帮带。老教师与青年教师结成"对子"，通过多种方式对年轻教师进行传帮带，把他们在长期授课过程中积累的经验传授给青年教师，还可设置一些专题，请老教授进行示范，帮助青年教师在教学实践中锻炼成长。五是打造名师效应。即培养学科带头人的过程，对于学科带头人的政策应该适当倾斜，减少一些行政上的程序性障碍，给学科带头人营造一个宽松的成长环境，名师效应的形成最终也会反哺培训机构，带动自有师资的成长发展。

3. 加强和改进兼职教师管理

兼职教师定期聘任，定期将兼职教师培训情况（授课班次、学员人数、教学情况、考核结果等）记入兼职教师档案。定期组织兼职教师交流课堂教学及教学管理经验，对兼职教师进行多种形式的培训，提高兼职教师使用现代教育技术手段的能力。

(二)考核与评价

科学的考核评价体系是确保师资管理有效性的重要保障，应针对教师的工作特点，制定合理的教学评估指标和评估体系、规范易操作的评估办法，用制度和机制来保证教师的教学质量。

1. 考核标准

对专兼职教师的德、能、勤、绩、廉进行全面考核，考核的重点是职业道德、履行岗位职责和完成目标任务的情况，考核结果作为专职教师年度考核、兼职教师续聘解聘的重要依据。按照不同类型的岗位职责，应制定不同的考核标准。除了教学效果、授课表现等，还应该将品德、对实际工作的指导等多方面的因素考虑进去，这样才能全面评估教师能力。

2. 考核方法

干部教育培训教师的考核方法，一般采用问卷调查和专家听课两种方法。问卷调查由学员打分，直观反映学员的满意度和授课效果；专家听课则能够对教师的授课内容和授课方式等进行专业化的评估。二者结合，才能够对教师的教学质量有一个科学合理的评判。

3. 考核实施

考核的实施要注重透明度和参与度，只有考核公开透明，学员广泛参与，才能够得到客观全面的评估结果，得到有效的课堂反馈。

(三)激励与约束

科学合理的激励约束机制是激发教师内在动力的重要途径。激励机制应包括精神、物质等多方面的激励，要注重建立重实绩、重贡献的分配机制，兼顾整体的同时适当拉开分配差距。完善专业技术岗位职称补贴与授课效果相结合的薪酬制度，效绩的考核应当与教学质量直接挂钩、以科研成果为补充。要将更大的关注点放在实际教学成效上，内部的收入分配政策、科研经费管理应当紧紧围绕教学这个指挥棒进行，对于优秀教师在课堂津贴、创新奖励上应当予以适当的照顾，建立起重实践、增量分配骨干教师的激励机制，调动教师的积极性和创造性。

合理的约束措施能够增强教师提升自身素质和教学水平的动力和紧迫感。《干部教育培训工作条例》等文件明确规定，严格教师管理，严肃教师讲课、参加会议、接受采访、发表文章等纪律要求，旗帜鲜明地反对和抵制各种错误观点。培训教师要坚定共产主义信念和中国特色社会主义共同理想，弘扬和践行社会主义核心价值观；务必正确宣传党的理论和路线方针政策，在大是大非问题面前旗帜鲜明、同党中央保持一致；要明确以传播科学知识、教书育人为职责，积极主动地对学员进行爱国主义教育；要重视提高自己的马克思主义素养，提高运用马克思主义立场、观点、方法分析问题、解决问题的能力，增强党性修养，更要重视言传身教，处处以自己良好的道德风尚影响学员。为规范培训教师言行，可与教师签订《意识形态安全责任告知书》。

第二节　培训课程的开发与管理

《干部教育培训工作条例》指出："建立完善干部教育培训课程开发和更新机制，构建富有时代特征和实践特色、务实管用的干部教育培训课程体系。"培训课程体系是干部教育培训的核心，只有遵循基本的教学规律，紧贴干部实际和岗位需求，不断完善教学内容，不断提高课程开发和管理质量，才能高标准完成好教育培训任务。

一、培训课程开发与管理的工作定位

课程开发与管理通常是指通过需求分析确定课程目标，根据课程目标选择教学内容，并对相关教学活动进行计划、组织、实施、评价、修订，以及最终达到课程目标的整个过程。

干部教育培训的有效性归根结底是基于培训课程的成功开发，课程开发与管理对组织培训和管理都有重要的意义。

（1）培训课程开发与管理的成功与否直接关系到培训效果，进而影响组织的投入与产出。培训课程开发对提高培训质量、行政效率和实现干部能力水平提高具有重要的意义。

（2）培训课程开发与管理不仅可以帮助组织实现整体培训目标，还可以帮助干部学习知识、掌握技能。

（3）培训课程开发与管理是开发者知识沉淀的过程，课程开发者可以系统地研究知识领域，萃取宝贵的工作经验，建立可动态更新的知识体系，快速成为行业或某项业务方面的专家。

（4）培训课程开发与管理是组织知识管理的过程，组织可以通过培训课的开发与管理系统地梳理、沉淀、萃取行业管理的知识财富，为事业的增值和全员素质提升打下良好的基础，为建设学习型组织提供素材；同时，培训课程开发也是双环学习的过程，为组织建立与外部环境的连接，重新评估组织的规范与假定，进而完善组织架构。

二、培训课程体系构建的基本原则

干部教育培训课程体系是由一系列具有内在逻辑性和一定关联度的课程组成。这些课程涉及理论教学课、讨论课、课题调研、教育培训基地现场教学等干部教育培训的所有环节，是培训目标的具体化。开发培训课程需要大量的人力、物力，提升资源的利用效率就成为关键。因此，本书认为干部教育培训课程体系构建应遵循几个原则。

(一)战略性原则

干部教育培训课程体系构建既要适应组织和事业发展的需要，也要符合干部成长发展的需求。

(二)实用性原则

干部教育培训课程体系构建既要遵循干部成长规律，帮助和促进领导干部全面健康发展；也要遵循干部教育规律，设置符合教育规律的课程。干部培训的课程开发和管理要本着为组织、为干部服务的思想，必须紧紧围绕组织和干部的需求而设计。只有从需求出发的课程，才具有实用性、有效性，才能解决组织发展的实际问题。

(三)完备性原则

干部教育培训课程体系构建要兼顾干部领导力、政治素养和综合素养的全面提升。既要注重干部能力的培养，突出专业能力与领导力建设，也不能忽视领导干部政治素养的提升，强化党性培养和实践，始终保持对党的忠诚；同时，还要兼顾领导干部的道德情操、文化修养、心理素质、自主创新能力、良好的兴趣爱好等综合素质的培养。

(四)系统性原则

干部教育培训课程开发是组织知识管理体系建设的过程，即使是只开发一门课程，也要明确课程位于总体课程体系的位置。课程开发和管理应在总体培训课程体系的基本框架内，同时要兼顾该课程与其他课程的关系，要有对应的接口，同时要避免与其他课程存在重复甚至矛盾的地方。同时，对于某个或某系列课程，还要有一个完整的系统，这个系统根据课程的逻辑关系分成相应的部分。

(五)成人适用原则

干部教育培训与学校教育课程最大的区别就是受训对象不同。干部学员首先是成年人，而且多是边干边学，在学中干，在干中学。因此，培训课程开发管理一定要关注成人学员的学习特点。通过游戏、提问、测试、研讨等方式启发成人学员的思维，使其将问题展现出来。成年人喜欢讨论与互动，期待尊重与赏识，培训课程要摆脱单纯的讲授式，要注意将课程的内容线与学员的理解线两线并行。可以引入多种灵活的互动交流，让学员更多地参与问题思考、观点提出、理论论证和方法总结的过程中，充分调动学员的积极性，让学习充满乐趣。

(六)重点突出原则

干部教育培训课程体系构建既要设置体现干部培训战略任务共性目标的必修课，还要设置适应学员不同知识结构和个性化能力差异的选修课，努力实现课程设置的多样性和针对性。课程开发要明确该课程所要达成的目标，始终围绕目标，突出重点、有的放矢。要围绕培训重点组织相关的资料、案例等，避免平铺直叙、冗长讲述，以直接、精炼、准确的语言来表述课程内容，力争做到思路清晰、主题鲜明、论证到位。

(七)历史延续性和前瞻性原则

干部教育培训课程体系构建既要考虑历史延续性，又要顾及前瞻性，内容上要涵盖与行业的发展形势密切相关的新理论、新知识；既要力求课程的相对稳定性和成熟性，又要兼顾创新性和开放性。

三、培训课程的类型和内容

按照《干部教育培训工作条例》《2018—2022 年全国干部教育培训规划》等文件规定，干部教育培训内容一般分为四类：理论教育、党性修养、专业化能力培训和知识培训。按照内容不同，干部教育培训课程体系也分为四个模块以及若干个小模块，示例框架见表 3-2 所列。

表 3-2　干部教育培训课程体系框架示例

培训模块	培训目的	主要内容	示例课程
理论教育课程	加强干部理论武装的力度，提高干部的政治素质和理论水平	全面系统地开展党的基本理论教学的基础上，突出马克思主义世界观、方法论教学	习近平新时代中国特色社会主义思想体系
			习近平生态文明思想
			马克思列宁主义基本问题
			习近平谈治国理政
			中国特色社会主义理论体系
			马克思主义世界观、方法论

（续）

培训模块	培训目的	主要内容	示例课程
党性修养课程	突出党性锻炼，引导干部讲党性、重品行、作表率	开展党章、党的宗旨、党规党纪、党的优良传统、党风廉政建设等教育培训	如何树立正确的政绩观和权力观
			党的历史传统与优良作风
			党风廉政建设
			党的政策
专业化能力培训课程	引导和帮助干部丰富专业知识、提升专业能力、锤炼专业作风、培育专业精神	依据具体的、不同的管理方向设置多种专业方向小模块，如财经类模块、教育类模块、农业类模块等	行业发展与形势分析
			行业发展战略分析
知识培训课程	突出干部基本管理知识补充和工作技能历练，帮助干部加快知识更新、优化知识结构、拓宽眼界视野	基本管理知识	公共组织与人力资源
			公共政策与发展战略
			公共事业与城市管理
			政府经济学
			社会保障与公共经济
		基本工作技能	信息技术发展与现代办公
			冲突调解与媒体应对
			团队建设和有效沟通
		领导力建设	领导能力与道德修养
			现代决策科学与技术
			领导科学
		人文素养及道德修养	中国传统文化
			艺术修养
			心理调适与身心健康
			健康新理念
		国际知识	世界经济
			当代世界科技
			当代世界法律和中国法律建设
			当代世界军事和中国国防建设
			当代世界思潮

(一)理论教育课程模块

理论教育课程体系在全面系统地开展党的基本理论教学的基础上突出马克思主义世界观、方法论教学,以进一步加强干部理论武装的力度,提高干部的政治素质和理论水平,提升其分析和解决工作中新情况、新问题的能力。重点开展马克思列宁主义、毛泽东思想、邓小平理论、"三个代表"重要思想、科学发展观和习近平新时代中国特色社会主义思想教育培训,加强党的路线方针政策、社会主义核心价值观、党史国史、国情形势等教育培训,引导干部坚定共产主义远大理想和中国特色社会主义共同理想,增强中国特色社会主义道路自信、理论自信、制度自信,提高运用马克思主义立场、观点、方法分析解决实际问题的能力,增强领导改革开放和社会主义现代化建设的本领。

该模块主要课程单元:如"习近平新时代中国特色社会主义思想体系""习近平生态文明思想""马克思列宁主义基本问题""习近平谈治国理政"等。该模块是干部教育的主课,是灵魂。

(二)党性修养课程模块

党性修养课程体系突出党性锻炼,引导干部讲党性、重品行、作表率。重点开展党章、党的宗旨、党规党纪、党的优良传统、党风廉政建设等教育培训,引导党员干部增强党的意识、宗旨意识、执政意识、大局意识、责任意识、规矩意识,做到对党忠诚、个人干净、敢于担当。

该模块主要课程单元:如"如何树立正确的政绩观和权力观""党的历史传统与优良作风""党风廉政建设""党的政策"等。通过该模块课程把党性教育贯穿干部教育的全过程,渗透到干部学习、生活、工作的各个方面,切实加强党性修养,始终坚持全心全意为人民服务的根本宗旨。

(三)专业化能力培训课程模块

专业化能力培训课程模块旨在引导和帮助干部丰富专业知识、提升专业能力、锤炼专业作风、培育专业精神。党的干部队伍是一支专业干部队伍,干部教育培训应该突出干部的岗位培训,只有根据岗位类别和任务分工科学设计专业化能力培训课程,才能实现具体的培训目标,推动个人能力更好地适应岗位需求,保障实际工作的高质量开展。其实,每个学习者都在各自的岗位上承担着不同的工作,岗位要求不尽相同,个人能力也千差万别,每个人都有着各自的优势与特长。这就要求培训课程为不同岗位的工作人员提供深入研究与探讨的机会,帮助他们获取专门的岗位知识与技能，为个人能力提升与事业发展服务。为此，在专业化能力培训课程模块中，依据具体的、不同的管理方向设置多种专业方向小模块，如财经类模块、教育类模块、农业类模块等；并在每一类小模块中，设置不同的小的课程单元，以供干部依据自身情况自主选择。专业化能力培训课程模块是各专业或职业领域内容的深化，体现出培训内容的多样化、专业性与务实性。

(四)知识培训课程模块

知识培训课程模块突出干部基本管理知识补充和工作技能历练，帮助干部加快知识更新、优化知识结构、拓宽眼界视野，不断提高适应新时代中国特色社会主义发展要求的能力。

现代干部要做好工作，没有一定的现代行政管理的基础知识，是无法掌握行政管理工作的基本规律的。同时，现代社会的迅速发展，国际化、信息化的浪潮扑面而来，如何掌握现代化管理必须具备的基本工作技能，对干部提出了新的发展要求。

该模块又分为多个小模块，含基本管理知识、基本工作技能、领导力建设等课程。

1. 基本管理知识

主要课程单元：如"公共组织与人力资源""公共政策与发展战略""公共事业与城市管理""政府经济学""社会保障与公共经济""行政管理""行政法规"等。这是干部开展领导与管理工作必须具备的基本管理知识和素养。

2. 基本工作技能

主要课程单元：如"信息技术发展与现代办公""冲突调解与媒体应对""团队建设和有效沟通"等。这是现代干部适应时代与社会发展必备的工作技能，是终身教育的基本任务。

3. 领导力建设

主要课程单元：如"领导能力与道德修养""现代决策科学与技术""领导科学"等。这是提高干部的战略思维、战略管理能力和领导决策能力，把理论学习与现代化建设的实际结合起来，不断研究解决改革、发展、稳定中的重大问题，积极研讨各行各业的热点、难点问题，为政府决策服务。

4. 人文素养及道德修养

主要课程单元：如"中国传统文化""艺术修养""心理调适与身心健

康""健康新理念"等。人文素养与道德修养课程体系重在加强领导干部在领导艺术、沟通能力、心理调适、传统文化等方面的教育，帮助干部完善知识结构，提高干部领导水平和个人修养，提升干部队伍整体素质。

5. 国际知识

主要课程单元：如"世界经济""当代世界科技""当代世界法律和中国法律建设""当代世界军事和中国国防建设""当代世界思潮"等。这是了解、熟悉国际形势，把握时代的潮流和脉搏，掌握世界发展的基本动向，拓展干部的视野，使他们能够善于观察世界大势和正确把握时代的要求。

四、培训课程的管理

在规划好课程体系之后，就进入课程开发环节。干部教育培训中的课程开发按照师资来源的不同可以分为两类：自有师资的内部课程开发和外聘师资的外部课程选择。

(一)内部课程的开发

课程开发也是一项专业技能，原则上要对开发团队进行课程开发专业培训。一般而言，课程开发流程如图 3-5 所示，主要分为需求分析及目标确定、纲要及逻辑设定、内容编写与修改、检查与审核、试讲与优化、定版与修订六步。

| 需求分析及目标确定 | ⇨ | 纲要及逻辑设定 | ⇨ | 内容编写与修改 | ⇨ | 检查与审核 | ⇨ | 试讲与优化 | ⇨ | 定版与修订 |

图 3-5　自有课程开发管理流程

1. 需求分析及目标确定

课程开发的第一步是课程的需求分析及目标确定。干部教育培训课程主要面向委托方、本行业及本单位内部人员的素质提升和工作能力改进，因此，每一门课程需要有明确的需求分析，一定要紧扣实际工作的需求，紧紧围绕需求确定具体的课程目标。原则上，需求分析及目标确定需要先经过审核，才能进行下一步的课程开发工作。

2. 纲要及逻辑设定

在需求分析及目标确定的基础上，课程开发团队需要明确课程的主题（名称）、课程的大纲及主要的课程逻辑。

3. 内容编写与修改

在确定课程主题、大纲与逻辑之后，就进入主要内容的编写与修改环节。这一步需要先收集大量的资料，根据课程的主要内容与受训对象特点，对课程内容按照逻辑进行分类整理、归纳，逐步形成具体的内容；同时，还要根据成年人学习的特点，根据讲授内容加入适度的互动或游戏化的学习环节，让每节的内容都能以生动的方式落实教学，提高学员的参与度。

课程内容编写的同时需要形成相应的教案、教学 PPT、案例、教具等具体的教学资料。

4. 检查与审核

在形成课程内容及相关教学资料后，要进行交叉检查与内部审核。

交叉检查可以由不同开发团队或同一级的开发团队进行内部检查，也可以由相关的使用者组织专业的内部审核会议进行检查与审核。

检查与审核的主要目的是确定该课程符合课程设计的需求和主要目标，同时内容清晰、逻辑通畅，课程内容中有适度的互动、符合成年人的学习特点等。

5. 试讲与优化

通过检查与审核后，可以由内部师资进行课程的内部试讲。试讲时一定要有真实的学员在现场而不是教师单独讲解，同时可以由专业的培训教师或专家在现场指导。在试讲中或试讲后，要对学员的培训效果进行调查，至少要调查学员的现场反应及学习效果，同时，要求学员对课程目标、课程主题、课程具体内容和主讲老师进行反馈。通过学员反馈，可以对课程进行进一步的优化。

6. 定版与修订

通过试讲与优化后，课程就可以定版。课程定版后，可以输出完整的课程介绍及课程支撑资料。在后续的课程讲解过程中，可以不断地为课程增加资料、案例，以及根据学员反馈适度增减相关内容。在这个过程中，要注意课程版本的管理。

(二)外部课程的选择

内部课程重在开发，外部课程重在选择和管理。外部课程除了必须符合本节第二部分阐述的基本原则外，还应注意以下几点：一是课程内容要适宜。授课内容应该政治导向鲜明，内容科学严谨且设计合理，切合培训目标和主题。二是授课教师要适宜。授课教师必须严守纪律、严谨治学，具有良好的职业道德修养、较高的理论政策水平、扎实的专业知识基础和一定的实际工作经验。三是知识产权保护要得当。授课老师的课件、讲义及其他教学资源的共享、使用必须征得其同意，必要时签订规范的使用协议，避免出现知识产权纠纷。

(三)培训课程的动态管理

1. 课程更新管理

课程体系不是一成不变的，要通过深入调研，充分掌握培训对象的需求，根据需要不断调整、开设课程模块，使培训课程在类型、形式与内容等多个方面适应干部多元化与多样性的发展要求。加强对各类优秀课程的了解，建立完善各行业、各领域干部教育培训课程库，不断充实和丰富现有课程体系模块。

通过多渠道、多方面了解符合需求的各类课程，包括联系和建设更多的教育培训基地，择优入库，并对重点课程用课程类别、课程名称、课程适用对象、课程目标、课程内容、主讲教师和备选教师情况、教学评估结果、教学方式方法等要素进行详细登记，规范管理。此外，还要根据不同时期的需要及时补充或轮换新课程，增强课程的可选择性和弹性。

2. 精品课程建设管理

加强精品课程建设，重点开发体现马克思主义中国化最新成果、反映各领域理论和实践创新的精品课程。一是围绕重大理论问题和实际问题，深入开展研究，以新的科研成果充实培训课程体系；二是结合各行业实际，开展课题研究，打造有行业特色的精品课程，提高做好本职工作的责任感和自觉性。

第三节　培训方法的选择与管理

培训方法是干部教育培训的基本要素之一，是培训教学中不可缺少的组成部分。任何教育培训目标，都必须借助一定的教学方法，才能在教与学的互动中得到实现。干部教育培训工作的成效和质量与培训方法的选择息息相关，恰当的培训方法对干部教育培训工作的有效进行具有重大的推动作用。

一、培训方法选择与管理的工作定位

在干部教育培训中，培训方法指的是在遵循教育培训规律的前提下，为达到既定教育培训目标，将教育培训内容转化为干部自身素质能力而运用的方式和手段，是为完成一定的培训任务，教师和学员按照一定的要求采取的教与学相互作用的活动方式的总称。简单地说，干部教育培训方法是培训教师向培训学员传授知识、技能的方法。培训方法除了以讲授式为主的传统方法，还有研讨式、案例式、模拟式、体验式等创新性方法。

《干部教育培训工作条例》中提出："干部教育培训应当根据内容要求和干部特点，综合运用讲授式、研讨式、案例式、模拟式、体验式等教学方法，实现教学相长、学学相长。引导和支持干部教育培训方式方法创新。"《2018—2022 年全国干部教育培训规划》中提出："探索运用访谈教学、论坛教学、行动学习、翻转课堂等方法。鼓励和支持干部运用网络培训、专题讲座等形式开展各方面基础性知识学习。"

干部教育培训必须更好地适应新形势、新任务、新情况，满足干部多样化的培训需求，其中培训方法的选择与应用是干部教育培训管理的重要一环，任何干部教育培训任务的最终实施都需要通过具体的培训方法。怎样认识、把握并运用干部教育培训的方法，对干部教育培训来说具有重要意义。

（一）提高干部教育培训质量的重要保障

选用恰当合理的培训方法对培训目标的实现、培训任务的完成、培训效果的增强、培训质量的提高都有着重大推动作用。培训方法的改进与完善，对教育培训的影响直接且具体。做好新形势下干部教育培训工作，既要坚持运用行之有效的传统方法，又要通过谋划培训方式的创新，不断提高干部教育培训工作的科学化水平。不同的培训方法有不同的作用和效果，在培训工作中必须根据实际需要灵活选用。例如，讲授式可以快速拓展学员对某一领域的认识了解；研讨式可以使学员的思维能力得到锻炼，加深对所学知识的认识与理解；案例式有利于提升学员解决实际问题的能力；模拟式有利于提高学员的参与度和积极性；体验式可以使学员身临其境地体验革命历史、现代发展等与培训主题相关的情境，加深对相关内容的认识，促进思想升华。

（二）遵循干部教育培训规律的必然要求

干部教育培训的对象是不同行业、不同岗位的在职干部，培训目的是提升干部解决实际问题的能力、提高与岗位需求的匹配度。要想取得好的培训效果，在干部教育培训工作中必须把握和遵循干部教育培训规律和干部个人的成长规律，以现代化培训理念为依据，积极探索与培训内容相适合、与培训对象相适应、与培训目标相契合的恰当的培训方法。尤其是在日趋复杂的社会形势和日益多样的培训需求面前，单向的培训方式已无法跟上发展的步伐，传统的、单一的培训方法已无法满足当前干部教育培训的各种需求，迫切需要采用更符合干部发展与教育培训规律的方式开展培训，以满足当代社会对培养高素质干部队伍的迫切需求。不同的培训内容适合不同的培训方法，有的适合研讨式，有的适合体验式，有的适合讲授式，必须根据培训班次和讲授内容，针对性地选取适合的培训方法。同时，方法的选用还需符合不同院校的功能定位、资源特点、培训对象特点、培训目标等，根据不同培训方法的优势与不足，综合进行考虑和运用，使其互为补充，形成合力，才能不断促进干部教育培训工作质量与水平的提升。

(三)调动学员积极性和创造性的有效途径

干部教育培训工作要提高培训对象的学习积极性，必须选用恰当的培训方式。同样的培训内容，如果选用的培训方式合理恰当，不仅能够极大地提高培训对象的学习兴趣，而且能有效地激发他们的能动性和创造性，从而获得较好的培训效果。从当前的培训实际来看，在培训过程中，教师要由重"讲"向重"导"转变，主要起到"组织者""引导者"的作用，指导培训过程，改变传统课堂以教师为中心来设计的课程，调整为以学员为中心，使学员成为整个培训活动的主体、知识加工与吸收的主体。按照学员的"需"设计课程，并通过教师的"导"指导学员学习研究，以引导学员掌握学习内容，提高发现问题、分析问题和解决问题的能力。从"教为主体"到"学为主体"的转变，不仅是简单的角色转换，更是更新培训理念、优化培训目标、深化培训改革等的重要内容和内在需要。

(四)实现培训针对性和有效性的重要举措

"针对性"和"有效性"是检验干部教育培训工作质量的重要方面。干部教育培训对象具有很强的多元化特征，往往来自不同类别、不同层次、不同职位、不同地方，对于增强培训的针对性和有效性提出了更大挑战。除了要在培训内容上有所体现，还要围绕培训方式的发展与创新推动干部教育培训工作改革，才能更好地防止出现"一刀切""一锅煮"现象。从需求导向出发，综合考虑培训学员个体需求、组织需求和岗位需求，合理选用干部教育培训方法，满足多样化的学习需要，从而增强培训的针对性和有效性，提高培训的质量效益。

培训成果向工作的迁移和转化离不开好的培训方法，干部教育培训要解决实际工作中遇到的重点、难点、热点问题，提升干部的综合素质能力，就必须灵活应用培训方法，将课堂讲授、现场体验、案例分析、互动研讨等培训方法有机整合、合理使用，以进一步强化针对性及培训效果，提高干部教育培训科学化水平。

二、培训方法的分类

（一）讲授式

讲授式是授课教师通过口头语言向听众描绘情境、叙说故事、叙述事实、解释概念、讲解理论、论证原理和阐明规律等的一种教学组织形式，是一种历史悠久、形式传统、应用广泛的教学方法，无论是在大中小学教学，还是在成人教育、干部培训中，讲授式教学都是一种最常用的、最基本的、又至关重要的教学方法。它通过系统讲述和精辟分析来达到传授知识、技能、经验、信息等目的，具有可控性强、教学效率高、应用范围广、经济便捷等特点。

讲授式虽然主要运用口头语言进行教学，但又不限于口头语言，在讲授过程中也会借助图片、模型、动画、视频、网络资源等其他辅助工具进行呈现、讲解、示范和分析教学内容。具体到干部教育培训中的讲授式方法是指授课教师在特定时间内（一般是2~3小时），就某个主题或专题，用学员能接受的简明的语言，系统地向学员传授知识、讲解技能、传递经验或传输信息的教学过程。

从讲授方式的角度，讲授式教学可以分为讲述、讲解、讲读、讲演等方法；从发挥作用的角度，讲授式教学可以分为消极讲授法和积极讲授法；从创新发展的角度，讲授式教学可以分为主题报告、专题报告、专题讲座、经典导读、主题讲演、案例讲解等方法。

（二）研讨式

在干部教育培训中，研讨式培训方法是指围绕培训主题，以提高学员理论联系实际能力、开发创造性思维或形成共识为目标，以学员为主体，以培训教师为主导，以研究、探讨为主要形式的互动式教学活动。研讨式作为一种创新型培训方法，以问题为导向、以讨论为手段、以总结评析为结论，整个过程丰富灵活，充分发挥了教师和学员的双主体作用。在培训过程中需要学员互动交流、分工合作，在合作过程中学会独立思考和互相帮助，能够较好地训练学员的思维能力、自学能力和解决问题的能力。

研讨式教学的主要形式有：

（1）小组研讨。将培训班学员分为几个小组，每个小组内成员集中在一起就某个研讨主题进行组内讨论。通常包括有组织研讨、开放式研讨和陪伴式研讨三种形式。

（2）座谈交流。邀请相关主管部门领导、专家来培训班与学员就某个专题或实际问题进行交流研讨，学员就学习中或实际工作中的相关问题进行提问，领导和专家进行解答和全场讨论。

（3）结构化研讨。用结构化的思维或方法进行研讨。结构化研讨的培训教师叫作催化师。催化师按照一定的程序和规则，利用结构化的分析工具和研讨技巧，运用逻辑思维来解决问题，引导学员围绕某一主题多角度、分层次开展研讨。结构化研讨是研讨式教学中研究和应用最成功的培训方法，近年来在各级干部教育培训中得到了广泛推广。

（4）学员论坛。以论坛的方式达到专题教学的目的，培训教师对论题进行选择、提炼、加工，在论坛上安排多人发言、多人提问，邀请相关领域专家进行点评和答疑，使教师、专家与学员互动，变"一对多"为"多对多"。

（5）行动学习。引导学员针对所学内容进行深入思考，通过积极组织学员挖掘实际工作中的难题，利用已有的知识和在培训期间所学的新知识，进行反思、讨论、调查、研究，寻找解决问题的方案，最终将所学的抽象理论转变为可以落地实施的行动方案。

（6）调查研究。学员围绕培训目标，运用科学手段，对有关主题进行有目的、系统的综合考察，搜集资料、信息，进行整理、分析和加工，阐述所了解到的事实状况与问题，预测其发展变化的趋势，提出有针对性的具体方案、建议或对策。

（7）翻转课堂。学员在课前通过教师发放的数字化材料（音像视频、电子教材等）进行自主学习，回到课堂后与教师和同学互动交流，并完成练习。

（三）案例式

案例式方法最突出的一个特征就是教学案例的运用，这是案例式区别于其他培训方法的关键所在。案例是一个发生在真实情境中的事件，这个事件需要具有一定的典型性，包含有一个或多个社会方面的疑难问题或者突出的矛盾点，能通过各种矛盾点不断启发人思考，并且可能含有不止一种解决问题的办法。案例式方法是基于上述"案例"概念设定而谈的一种培训方法，是以相关理论基础为支撑，与培训任务深度融合，在教学过程中引入教学案例，设置课堂讨论环节，以一定的教学条件作为辅助，以此来达到提升学员思维能力和实践能力的目的。

案例式教学的主要特点有：

（1）客观真实性。案例教学中的案例需要选择一个真实的事件或情境，虽然可能对人物、地点等信息进行模糊处理，但是这个案例必须是真实存在的，不能为了达到某种目的进行虚构。

（2）学员主体性。案例式中教师的角色发生改变，从培训中的主体变成引导者、主持人，通过唤起学员的热情和求知欲，引导学员主动去发现问题、分析问题、做出决策，与同学一起经过精彩的观点交流，得出结论。

（3）互动性。案例式一改传统教学中教师—学员的单向传输，通过案例分析、提出问题、分析讨论等环节，建立教师（个人）—学员（个人）、教师（个人）—学员（集体）、学员（个人）—学员（个人）、学员（集体）—学员（集体）等多条交流通道，通过观点的碰撞获得新的启发。

（4）理论实践相结合。案例式教学不是简单直接地告诉学员一个真实的社会组织在干什么，而是让学员在发生过的社会生活案例中充当角色，学员运用已有的知识，通过自己的分析、思考，得出自己的判断，作出自己的决策。

（5）综合性。案例式教学中的案例较之一般的举例内涵丰富，不单是叙述一个故事，分析、解决问题过程也较为复杂，需要学员综合运用各种知识和灵活的技巧来处理不同的案例问题。

（6）开放性。案例式教学的答案或结论往往不是唯一的，而是具有多元性，它不刻意去寻找一个确定的答案，事实上也不存在绝对正确的答案。教师通过引导学员讨论，可从多种答案中得出一个大家公认的最佳答案。

根据案例的性质和功能，可以将案例划分为描述型案例和决策型案例。

（1）描述型案例。描述型案例主要是对既往事实的客观描述和经验总结。根据案例侧重点不同，可以细分为以下三种：一是原理运用型案例。这种案例通过再现某一个情境或问题，要求学员运用特定的原则、概念、理论或方法对事件进行系统性分析。二是规范型案例。这种案例主要是对抽象的行政行为的客观描述和经验总结，学员对事件进行梳理分析，依照相关政策规定得出结论。三是评价型案例。这种案例是通过再现某一特定事件或情境发生发展的全过程，学员对事件中人物或组织的行为措施进行评价。

（2）决策型案例。决策型案例可以细分为以下三种：一是特定情境决策型案例。这种案例通过对特定事件或情境进行重现，描述决策者面临的困境或问题，但是并不直接给出当事人的实际决定。二是政策制定型案例。这种案例不是要求学员分析某一个问题或者决策，而是要从宏观角度综合考虑各种问题和决策，来建立一个能解决许多问题的指导框架。三是确认问题型案例。这种案例形式更为复杂，事件的情节可能较为混乱，存在问题也比较多，学员需要在大量数据或材料中找出当事人急需解决的主要问题，而这个问题可能并不明朗。

（四）模拟式

模拟式方法是互动式培训方法的一种，是指借助高仿真模拟手段，通过对一些真实的案例及事件进行模拟或再现，在教师指导下，学员扮演情景角色，模拟案例及事件的过程，通过亲身体验与感悟引发学员的思考，使其在体验中接受并掌握知识，在短时间内提高素质和技能的一种培训方法。模拟式方法的意义在于构架起理论与实践相结合的桥梁，增强教学的互动性、认知性，解读学员的行为特点，使学员有所提升和感悟。模拟式方法能在很大程度上弥补客观条件的不足，为学员提供近似真实的训练环境，提高学员的职业技能。

模拟式教学主要特点有：

（1）逼真性。逼真性是模拟式最为显著的特征。模拟式首先强调教学场景、教学案例、教学过程的逼真性，以高仿真的情景（事件）模拟为基础和起点，注重在类似真实事件发生的真实场景中进行教和学。

（2）实践性。模拟式方法的根本出发点和落脚点是解决问题，模拟式的教学内容安排和学习方式都是立足于实践这个根本来设计的。

（3）互动性。教师、学员、专家及其他临时角色都不是静止、孤立的，而是伴随着事件的发展，是人人参与的、流动的，甚至是即兴的，整个教学过程也是各角色间互动交流的过程。

（4）多元性。教师是教学的指导者、组织者、促进者，学员是学习的主动参与者、角色扮演者，教师与学员不再是单一的教和学的主动与被动关系，而是协作关系、同构关系和伙伴关系。

模拟式教学的主要形式有：

（1）情景模拟。围绕培训目标收集素材，编写案例，创设教学内容所需要的、接近实际的工作场景，在教师的指导下，学员在实际情境中担任角色、解决问题，并作出最后总结。

(2)角色扮演。学员扮演某一职务的担任者，对问题情境中出现的矛盾进行分析并尝试解决问题，从而使学员体验这一角色的心理变化，从自己和他人的"表演"中受到启示。

(3)沙盘模拟。构建仿真组织环境，组织学员模拟真实的管理活动，运用计划、决策、控制与效果评估等手段，对组织的所有人力、物力资源进行全方位和系统化的管理，力求实现资源的最优配置，以此来提高学员管理能力。

(4)桌面推演。依托模拟演练系统，利用地图、沙盘、流程图、计算机、视频会议等辅助工具，运用语言和文字模拟处置手段推演应急决策及现场处置的过程。

(五)体验式

体验式培训方法是指为达到一定的培训目的，根据学员的认知特点和培训规律，创设合适的情境或氛围，通过活动、游戏等教学手段，使学员在亲身经历的过程中观察、反思和分享，并结合已有经验，在实践中构建理论、产生感悟、发展能力，更好地掌握所学知识、达成培训目标的一种教学方法。体验式要求教师必须从实际出发，根据不同的教学目标，设计具有针对性的体验情景，引导学员主动、积极地进入不同的教学情境中，身临其境地去学习，从体验中感悟，从感悟中实践，再从实践中获得新的认识。体验式教学的主要形式有破冰活动、拓展训练、现场教学、心理体验、军事教育、辩论教学、演讲等。

体验式教学的主要特点有：

(1)体验性。体验性是体验式教学最本质的特征，学员不再是被动的知识接受者，而是要从行为、心理和情感上直接参与到教学活动中，通过亲历体验、反思、感悟来获取经验、建构知识、培养能力。

(2)整体性。体验式情境是饱满的、丰富的、生动的、完整的，学员要结合多种感官，调动已有的经验，逐步深入体验层次，获得多种感悟，从而促进学员在知识和技能、过程和方法，以及情感、态度和价值观等方面的全面发展。

(3)主体性。教师在为学员创设体验式情境时，会根据不同的学员主体，创设具有主体针对性的体验式情境，在情境体验中，整个教学过程是以学员为体验主体的学习过程，学员主体进行充分的、自主的体验。

（4）开放性。体验主体是开放的，学员在自主、自由、积极、快乐的氛围中体验；体验目标是开放的，有知识与技能目标，有过程与方法目标，还有情感、态度与价值观目标；体验情境是开放的，创设的情境可以是当前的，也可以是过去和未来的，可以是生活情境、社会情境，也可以是自然情境，可以是实际情境，也可以是虚拟情境；体验形式是开放的，可以是直接体验，也可以是间接体验，可以是封闭体验，也可以是开放体验。

（5）实践性。体验的过程实质上是从实践到认识的过程，学员在体验中获得感悟，即在实践中得到认识。

（6）创新性。体验学习是体验—感悟—再体验—再感悟，即实践—认识—再实践—再认识的不断创新发展过程，可以培养学员的创新精神、创造能力。

三、培训方法的比较

任何一种培训方法都不是孤立的，我们要辩证地看待每种方法的优势与不足，要根据培训环境进行适当调整和创新，或是结合不同方法综合使用，灵活应对，形成互为补充的整体合力，以便更大程度地满足干部培训的实际需要。以上五大类培训方法，有各自的优缺点（表3-3），运用时需要综合考虑比较。

表3-3 五类干部教育培训方法的优缺点比较

方法类型	优点	缺点
讲授式	知识体系比较系统、全面； 短时间内传播信息量大； 对培训环境要求小； 适合大规模培训	传授内容多，难以消化； 交流时间有限，学员参与度较低； 学员的课堂集中度或注意力差； 难以满足学员个性化需求
研讨式	教学形式多样； 有利于学员积极思考，培养分析问题和语言表达能力； 有利于解决工作中的实际问题； 师生互动性强，可以催化新思想、提出新观点	对流程规范性、课堂环境要求高； 少数人的意见占上风，容易误导学习方向； 花费时间较长； 不适合大范围开展
案例式	缩短了教学情境与现实情境的差距； 有利于学员知识的内化吸收和应用； 能提高学员解决实际问题能力	经典案例筛选、制作难； 实施要求较高，对教师的能力要求较高

（续）

方法类型	优点	缺点
模拟式	增强学员学习兴趣与信心； 提供良好的学习情境，促使学员获得感性知识； 有助于激发专业教师教学与科研热情	适用范围有限； 创设模拟情境的难度大； 学习成效评价难； 教师课堂引导的要求高
体验式	学员能体验到内心的感触； 提升学员的积极性； 提高学员的心理、体能、智能等综合素质能力	教学实施难以掌控； 教学设计质量参差不齐； 教学评价方式有待提升

四、选择培训方法需考虑的主要因素

教学有法，但无定法。究竟选择何种培训方法，通常需要考虑如下几个因素：

第一，学习目标。学习目标对培训方法的选择有直接影响。在干部教育培训过程中应该向学员传递知识，还是应该让他们积极地增长和创造知识？是把他们的专业素质放在培训目标首位，还是把工作绩效提高作为培训的主要目的？是关注他们在知识、技能和情感态度等方面其中一个目标的达成，还是兼顾多维目标的同时在培训方向上有所侧重？如前文所述，不同方法所侧重的培训目标显然是不同的。

第二，所需时间。有的培训方法所需时间较短，如专题讲座、现场教学等；有的培训方法实施时间较长，如结构化研讨、拓展训练、情景模拟等。这就需要培训组织方和培训师根据学员所能投入的时间长短来选择培训方法。

第三，所需经费。有的培训方法需要的培训经费较少，如讲授式、研讨式等；有的需要经费较多，如体验式、模拟式等，不仅需要在培训硬件资源上投入较多，而且智力资源方面的投入也不少。

第四，学员数量。当学员人数不多时，研讨式和模拟式是比较好的选择，但当学员人数众多时，讲授式和案例式可能比较适当。学员人数不仅影响培训方法的选择，而且影响培训效果。

第五，学员学习基础。学习方法的选择要考虑到学员本身的知识基础和学习能力。如果学员不善于表达或不习惯研讨式的培训风格，那么，开始就采用辩论、小组讨论等形式将难以取得预期的学习效果。

第六，相关技术和实践资源的支持。沙盘模拟、线上专题讲座等都需要培训技术和平台的支持；拓展训练和一些研讨形式则需要特定的培训设备、空间和学习环境；角色扮演和案例式不仅需要工作实践的研修案例和情境，更需要专业的实践指导教师和同行客串。

第四节　培训基地管理

一、培训基地管理的工作定位

干部教育培训基地是各类干部队伍拓展专业知识，改善知识结构，加强党性修养，坚定理想信念，提高思想政治素质、科学文化素质和业务素质的重要场所。经干部教育培训管理机构认定的培训基地不改变其原来的行政隶属关系，在干部教育培训及相关业务上接受干部教育培训管理机构的指导、监督和检查。

根据干部教育培训工作的特点，培训基地主要分为以下五类：党政干部教育培训基地、企业经营管理人员培训基地、专业技术人员继续教育培训基地、技能型人才培训基地、综合类人才培训基地。

培训基地的主要任务是：

(1)认真贯彻执行中央、省、市有关干部教育培训的法律法规、条例规划，按照一定分类和分工开展干部教育培训工作。协助培训管理机构做好各类培训的组织管理、规划实施、考试考核等工作。完成培训管理机构下达的各项培训任务。

(2)在培训管理机构及行业主管部门的业务指导下，主要承担本地区、本行业、本单位各类人员的教育培训工作。有条件的基地经批准可接受其他地区、其他单位委托的培训任务。

(3)结合行业特点，积极开展社会培训市场需求调研，做好年度培训计划和课程目录的编制工作。

(4)认真做好在基地接受教育培训各类人员的考试考核、建档登记以及培训效果评估反馈等工作；按要求及时向培训管理机构报送有关教育培训的情况。

(5)结合自身实际，积极探索和创新培训教育新模式，不断强化和规范基地的软硬件建设和管理。认真做好师资队伍和培训教材体系的规划和建设。

（6）充分发挥在师资、硬件、教学科研等方面的优势，积极创造条件，以多种形式为党政机关、事业单位、农村基层、非公有制企业及其他所有制经济单位的人员提供教育培训、科研信息服务等，更好地为各级各类人才队伍建设服务、为经济社会发展服务。

在干部教育培训定义和职责基础上，干部教育培训基地管理是指对各类基地的基本条件、申报审批、运作机制等进行规范化管理，构建满足培训教学工作需要、健全的教学运行组织体系，为提高办学水平和培训教学质量提供强有力的组织保障。本章其他节分别对培训教师、培训课程、培训方法、培训教材等资源管理进行了详细说明，本节只从宏观层面阐述基地管理，对其内部的课程、师资等资源不再赘述。

二、培训基地的基本条件

干部教育培训基地应有相对固定用于开展教育培训活动的场所和相应的教学设施，有能容纳 30 人以上的教室，具备实施现代化远程教育的基本条件。

干部教育培训基地应有一支相对稳定、具备实际授课能力和教学经验、专兼职结合的教师队伍。教师数量和结构应与培训基地所承担的专业类别和教学任务相适应。教师应具备一定的跟踪新理论、新政策、新知识、新科学和新技术的能力，并能从理论到实践传授给学员。

干部教育培训基地应有与所承担的专业类别、教学任务相适应的教学设备，应配备教学投影仪、录音机、录像机、电视机、计算机等教学设备及相适应的实验仪器设备；应有与所承担的专业类别、教学任务相适应的各类图书以及专业性较强的各种报刊资料。

干部教育培训基地应建立相应的管理制度。主要包括：教学组织管理、学员考核管理、培训登记管理、培训经费管理、后勤保障管理以及培训效果评估、跟踪反馈等制度。应配备专职的培训管理人员。

三、培训基地管理体系

（一）申报审批管理

各类高等院校、中等专业学校、科研院所、企事业单位积极开展培训教育活动，有培训资质和条件的可申报成为培训基地。各培训机构在申报时应按相关规定对自身的资质条件进行自查，符合条件的按程序进行审批。

培训管理部门对所报材料进行审议，并组织有关人员对申报单位进行实地考察审验，以确定是否批准。经审查符合条件的单位，培训管理部门将予以认可。未经认可的单位，不得以干部教育培训的名义开展教学活动。

(二)业务承接机制

培训基地实行培训业务运作双轨制：一是自主培训制。各基地应结合培训管理机构发布的培训要点、基地实际及培训需求市场调研情况，自主编制培训计划和课程目录，并按时报送培训管理机构审批备案。二是承接培训制。各基地可根据自身的比较优势和条件，在找准相关单位和部门的年度培训需求的基础上，承接相关单位和部门委托的教育培训任务。

培训基地管理引入市场竞争机制，建立干部教育培训重点项目招投标制度，实行培训基地先获得资质认可再承担培训任务的工作机制。培训管理机构每年向各基地发布重点培训项目目录，由各基地自主选择目录中的培训项目，并向培训管理机构报送培训实施方案。方案应包括以下主要内容：培训课程设置、选用教材、师资配备、教学实施方案、培训经费情况、学员考勤管理等。培训管理机构从不同基地的方案中择优确定最终实施方案。

(三)分级分类管理

培训基地实行分级管理制度。各级基地应按培训管理机构要求开展教育培训工作，承担各级各类人员的教育培训任务。各级组织人事部门负责综合管理本级培训基地，制定有关基地的管理规定；指导培训基地组织开展教育培训活动；统一对本级教育培训基地进行认证管理和年度检审；总结交流和推广各基地先进的管理经验，表彰奖励先进基地和管理人员。

各行业主管部门负责指导隶属本部门的培训基地做好本行业教育培训的计划编制和组织申报工作；协助同级党委组织部、政府人事部门指导培训基地进行相关专业的新理论、新技术、新方法的培训与探索。

建立培训教育工作统计制度。培训基地组织培训的基本情况实行年报制度。各基地应于每年年底前，将本年度组织培训的人数、时间、内容、办班种类、形式和经费管理等情况报送本级人事组织相关部门。

(四)基地评估管理

建立培训基地评估制度。培训教育工作情况应纳入各基地目标管理的范围，并作为评估衡量基地及其负责人工作业绩的重要内容。各培训基地每年年底要进行一次自查总结，向本级相关主管及业务指导部门报送年度工作总结和下一年度工作计划。培训基地管理部门将会同各行业主管部门，定期对各基地实施评估。评估的主要内容：组织实施培训教育年度计划的情况、基地管理情况、建设发展情况、领导责任目标、学习内容、学习效果及培训效益跟踪等。对开展教育培训工作成绩突出的单位和个人进行表彰和奖励；对不按规定开展教育培训、培训目标不明确、教学管理混乱、教学质量较差的，限期整改，整改后仍达不到管理标准的，取消其培训基地资格。

（五）基地内部管理

干部教育培训基地应当健全培训运行组织体系，建立健全管理制度，形成职责明确、分工协作、程序规范、富有活力的内部管理机制。

健全的培训教学运行组织体系应当包括培训管理部门、培训教学部门、培训实施部门和后勤服务部门，形成自上而下分级负责、结构合理的机构和岗位设置。培训工作应在基地领导班子的统一领导下，通过职能部门的作用，统一调动基地各种资源为培训工作服务，统一管理教学工作流程及信息反馈，落实各项培训管理和运行任务。

培训基地必须明确各教学运行部门和岗位的职责权限、工作标准和工作流程。按照精简、统一、高效的原则，探索内部管理体制机制改革，优化机构设置，合理定员、定岗、定责，把培训管理的重心切实转变到制定培训计划、加强课程建设、提高培训质量上来。

培训基地必须具备高素质、专业化的人员配备。要注重加强管理人员队伍建设，明确岗位职责、素质要求和工作规范，加强对管理人员的综合培训，不断增强管理人员的政治、责任、质量和服务意识，提高教学管理人员的综合素质能力和业务水平。

四、现场教学基地管理

现场教学以其直观的现场感受、直接的交流互动、多角度的学习体验，在干部教育培训中得到越来越广泛的应用，受到学员的一致好评和欢迎。现场教学基地是干部教育培训基地的一种常见形式，在本节单作说明。

现场教学基地是现场教学的重要载体，是指在室内课堂之外能为干部教育培训提供丰富的教学素材、典型案例、教学场所的平台，是进行现场教学的硬件条件，是学员开展现场教学活动、实现培训目标的重要场所和支撑点。现场教学基地一般包含一到多个现场教学点，教学内容主题突出、特色鲜明，具有很强的典型示范作用，对提高干部教育培训质量具有重要作用。现场教学基地在原隶属关系之上接受培训管理机构的指导监督。

（一）现场教学基地的选择原则

建立培训现场教学基地时，基地选点很关键，既要注重基地教学内容的新颖性、典型示范性和针对性，还要考虑基地分布的广泛性和可更新性。

1. 典型性原则

现场教学基地的"现场资料"在同类事实中具有代表性、典型性、示范性，基地选取的成功经验应具有普遍的指导意义，以形成示范带动作用。

2. 生动性原则

现场教学基地的现场教学材料内容直观、生动、鲜活；现场事实实践者现身说法，事实介绍清楚生动。生动性有助于学员理解、接受现场教学内容，增强培训课程的实效性。

3. 新颖性原则

现场教学基地的选择应符合培训目标，优先选择现场教学内容符合行业发展形势和任务，既有教育资源，又有可参与性、趣味性，紧扣培训主题，激发学员参与现场教学的积极性。

4. 广泛性原则

由于培训内容丰富多样，以及培训可能分区域进行，基地分布应覆盖南北，内容涉及面广。

5. 更新性原则

培训着眼于前沿理论和实践，紧跟形势与发展，内容不断更新，现场教学基地也需不断推陈出新、与时俱进。

6. 共建性原则

现场教学基地建设要秉持"真诚合作、共同发展"的原则，培训机构和基地单位要加强沟通交流，整合双方的资源优势，共同研究和挖掘基地资源，组织和实施培训教学活动，保证基地的持续有效运行，实现双方共赢。

7. 动态管理原则

稳定核心基地，发展松散型基地，实现对现场教学基地的动态管理，对于一些条件好、发展稳定的基地可以相对固定，而有些基地则根据实际情况做动态调整，以保证基地的质量和教学效果。

(二)现场教学基地分类及特点

按照现场教学内容的不同，现场教学基地可分为以下几大类：

1. 党性教育实践基地

党性教育实践基地指的是借助红色文化资源为干部教育培训工作提供丰富的现场教学素材和教学内容的场所。众所周知，实施理想信念教育、党性教育和能力提升一直是我国干部教育培训工作中的核心任务和主要目标。党性教育实践基地不断挖掘当地红色历史、红色精神、红色文化等资源，通过对学员实施红色教育，历史联系实际，触发学员思考，引起共鸣，使学员感受到红色文化中坚韧不拔、艰苦奋斗的精神，帮助学员坚定理想信念，增强党性修养，培养优良作风，不断强化对党的忠诚和为党的事业奋斗的决心和信心。这种生动、形象的现场实践课，更能够触及灵魂，真正让学员有所触动、有所感动，精神境界得到升华。国内知名的党性教育实践基地主要有井冈山、西柏坡、延安等红色革命传统教育基地以及监狱等警示教育基地。这类现场教学基地基础建设完备、教学内容丰富深刻、教学形式多样，党性教育效果显著。

2. 以经济社会发展典型经验为题材的现场教学基地

这类现场教学基地与经济社会发展大局相结合，紧紧围绕国家发展战略和中心工作，走在改革创新前沿，在改革发展过程中形成的典型经验具有示范作用，是展示经济社会改革发展成效的载体，涵盖了新农村建设、美丽乡村、文化旅游、企业创新管理、现代农业企业、现代工业企业等主题类型。学员通过参观考察，可以进一步了解社会的发展、现代化建设和高新技术的应用，开阔视野、拓展思维。这类现场教学基地主题鲜明，具有典型性和时代性等特点。

3. 行业专题类现场教学基地

行业专题类现场教学基地指的是本行业内专题建设内容突出、特色产业建设成效显著，能给行业内提供典型示范作用的地方或单位。例如，林业草原行业专题类现场教学基地根据主题可分为集体林权制度改革、生态文明建设、森林可持续经营、生态建设、生态保护、绿色产业等现场教学基地。这类现场教学基地具有主题突出、特色鲜明、针对性强、典型示范性强等特点。但这些行业类专题现场教学基地单位一般不会公开对外开放，对接待培训学员人数有一定的限制，讲解人员不太固定，在教学内容的归纳总结提炼上有待提高，这些因素可能会对培训效果有一定的影响。

(三)现场教学基地的建设管理

1. 必备条件

管理机构制定现场教学基地规划、现场教学基地管理办法,规范基地建设流程。现场教学基地应具备以下条件:一是在某一重点工作领域取得过重要成就、积累了典型经验,具有领域、区域或行业代表性;二是有专门的现场解说人员,能生动、全面、深入地讲解基地建设情况和主要经验;三是交通较为便利,周边有能满足干部教育培训吃住行的基本条件;四是具有接待条件,能够提供或协助安排学员就餐、住宿、会议室、车辆和各种资料等;五是态度积极,热心培训事业,愿意为干部教育培训提供积极、稳定的合作和支持。

2. 遴选确定

对于遴选或自动申报的基地,由管理机构组成专门考评小组,对候选基地单位进行实地调研评估,并与候选基地单位相关人员就培训事宜进行磋商,最终确定拟建现场教学基地名单,签订现场教学基地共建协议并挂牌使用。

3. 规范教学

培训机构和基地双方共同商讨基地现场教学具体事宜,及时对现场事实、成功经验和典型案例进行归类、整理、提升,选择具有代表性、领先性、优势性的教学点,设计不同的现场教学路线,研究制定满足不同培训需求的现场教学形式与内容,规范现场教学流程,提升现场教学实效。

第五节　培训教材建设与管理

培训教材是干部教育培训活动的重要载体,也是提升干部教育培训水平的重要保障。干部教育培训教材建设与管理对提高干部学习成效具有重要意义。

一、培训教材建设管理的工作定位

习近平总书记在为第五批全国干部学习培训教材作序中指出,"中国共产党人依靠学习走到今天,也必然要依靠学习走向未来""抓好全党大学习、干部大培训,要有好教材"。《2018—2022 年全国干部教育培训规划》指出:"加强教材建设,开发一批适应干部履职需要和学习特点的培训教材和基础性知识读本,分批向党员干部推荐学习书目。各地区各部门各单位结合实际，开发各具特色、务实管用的培训课程和教材。"干部教育培训相关部门应当积极收集政治理论类和党性教育类教材，并根据教学需要完善政策法规类、业务知识类、能力技能类和文化素养类教材，加强专题教材、案例教材和电子音像教材建设，建立特色鲜明、针对性和实用性强的教材体系，使之能更好地适应建设马克思主义学习型政党的要求。

　　培训教材管理是提高培训实效性和针对性的有力抓手。我国已基本形成开放、共享的干部培训大格局，每一个干部培训机构都必须彰显自己的优势和特色，其中培训教材上的优势和特色起着决定性的作用。教材内容、教材形式、教材水平的优劣，都会影响干部培训机构的长远发展和培训事业的高质量发展。培训教材建设管理应坚持按需开发教材、按需培训施教的方针，逐步开发通用教材、专题教材、案例教材等各类教材，全方位地打造干部教育培训教材体系。

二、培训教材的建设原则

(一)把党性教育放在首位

　　在干部教育培训教材建设中，必须首先加强马克思主义理论特别是中国特色社会主义理论体系方面的教材建设，把继承和弘扬党的优良传统融入系列教材中去，将中国特色社会主义理论体系充分体现到教材内容和教材形式上，运用辩证唯物主义和历史唯物主义世界观教育学员，指导和帮助学员理解马克思主义哲学、政治经济学、科学社会主义，掌握中国特色社会主义理论体系，领会贯穿其中的马克思主义立场观点方法，使干部的思想境界始终同党中央保持高度一致。

(二)准确反映时代需求

　　干部教育培训内容是当前时代经济、政治、文化、社会和生态文明发展的反映，体现当前时代生产力和科学技术发展对干部的能力和素质要求，这是干部培训发展的基本规律之一。干部教育培训教材建设必须坚持与时俱进的精神，深刻认识和把握时代发展要求和根本趋势，充分体现社会经济发展对广大干部提出的新要求、新挑战，不断提供新理论，研究新情况，形成新认识，提出新办法，解决新问题，开辟新境界，使干部在能力素质上能够始终紧跟时代步伐。

(三)突出行业特色和优势

　　行业特色是不同行业干部教育培训中需要着力突出的问题。不同行业的教育培训主要面向本行业的各级干部和工作人员，培训内容多以当前行业发展新形势、新技术、新理念为主题，培训目标是提高干部综合素质、专业技能和行政能力，培养大批符合行业需求的高素质干部队伍。培训对象、培训内容、培训目标的特殊性，决定了行业干部教育培训机构教材建设必须区别于以青年学生为对象从事学历教育的高校，区别于侧重理论武装、党性锻炼的党校和行政学院，在教材建设上应以能力提升、技术学习、知识传授、案例实践为重点，贴近行业工作和经济社会发展实际。在具体实践中应立足培训目标和培训对象的特点，提升针对性、前瞻性和实效性。

三、培训教材的类型和形式

结合干部教育培训的主要目标和内容，教材类型包括以下六类：一是政治理论类，以中国特色社会主义理论体系为主要内容，服务干部政治素养提升；二是党性教育类，以党章、党史、党的优良传统和作风、党的纪律为主要内容，满足加强党的执政能力建设和先进性建设的要求；三是政策法规类，以党的路线方针政策、行业重大部署和相关法律法规为主要内容，帮助干部科学执政、依法执政、民主执政；四是业务知识类，以综合管理、专业知识为主要内容，促使干部掌握履行岗位职责所必须具备的知识；五是能力技能类，以通用技能、岗位专门技能为主要内容，促进干部更好胜任本职工作；六是文化素养类，以科学素养、人文素养和国际形势为主要内容，促进干部综合素质提升。

不同的教材形式各有特点和专长，在编制教材时必须按照培训目标，根据教学内容选取最能表达教学信息的教材形式。针对干部教育培训教材的外在特征，教材形式主要包括以下两大类：一是纸张印刷教材，主要包括课本教材、图鉴类教材、工具书、挂图和其他教学辅助用具等类型。纸张印刷教材具有便于阅读、便于笔记、可以纪念的特点。二是电子音像教材，主要包括教学程序软件包、多媒体教材、音像文件等类型。电子音像教材与传统纸张印刷教材相比具有以下优点：素材丰富、信息量大，形式多样、生动直观，存储便捷、更新迅速，互动性好、可操作性强。

四、培训教材的管理

(一)统筹教材体系中长期发展

规划是统领干部教育培训机构教材建设管理的"总纲"。要以班次体系、内容体系、课程体系为依托，以战略思维科学编制教材体系建设规划。一是要保证教材内容的系统性，彰显行业培训教材体系的特色，突出教材内容的关联性；二是要把握培训需求，围绕组织、学员、岗位"三个需求"精准确定培训教材编制方向；三是要体现政治、经济、法律、科技、文化发展前沿信息，突出体现时代特征；四是要保证教材形式的协同性，根据不同班次、不同培训对象，开发和使用相应的通用教材、专题教材、案例教材、电子音像教材；五是要坚持以政府工作为主题，紧密联系各地经济社会发展中的全局性、战略性、前瞻性问题；六是要牢固树立质量观念、品牌意识，使教材体系建设规划贴近经济社会发展的需要、贴近行业干部工作岗位的需要。

(二)建立教材更新机制

培训教材建设的目的是服务于培训工作的开展，必须紧紧围绕培训内容充实、更新、完善培训教材。随着经济社会的发展以及干部个人的成长进步，干部教育培训工作的内容和形式也在不断地发展变化。传统的有什么学什么已经不能满足干部需求，这就要求我们要遵循教育培训规律和干部成长规律，不断更新教材内容，适应干部需求变化，建立教材更新和淘汰机制，定期更新内容，淘汰过时内容。

(三)创新教材编写机制

充分发挥编写单位、编写者、出版社、干教中心等各方在教材编写、出版及使用过程中的作用。在教材编写的立项工作上，根据实际需要可采取招标制和委托制等多种方式，适度引入竞争机制，激发编写活力。加强制度建设，建立教材质量评价与奖惩制度，定期召开优秀教材评选表彰活动，正向激励教材建设工作。

第六节　培训经费管理

一、培训经费管理的工作定位

培训经费是指本单位向上级主管部门、财政部门或相关职能管理部门申请的、为完成特定的培训任务和事业发展目标安排的培训项目支出预算。培训经费是干部教育培训事业发展的经济基础和前提保障，从来源渠道来讲主要包括财政补助收入、非财政专项收入和其他收入。

培训项目经费管理是指培训项目经费的设立、分配、使用和监督的管理。经费管理必须遵循专款专用的原则。一般来说，各项培训经费的形成、建立、提取和使用都必须符合国家统一规定。《干部教育培训工作条例》指出，"干部教育培训经费列入各级政府年度财政预算，保证干部教育培训工作需要""加强干部教育培训经费管理，厉行节约，勤俭办学，提高经费使用效益"。《2018—2022年全国干部教育培训规划》指出："加强干部教育培训经费管理，完善有关规定，厉行勤俭节约，保证专款专用，提高使用效益。"

经费管理的具体内容是：按照项目管理的要求，项目开展单位对培训经费进行合理计划、支出管理、统计管理、明细核算管理，并运用科学规范和适用的方法对经费进行全过程的监督监管，确保项目经费在申请、审核、实施、检查、评估验收等全过程发挥较高效能。加强培训项目经费管理可以有效提升公共财产管理水平，是单位财务管理工作的重要内容之一。

二、经费管理内容

(一)经费申请管理

项目经费申请流程可分为三步，分别是论证、申请报批、审批划拨。首先，论证。根据国家相关规定及相关行业信息，针对符合国家、省、市有关培训项目资金管理办法的项目，可由项目申请部门牵头，组织项目相关部门、经费使用部门等进行项目论证，根据相关规定和具体要求组织项目可行性报告等相关材料。其次，申请报批。由项目归口部门会同相关部门负责各个项目资金的申请及报批工作，形成培训项目资金申请报告，报送相关归口管理部门，并就项目进展进行全程联系、跟踪、汇报。最后，审批划拨。培训实施机构财务部门在接到相关批复文件后，负责跟踪培训资金到位情况，完善相关划拨及使用手续。

(二)经费预算管理

培训项目经费预算管理是优化支出结构、提高培训经费使用绩效和配置效率的必然要求。首先，完善培训项目经费预算编制管理，对项目执行中的各种影响因素进行科学调研，全面统筹安排经费使用，并尽量细化预算，使其更具操作性。其次，优化培训项目经费预算编制，根据不同项目的实际需求，参照项目经费管理办法进行规划，做到项目经费预算真实、科学、有效、可行。最后，严格执行经费预算，严格落实预算分配、预算执行监管任务。

（三）经费绩效管理

1. 全面实施经费绩效管理

绩效管理是指为完成一定的绩效目标而选用的提高绩效的方法。干部教育培训经费的使用，各级政府文件中有明确的规定，要专款专用，严格经费使用管理。对培训经费实施绩效管理要坚持总体设计、统筹兼顾，要实行实时追踪与问责管理。做好全面实施经费绩效管理顶层设计，建立健全管理体系、制度体系和保障体系，将绩效理念和方法全面融入预算编制、执行、监督过程，构建事前、事中、事后绩效管理闭环系统。坚持科学规范，公开透明，系统设计管理流程，有序规范绩效管理过程，不断提高绩效信息的公开透明程度，接受各界监督。

2. 完善全过程绩效管理链条

完善事前评估、目标管理、运行过程监控、绩效评价、评价结果的应用等绩效管理链条。第一，开展事前评估和目标管理，将评估结果作为申请、安排和调整预算的重要依据，将绩效目标设置作为预算安排的前置条件，做到经费投入合理和科学预算；第二，推进事中"双监控"管理，对预算执行进度和绩效目标实现的程度进行监控，确保经费合规合法地使用，督促组织实施单位及时纠正执行中的偏差；第三，加强事后评价管理，对预算执行情况和绩效目标实现程度进行量化打分，考核经费支出的最终效果，要保证绩效评价结果的客观性、公正性和有效性；第四，强化评价结果应用，促进预算与绩效相结合，建立、健全绩效事前评估、目标管理、监控、评价各环节与预算安排和政策调整挂钩机制；第五，加强对绩效管理的监督问责，对绩效管理工作未达到相关要求的责任主体要督促改进。

（四）经费保障机制

加强干部教育培训专项经费管理，形成并进一步完善以财政投入为主体、社会投入和个人出资相结合的投入机制，探索建立经费"跟着干部走"的使用方式，完善经费"跟着项目走"的管理办法，促使培训经费向优质培训资源流动，加大干部教育培训经费使用和监督检查力度。

第四章

培训计划管理

第一节　培训需求分析

《干部教育培训工作条例》明确提出，干部教育培训工作要"服务大局，按需施教"。坚持按需施教、按需培训，是新形势下干部教育培训工作的基本原则，也是干部教育培训的基本规律。按需施教要"以需求为导向"，具体就是要以党的事业和社会经济发展对干部队伍的要求为培训目标，以学员的知识结构和能力素质为基点，按照党的事业需要什么培训什么、干部缺什么培训什么的原则开展干部教育培训工作，为实现大局发展提供思想政治保证、人才保证和智力支持。培训需求分析的准确性很大程度上决定了干部教育培训的效果，抓好培训需求是做好培训计划管理工作的前提和基础，直接关乎教育培训工作的成效。

一、培训需求概述

一般来说，培训需求指的是知识、能力等的理想状态与现实状态之间存在的差距，用公式表示为：培训需求＝期望的状态−实际的状态。这只是从培训内容的角度阐释了培训需求，但从干部教育培训实际来讲，培训需求还应包括在哪里培训、怎样培训、谁来培训等多方面的内容。培训需求的本质是一种愿景，即通过学习教育来达到深化理论教育、提升党性修养、扎实专业能力、完善知识结构、强化品德素养等目的。干部对学习培训的内容、方式、师资、时间、机构、保障等都存在要求和期待，这些要求和期待综合构成了培训需求的整体内涵。

培训需求分析可理解为发现并描述一个组织在培训方面有何需求的过程，即在规划和设计培训活动之前，由培训部门及有关人员采取一定的方法和技术，开展分级分类的干部培训需求调研，对接受培训的组织及个体的知识、态度、技能、绩效等方面的现状、应具备的素质能力水平及影响培训质量和效益的关键因素等进行系统的鉴别与分析，以确定是否需要培训、需要什么样的培训的一种活动或过程。它既是确定培训目标、设计培训项目的前提，也是实现有效培训的基础，是做好培训工作的关键环节。

围绕学员工作和成长需求的培训可以有效激发学员的学习热情，提升学习积极性，使学员主动参与到学习之中。这就需要干部教育培训机构及其管理部门及时把握干部培训需求的特点，把中央精神、各地方各行业要求与干部培训需求有机结合起来，不断提升培训针对性精准性。

二、培训需求分类

按照培训需求分析的侧重要素不同，培训需求可以分为内容需求、资源需求和形式需求。

（一）内容需求

培训内容需求是各级单位和广大干部根据形势任务需要，围绕推动社会进步、促进事业发展、提高个人能力素质等，对培训内容提出的要求。按照需求来源的主体不同，可将其进一步分为组织需求、岗位需求、个人需求。

组织需求是指组织的目标和战略对干部综合素质能力的要求与干部自身现实之间的差距。各级党委和政府从党和国家事业发展和干部队伍建设的需要出发，对干部教育培训提出战略要求。课程设置、内容安排等必须与党和国家的工作大局、中心任务及相关要求保持一致。组织需求具有普遍性、强制性、时代性等特点，是干部教育培训的第一目标，是必须实现的，目的是提高广大干部的理论素养、政治站位、战略思维、法制观念、党性修养等。具体来说，需要各级各类干部在教育培训中达到以下要求：一是学习马克思主义基本理论与方法、毛泽东思想、中国特色社会主义理论体系，尤其是习近平新时代中国特色社会主义思想等马克思主义中国化的最新理论成果；二是学习党的路线方针政策、重大决策部署；三是学习必备的基本知识，如法律法规、历史文化、现代管理、先进技术等。

岗位需求是指任职的工作岗位或任务所要求具备的知识、技能、态度与干部自身现实之间的差距，是对干部教育培训提出的具体要求。岗位需求具有具体性、实用性、操作性等特点，目的是切实提高广大干部业务素质、履职能力和工作水平等，以高质量完成工作任务。具体来说，需要各级各类干部在教育培训中达到以下要求：一是掌握并不断提高完成特定工作任务、履行岗位职责、实现工作目标所需的业务理论知识和专业技术技能；二是适应新形势，把握新规律，创新工作思路和对策措施，提高破解工作难题的实际本领；三是提高推进事业高质量发展的精神状态、工作态度、工作作风等。

个人需求是指干部个人所具备的知识能力水平与个人期望的目标之间的差距，是广大干部基于自身的学历、经历、能力、知识储备、兴趣爱好、发展方向等方面，对干部教育培训提出的要求。个人需求具有差异性、内在性等特点，目的是不断丰富自我、完善自我、提高自我。具体来说，干部在教育培训中期望达到以下要求：一是提高学识水平、增强专业能力；二是改善知识结构、扩大知识面；三是突出个人特长、发展兴趣爱好。

一般来说，组织需求是前提，岗位需求是核心，个人需求是基础。对于组织需求要有系统地培训，对于岗位需求要有重点地培训，对于个人需求要尽可能提供选修的培训。干部教育培训要把握各方面需求特点，实现组织需求、岗位需求、个人需求的有机统一，客观分析干部培训需求的同质性、多样性、差异性，正确把握组织需求、岗位需求、个人需求之间的关联性，为干部培训提供科学依据。

(二) 资源需求

培训资源需求是指为保证培训目的的实现与培训质量效益的提高，对支撑保障培训实施的力量提出的要求。从对培训服务作用的角度，可以将资源需求分为对培训机构的需求和对培训师资的需求。

(三) 形式需求

培训形式主要涉及培训如何开展，不同的培训目标、内容、任务对培训形式的需求也有所不同。形式需求主要指培训班次设置的需求以及培训教学方法的需求。

在培训班次设置上，一般遵循分级分类编班、短期化、专题化、小型化的原则。分级分类编班主要根据干部的知识基础、经验积累、从事岗位、干部职级等因素来进行班级的编制；短期化是为了避免由于干部参加培训脱岗时间太长而影响本职工作；专题化是一次培训突出一个主题、解决一个问题；小型化是为了更便于开展研讨交流、现场模拟等教学活动。

在培训教学方法上，单一的讲授式教学逐渐转变为案例式、研讨式、模拟式、体验式教学的综合应用。干部作为具有一定知识基础和实践经验的学员，一般形成了自身的学习偏好和学习习惯，对教学方法也具有自己的需求，更希望充分参与到学习过程之中。

三、培训需求特点

培训需求具有内容的多元性、焦点的动态性、个体的差异性、表达的内隐性、满足的长期性等特点。一是内容的多元性。随着现代经济的飞速发展，社会专业分工进一步细化，社会发展面临的对象、环境日益复杂，复合型领导干部更加稀缺。只有具备综合的素质能力才可能胜任新形势下的工作。干部教育培训需求也随之涉及面更广，内容更丰富多元。二是焦点的动态性。培训需求与工作息息相关，随着工作的变动而发生变化。处于不同工作阶段、工作环境中的培训需求焦点会发生改变，以适应工作的新需要。三是个体的差异性。培训需求不仅因时因地而异，而且不同类型、不同层次、不同岗位干部的培训需求会表现出较大的差异性，甚至同一类型、层次、岗位的不同个体之间，也存在基于不同性格、能力、知识的培训需求差异。四是表达的内隐性。干部培训需求不同于生活需求，出于性格、心理和实际情况等多种原因，一般不易主动完整地被表达出来，需要培训管理部门有意识地主动调查、主动挖掘。五是满足的长期性。通过培训把知识转化为能力、把行为要求转化为态度作风是一个长期而持久的过程，真正做到满足培训需求、服务工作需要是不能一蹴而就的。

四、培训需求调研

培训需求调研指的是在培训课程实施前，由培训方对学员及其所在单位等开展需求调研，了解学员信息、培训背景、培训目标、理想状况及实际状况等，以全面收集信息，在此基础上进一步研发课程、设计流程。在干部教育培训中，通过全面、深入的培训需求调研工作，科学分析干部所在工作岗位的特点，充分听取干部所在单位和干部个人的培训需求，以科学合理地设计培训方案，保证培训效果。

加强需求调研是增强干部教育培训针对性与有效性的重要前提和基础，通过对干部各方面的需求进行调查、整理与分析，从而有效保障培训计划制定和实施的科学性和精准性。不进行培训需求调研的培训是盲目的，往往达不到预期的培训效果。

(一)确定调研对象

调研前应确定需要调研的人员，即调研对象，并对调研对象有所了解，对其现状进行整体分析，以便在进行调研时更有针对性。

1. 学员所在单位

学员所在单位作为用人单位对学员的工作表现和能力较为了解，并且出于高质量履职、更好地开展工作以及培养人才的角度，对学员有一定的要求和期待，是重要的调研对象。通过学员所在单位可以了解到：希望通过培训实现哪些目标，学员现有能力与岗位胜任力有何差距，在以往培训中遇到哪些问题，以及其他关于培训的一些要求和看法等，这些都是开展培训的重要依据。

2. 参训学员

学员是培训的对象，是培训过程中各项活动的主要参与者，培训的整个过程都要以学员为中心，学员是关键的调研对象。学员的需求更为具体，且主要集中在个人方面，包括培训的主要内容、培训的方式方法、培训师资、培训环境、管理服务等。

(二)确定调研目标

确定培训需求调研目标是顺利开展培训需求调研的需要，设置合理目标是调研的关键环节。既要对干部的内容需求、资源需求、形式需求等多方面需求进行综合了解，还要根据不同类别、层次、岗位等对需求进行分级分类调查研究。由于培训需求调研过程中容易受到主客观因素影响，因此，在进行调研时，应明确目的，尽量排除其他因素干扰，提高调研结果的准确性。

培训需求调研的目标主要是回答"5W1H"问题，具体如下：

(1) Who：指的是培训对象，包括培训对象的基本信息，如年龄、学历、专业、岗位、职务、职称等。

(2) When：什么时间培训？培训的时长是多少？

(3) Where：在哪里开展培训活动？包括培训的城市或具体的机构名称。

(4) What：培训什么内容？指主要围绕哪些内容开展培训，聚焦学员在实际工作中遇到的一些痛点难点问题。

(5) Why：为什么要培训这些内容？培训要达成什么目标？

(6) How：如何进行培训活动？包括培训的具体开展形式、教学方法，以及其他对培训开展的一些需求。

(三)选择调研方法

调研方法是影响调研结果可信度的关键因素之一,选择合适的调研方法十分重要。常用的培训需求调研方法有访谈法、问卷调查法、观察法、小组讨论法、资料分析法等。不同的培训需求调研方法有着自身的优缺点与适用范围,因此,在选取时要考虑到方法应用的成本、实用性、适用性等。根据不同的情境选用适当的方法,是需求调研获得成功的关键。在开展培训需求调研时,应依据实际需要将不同方法结合使用,取长补短,利用不同渠道的优点和长处,努力做到深度调查和多角度交叉分析相结合,以确保全面、准确地得到所需信息。

1. 访谈法

访谈法主要通过与被访谈者进行交谈,从被访谈者的表述中发现问题,从而判断出培训需求的调研方法,是较为常用的一种方法。访谈一般采用面对面的方式,但随着现代通信技术的发展,电话、视频等方式也越来越普遍。

访谈法可分为结构式访谈与非结构式访谈。结构式访谈时访谈者以标准的模式向所有的被访谈者提出同样的问题;非结构式访谈时访谈者针对不同的被访谈者提出不同的开放式问题以获取所需信息。在实际应用中,通常将两种方法结合起来,并以结构式访谈为主,非结构式访谈为辅。

访谈法也可以分为个人访谈和集体访谈。在畅所欲言的情况下,集体访谈比个人访谈更有效果,大家集思广益,充分发表意见,会更有启发性,得到的资料会更全面。但是如果访谈内容涉及个人缺点或隐私,则应当进行个人访谈。另外,当被调查对象比较重要时,一般也采用个人访谈的方法。

(1)访谈法的优缺点。访谈法的具体优缺点见表 4-1 所列。

表 4-1　访谈法的优缺点

调查方法	优点	缺点
访谈法	1. 操作方法相对简单; 2. 得到的资料真实、全面; 3. 为调查对象提供更多自由表达的机会,可以得到自发性回答; 4. 利于观察员工的反应与感受; 5. 能够了解问题的核心,有效性强; 6. 开展集体访谈可以节约时间	1. 主观性强,需要访谈者有很高的访谈技巧; 2. 耗时较长; 3. 可能会给被访谈者带来不便; 4. 多为定性资料,后期整理任务繁重,分析难度大

（2）访谈法的流程。通过访谈法收集培训需求信息时，可以按照表4-2所列的实施步骤和注意事项进行。

表4-2　访谈法的实施步骤和注意事项

调查方法	实施步骤	注意事项
访谈法	1. 确定访谈目标； 2. 确定访谈对象及任务； 3. 提前告知被访谈者有关内容； 4. 实施访谈； 5. 整理并分析访谈结果	1. 访谈的目标要具体明确； 2. 被访谈人物应具有代表性，否则容易造成培训需求的片面化； 3. 准备好访谈提纲； 4. 营造融洽的、相互信任的访谈氛围

（3）访谈法应用实例。运用访谈法进行培训需求调研时，访谈提纲是访谈法得以运用的重要支撑，也是主要内容，对能否达到访谈目的起到关键作用。访谈提纲要具有针对性、启发性，引导受访人讨论关键信息，以防止谈话偏离主题。下面以一具体访谈提纲为例，对访谈法的应用进行说明。为了解××区青年干部培训需求开展访谈，具体访谈提纲见表4-3所列。

表4-3　培训需求访谈提纲示例

调查××区青年干部培训需求访谈提纲

一、访谈对象：青年干部代表

1. 您近几年参加过什么培训？哪次培训对您的帮助最大？培训的内容和形式主要是什么？
2. 您认为青年干部需要培训什么内容？采用什么培训方式？
3. 您认为采取哪种方式考核评价培训效果比较合适？
4. 作为新形势下的青年干部，您认为什么素质或能力是不可或缺的？
5. 您认为当前影响青年干部参加培训的主要因素是什么？怎样提高青年干部参与培训的积极性？
6. 您对改进学员管理有何意见和建议？
7. 您认为我区当前青年干部培训存在哪些问题？您有什么建议？

二、访谈对象：从事干部教育培训管理和研究的领导和专家

1. 新形势下优化青年干部培训内容应该突出哪些重点？
2. 应如何提高培训计划的针对性和实效性？
3. 应如何更好地整合培训资源？
4. 当前青年干部教育培训工作中存在的突出问题是什么？
5. 影响和制约青年干部教育培训项目设计和实施的主要因素有哪些？
6. 影响青年干部参加培训的主要因素有哪些？
7. 应如何有效加强干部教育培训的管理监督和服务保障？
8. 您对加强和改进学风建设有何意见和建议？
9. 您对加强和改进青年干部教育培训工作，提高培训质量与效益有何意见和建议？

2. 问卷调查法

问卷调查法是最普遍和最有效的收集资料和数据的方法之一，往往是培训管理者获取培训需求信息的主要渠道。问卷调查法是以标准化的问卷形式列出一些问题，对调研对象进行调查，以确定培训需求的方法。当需要进行培训需求分析的人数较多时，一般采用问卷调查的方式。

（1）问卷调查法的优缺点。问卷调查法的优缺点见表4-4所列。

表4-4　问卷调查法的优缺点

调查方法	优点	缺点
问卷调查法	1. 易于大规模进行； 2. 节省时间、可在短时间内收集到大量的反馈信息； 3. 成本较低； 4. 采用无记名方式，可使调查对象畅所欲言； 5. 得到的信息比较规范，容易分类汇总处理，更具有可比性	1. 被调查者回答问题时，往往倾向于"应该如何"，而非"事实如何"，影响真实性； 2. 问卷发放量要足够大，才能得到较全面的信息； 3. 针对性太强，很难获得问卷之外的内容； 4. 回收率不高； 5. 对于问题产生的原因和解决方法很难准确获得； 6. 某些开放性问题得不到回答

（2）问卷调查法的流程。问卷调查法可以按照表4-5所列的实施步骤和注意事项进行。

表4-5　问卷调查法的实施步骤和注意事项

调查方法	实施步骤	注意事项
问卷调查法	1. 列出所希望了解的事项并转化为问题； 2. 设计问卷； 3. 在小范围内对问卷进行模拟测试，并对结果进行评估； 4. 对问卷进行必要的修订； 5. 正式发放问卷，并组织回收； 6. 对数据进行统计整理	1. 在进行问卷设计时，应考虑数据统计和分析是否易于操作； 2. 一个问题只涉及一件事，避免"结构复杂"的问句； 3. 调查中要取得被调查者的信赖，避免被调查者对调查产生顾虑或填写虚假信息

（3）调查问卷设计的原则。问卷的设计是影响调查质量的关键因素，一个好的问卷，可以充分发挥这一调查方法的优势，大大提高调查的有效性。一是与调查目的密切相关。调查目的对问卷设计的内容和形式有决定性作用，是问卷设计的灵魂。问卷的内容要紧紧围绕调查目的，将调查目的进行具体化的分解，使问题紧扣主题以及培训重点要素。二是针对性

强。通过调查问卷来收集资料，需要调查对象的配合，在语言通俗易懂的基础上，要控制问题数量，提升问题质量，以避免被调查者答题时出现厌倦情绪，导致应付或者拒答，从而影响调查质量。这就要求设计问卷时增强针对性，以尽可能精炼准确地得到想要获得的数据。三是逻辑性强。首先，单个问题及选项的设置上不能出现逻辑上的错误；其次，问题与问题之间、答案与答案之间要有逻辑、有条理；最后，总体上一般是由简到繁、由易到难、由浅入深。研究者要从整体出发对问卷进行考虑，以保证逻辑性。

（4）调查问卷的设计方法。问题和答案是问卷的主体部分，其科学设计是获得可靠调查数据的基础。

问题的形式一般分为封闭式问题和开放式问题。封闭式问题对应的答案或主要答案会被列出，供作答者选择。这种问题较为容易作答，有效避免了回答者由于不理解题意而拒绝作答，同时也有利于调查者整理资料和分析数据，这也对问题和答案的质量提出了更高要求，否则将会影响调查结果的准确性。另外，封闭式问题由于给出的答案不能让被调查者自由作答，也在一定程度上限制了调查的广度和深度。开放式问题只提问题，不提供具体的答案，由被调查者自由作答，具有较强的灵活性和适应性，但对被调查者的文字表达水平、知识层次和参与态度等有较高要求，并且收集到的资料有很多无效信息，后期处理难度大，不利于对调查资料的定量分析。不论哪种形式的问题，在设计时都必须做到客观真实，不能诱导作答，或对某个答案带有倾向性，问题表述要单一、具体，语言表述要准确、易懂，并且不问涉密或者敏感问题。在进行问卷设计时，较为常见的是将两种形式相结合，利用封闭式问题进行部分材料收集，后面再附上一个或若干个开放式问题进行进一步补充，两种问题形式结合使被调查者尽可能充分地表达自己的想法和观点。在题目的数量上，一般根据调查目的、样本性质、分析方法等多种因素综合考虑。

答案是调查问卷的重要组成部分，怎样设计答案影响到被调查者能否准确地回答，从而直接关乎实施调查的价值性。因此，在答案的设计中，既要保证答案与问题直接相关，又要与实际生活的情况相符；答案之间既不能交叉重叠，又要尽可能包含所有可能的情况；既要具有相同的层次，又要按照一定逻辑顺序排列，使被调查者快速、直观、清晰地了解备选答案。

（5）问卷调查法应用实例。干部教育培训需求调查问卷示例见表4-6所列。

表4-6 培训需求调查问卷示例

××市党政干部教育培训需求调查问卷

您好，我们正在进行一项关于本市的干部培训调查，目的是了解党政干部教育培训需求状况。我们将根据实际需要，制定出相应的培训计划，提高培训工作的针对性和实效性。为此，我们设计了此调查问卷，征求各位同志对干部教育培训工作的意见和建议。请您在百忙中抽出时间，认真思考，实事求是地回答问卷所列各项问题。

请您点击所选项或填写相应内容。如无特殊说明，每个问题限选一个答案。问卷仅供研究之用，对您的填答信息，我们将严格保密，请您根据题目要求放心填写。非常感谢您的合作！

×××

××××年××月××日

【基本信息】

1. 性别：□男 □女
2. 年龄：□30周岁及以下 □31～40周岁 □41～50周岁 □51～60周岁
3. 文化程度：□硕士及以上 □大学本科 □大学专科 □高中(中专)及以下
4. 专业背景：□哲学 □经济学 □法学 □教育学 □文学

□历史学 □理学 □工学 □农学 □医学

□军事学 □管理学 □艺术学 □其他_____
5. 单位性质：□机关单位 □事业单位 □群团组织 □国有企业
6. 工龄：□5年及以下 □6～10年 □11～15年 □16～20年 □20年以上
7. 职级：□厅局级 □县处级 □科级 □一般科员 □其他人员
8. 职称：□高级 □中级 □初级 □无

【培训情况】

9. 近三年来，您平均每年参加培训次数为：

□0次/年 □1次/年 □2次/年 □3次/年 □4次/年 □≥5次/年
10. 近三年来，您平均每年参加培训天数为：

□≤2天 □3～5天 □6～8天 □9～11天 □≥12天
11. 您认为通过培训学到的内容对实际工作帮助大吗？

□非常有帮助 □比较有帮助 □有一定帮助 □帮助不明显 □没帮助
12. 您参加过的培训总体来说针对性如何？

□很强 □较强 □一般 □较差 □很差
13. 您参加过的培训中，内容是否重复？

□重复非常多 □重复比较多 □一般 □重复比较少 □没有重复
14. 您认为当前培训中存在的突出问题是？(可多选)

□内容针对性不强 □教学方法单一 □教学手段落后 □理论深度不足

□实用程度不足 □培训时间太短 □培训时间太长 □教学效果较差

□组织服务不完善 □师资水平不高 □缺乏考核或考核不够科学

□没有问题 □其他_____

（续）

15. 参加培训后对自己的职位职务晋升、绩效考核有帮助吗？
□非常有帮助 □比较有帮助 □有一定帮助 □帮助不明显 □没帮助

16. 培训前，培训组织者是否对您进行过需求调查：
□都有 □大部分有 □少部分有 □极少有 □都没有

17. 培训后，培训组织者是否对您进行过培训效果调查：
□都有 □大部分有 □少部分有 □极少有 □都没有

18. 工作之余，您获取知识的主要途径是：
□报纸(杂志)书籍 □广播 □电视 □网络 □其他_____

【培训需求】

19. 您认为参加培训合理的年均次数为？
□1~2 次 □3~4 次 □5 次及以上

20. 您认为每期培训班合理的天数是多少？
□4 天以下 □4~7 天 □8~14 天 □14 天以上

21. 您参加培训的主要目的是？（请排出前三位）
□坚定共产主义理想和中国特色社会主义信念 □增强党性修养
□提高政治素质与政策水平 □解放思想，更新观念，开阔视野
□提高履行岗位职责的能力 □提高理论水平 □充实和更新知识
□利用培训休息一下 □结交一些朋友 □其他_____

22. 您参加培训的决定因素是什么？（可多选）
□领导指派 □培训内容 □讲师名气 □时间安排 □培训方法手段 □其他_____

23. 您认为哪种分类别培训方式对您的学习有益？
□按行政级别来分班，如局级班，处级班等
□按工作性质来分班，如党务类班、行政类班等
□按中心议题分班，如理论学习研讨班、体制改革研讨班等
□按所任职务层级来分班，如正职班、副职班等
□打破地区、行业、岗位界限，综合设置

24. 您认为干部培训应该采取怎样的方式为主？（可多选）
□脱产学习 □专题讲座 □网络在线学习 □单位集中学习
□自学 □学位学历教育 □其他_____

25. 您认为应加强培养的能力是？（请排出前三位）
□组织协调能力 □岗位专业技能 □人际关系及沟通表达能力 □开拓创新能力
□政治鉴别力 □调研能力 □媒体应对及处理突发事件能力 □心理调适能力
□其他_____

26. 您认为应该丰富哪些内容的课程？（可多选）
□政治理论 □党史党建 □法律法规 □时事热点 □应急管理
□文化建设 □党和国家宏观政策 □国际形势与关系 □其他_____

（续）

---

27. 对于党的建设您希望了解？（可多选）

□学习型政党　□基层党组织建设　□反腐倡廉建设　□党史　□国外政党建设

□党的作风建设　□党章　□党的建设科学化　□其他_____

28. 您喜欢的党性教育的方式？（可多选）

□革命传统宣传教育　□典型事迹介绍　□警示教育　□民主生活会

□党建专题讲座　□到革命圣地体验式学习　□其他_____

29. 您在工作与生活中还较为关注的、希望在课堂有讲授的问题是？（请排出前三位）

□环保问题　□民生问题　□弱势群体问题　□城乡协调发展问题

□社会组织的发展问题　□区域经济发展问题　□政治体制改革问题

□社会思潮　□其他_____

30. 如果您可以自主选择培训单位，您更希望去？（可多选）

□党校等干部院校　□高等院校　□行业、部门培训机构

□社会培训机构　□其他_____

31. 您比较认可哪类授课师资？（可多选）

□党校（行政学院、干部学院）教师　□高校教师　□在职领导干部

□科研机构专家学者　□社会职业讲师　□各类工作一线实践者　□其他_____

32. 您对教师在培训中授课的要求是？（可多选）

□理论新颖　□突出重点　□信息充分　□深入浅出　□素材新鲜

□有对现实问题的分析和解答　□其他_____

33. 您比较喜欢的培训教学方法是？（可多选）

□讲授式　□研讨式　□案例式　□模拟式　□体验式　□在线学习　□其他_____

34. 您认为培训中什么样的考核方式更合适？（可多选）

□知识测试　□撰写心得体会　□满意度调查评估　□不进行评估

□撰写论文　□其他_____

35. 您认为调动干部参加培训的积极性，最好的措施是？（可多选）

□加强党员干部对教育培训重要性和必要性的认识　□处理好工学矛盾

□提高培训内容质量　□改进培训方式　□增强培训的约束力

□增强激励性　□完善组织服务　□其他_____

36. 您对培训的开展还有哪些意见建议或是有哪些困惑？

---

3. 观察法

观察法是观察者根据一定的观察目的或观察表等，到观察对象的工作现场，通过较长时间的反复观察，或通过多个角度、多个侧面或在有典型意义的具体时间对观察对象的工作表现进行细致的观察，发现问题或需求，从而获得培训信息的一种方法。这种方法更适用于工作内容操作性较

强的观察对象。

（1）观察法的优缺点。了解干部工作表现的最佳方式就是观察，通过仔细观察，能够发现干部在工作中存在的一些难以发现的问题，它是发现问题、证实问题最原始和最基本的工具之一，但也具有自身的缺点，观察法的优缺点见表4-7所列。

表4-7   观察法的优缺点

调查方法	优点	缺点
观察法	1. 观察具有直接性，能收集到事后收集不到的信息； 2. 通过观察所获得的资料能够更客观真实地反映出实际状况，偏差小	1. 观察者只有在对被观察者所从事的工作程序和工作内容十分熟悉的情况下才能做好观察工作； 2. 如果让被观察者察觉，可能会故意做出假象，影响观察结果； 3. 观察的准确性易受观察者主观成见的影响； 4. 观察者易受被观察者活动空间和时间的限制； 5. 有些工作需要长时间才能完成，事实上很难进行全盘观察

（2）观察法的流程。通过观察法收集培训需求信息时，可按照表4-8所列的实施步骤和注意事项进行。

表4-8   观察法的实施步骤和注意事项

调查方法	实施步骤	注意事项
观察法	1. 确定观察目标； 2. 确定观察对象及任务； 3. 选择适当的观察方法和技巧； 4. 进行现场观察； 5. 整理观察资料	1. 观察者要对被观察者的工作有深刻了解，并明确评价工作的标准； 2. 不能干扰被观察者的正常工作； 3. 选择工作行为样本要具有一定的代表性

（3）观察法应用实例。表4-9为某调研团队收集培训信息时采用观察法所应用的观察记录表。

4. 小组讨论法

小组讨论法是指在调查员的指导下，从培训对象中选出一部分有代表性的学员，围绕某些问题进行讨论，并对讨论内容加以记录，以了解学员看法，调查培训需求信息的一种方法。

（1）小组讨论法的优缺点。小组讨论法的优缺点见表4-10所列。

表 4-9　观察记录表示例

观察对象：	部门：	岗位：
观察时间：	观察地点：	

观察项目	记录	评价
工作质量		
工作效率		
工作方法		
工作态度		
工作的熟练程度		
工作的安全意识		
工作制度遵守情况		
时间安排		
创新能力		
团队协作能力		
领导组织能力		
语言表达能力		
解决问题能力		
突发事件应对		

备注：

记录人：	记录时间：

表 4-10　小组讨论法的优缺点

调查方法	优点	缺点
小组讨论法	1. 能够在讨论现场中表达不同的观点； 2. 有助于发现问题的原因及解决办法； 3. 经过充分讨论，可以得到更有价值的需求信息； 4. 能够缩短决策时间，尽快达成一致意见	1. 花费较多的时间、人力和物力； 2. 公开场合可能会有人不愿意表达自己的真实看法和观点，影响反馈信息的可靠性； 3. 得到的数据很难整合分析，特别是在讨论缺少结构性的时候； 4. 对组织者的要求较高

（2）小组讨论法的流程。小组讨论法可以按照表 4-11 所列的实施步骤和注意事项进行。

表 4-11　小组讨论法的实施步骤和注意事项

调查方法	实施步骤	注意事项
小组讨论法	1. 确定参与讨论的小组成员； 2. 制定讨论的提纲或主要内容； 3. 向小组成员说明情况并提供相关信息； 4. 召集小组成员并对问题进行讨论分析； 5. 对讨论结果进行整理	1. 实施前需制定并明确讨论规则； 2. 小组成员的选择要具有代表性； 3. 讨论时要有效控制其方向与进程

（3）小组讨论法应用实例。小组讨论记录表可帮助培训管理部门详细记录小组成员的观点及结论，以提供重要的培训需求信息。表 4-12 为小组讨论记录表示例。

表 4-12　小组讨论记录表示例

小组名称			
小组成员			
小组主持人		讨论方法	
讨论时间		讨论地点	
小组讨论目标			
讨论活动记录			
讨论内容记录			
小组成员表现			
主要结论			

（续）

总结与判断

5. 资料分析法

资料分析法是指调查人员利用现有的有关培训、岗位职责和学员的文件资料进行综合分析，从而了解培训需求的一种调查方法。

（1）资料分析法的优缺点。资料分析法的优缺点见表 4-13 所列。

表 4-13　资料分析法的优缺点

调查方法	优点	缺点
资料分析法	1. 耗时少； 2. 成本低，资料便于收集； 3. 信息质量高	1. 不能明确导致问题的原因和解决办法； 2. 资料大多反映的是过去的情况，而不是现在的真实情况或变化； 3. 要从纷杂的原始材料中整理出明确的培训需求，对分析技术要求较高

（2）资料分析法的流程。资料分析法可以按照表 4-14 所列的实施步骤和注意事项进行。

表 4-14　资料分析法的实施步骤和注意事项

调查方法	实施步骤	注意事项
资料分析法	1. 确定资料分析目标； 2. 搜集分析所需资料； 3. 选择适当的整理分析方法； 4. 对资料进行整理分析； 5. 形成资料分析结果	1. 资料分析具有一定的时效性，需要分析者加以提炼； 2. 资料分析的技术性强，需要这方面技术熟练的分析专家

（四）实施调研

根据实际情况选取调研方法后，开始进入需求调研的实施阶段。要制定好时间进度安排、组织开展人员及职责分配等，以指导调研工作的顺利开展。在调研过程中，可能会遇到被调研人员不予配合或应付了事、调研方法或工具欠合理、调研流程不顺畅、人员能力不足等问题。出现问题时，要冷静分析，根据实际工作情况随时进行调整。这就需要调研人员做到以下两点：一方面要加强与被调研人员的沟通和反馈，促使调研顺利进行；另一方面要不断提升自己的专业能力，在进行调研计划时周密考虑，并提前做好相关风险的预防措施，提高调研信息的有效性以及分析结果的准确性。

(五)需求信息分析

对需求信息进行分析并不是收集一堆资料、罗列一系列数据，而是要从这些纷繁复杂的资料、数据背后探究出真正的问题，保证需求分析的准确性、客观性、全面性。调研人员要将调查得到的培训需求信息进行一定的归纳和整合，利用图形、表格等工具将其形象化处理，认真分析通过各种方式获得的相关资料和信息，准确把握培训需求，从而真正了解在哪些方面需要培训、需要什么程度的培训，合理的培训内容及深度可以有效提高培训的目的性和针对性，更好地保证培训质量。

培训需求信息的分析和研判是一种技术，也是一门科学。进行培训需求分析需要掌握一些必要的知识和技术，正确选择和使用有效的分析方法和工具，以充分发挥调查材料的作用。常用的培训需求分析方式有很多，这里主要对比较典型的 OTP 模型、绩效分析模型、胜任力模型等进行介绍。

1. OTP 模型

麦克吉(McGehee)与泰勒(Thayer)于 1961 年在《企业与工业中的培训》一书中提出了由组织分析(organization analysis)、任务分析(task analysis)、人员分析(person analysis)三部分体系构建的 OTP 模型，其目的在于了解真实的培训需求。他们认为，个人的发展需求虽然是主体进行正确自我认识之后的结果，但是培训需求的发掘不能仅凭主观地分析，而是需要结合组织、任务、人员三个层次的系统分析才能更加科学、客观、正确地辨识，由此形成一个完整的需求分析系统(表 4-15)。其中，组织分析是任务分析和人员分析的前提，任务分析时应更侧重于分析某一岗位的性质与标准，而人员分析则更侧重于员工的主观特征。这种分析模型整合了宏观分析与微观分析，使培训需求更加有效、全面。

OTP 模型较适用于由特定组织发起或委托的培训，它从组织、任务和人员三个层次综合分析培训需求，使分析者可以有效识别一个组织在特定发展战略条件下的培训需求，并将培训需求分析与组织发展战略联系起来，既考虑组织的发展目标和宏观战略，又考虑特定岗位的绩效标准和个人实际需求，既能解决眼前的现实问题，又能立足长远，成为推动组织实现整体目标的有效手段。该模型不仅是一个综合的培训需求分析模型，而且

表 4-15 OTP 模型分析

分析维度	目的及作用
组织分析	通过对组织的发展战略、资源、环境及氛围等多个方面进行分析，识别组织发展中存在的问题以及面临的机遇与挑战，从整体上确定是否需要采用培训促进组织目标的实现，确定培训对象以及培训条件
任务分析	侧重于描述某一特定工作任务或岗位的性质，明确员工的工作职责及任职条件，以进一步明确培训的内容
人员分析	从员工的实际状况出发，考察员工的知识、能力、态度、行为表现以及工作结果等，以确定在组织中哪些员工应该接受培训及接受何种培训

是学术界普遍认可的培训需求分析模型，也成为后续理论发展的重要基础。

OTP 模型提出之后，随着培训需求分析实践的发展，一些研究者对其进行了丰富和拓展。豪尔(Hall)建议，组织分析要考虑员工为了达成组织战略目标在未来需要具备哪些知识与技能，而不能仅仅依据当前工作的需求来分析；莱琴姆(Latham)进一步指出，当基于组织未来目标来识别培训需求时，缩小员工未来技术缺陷已经成为组织的道德责任，于是他在 OTP 框架中增加了一个新的成分：民主分析(demo-graphic analysis)，特别关注不同年龄、不同级别、不同性别以及不同种族员工群体之间在培训需求上的差异。戈德斯坦(Goldstein)认为，组织分析还要特别关注培训目标与组织内特定人群发展目标的符合程度或冲突程度，要对组织培训氛围进行评估。但值得注意的是，无论研究者如何解释和发展，OTP 模型的基本框架一直保持不变。

OTP 培训需求分析模型最初多应用于企业培训中，目前越来越多地应用到各行业培训中。在实际运用的过程中，需深入结合行业培训特色，对模型加以修正调整，提高模型应用的适用性。只有正确地辨识组织、任务与人员的培训需求，才能使培训的整体效果满足组织的发展需求、培训的内容符合岗位的发展需求、培训的课程与教学符合学员的成长需求，从而实现落实组织的战略发展以及个人的专业成长。

2. 绩效分析模型

绩效分析模型是在培训需求分析实践中自然形成并总结归纳出来的一种模型，其主要目的是缩小绩效目标与绩效现状的差异。这种模型聚焦于确定预期绩效与实际绩效之间或卓越员工与普通员工之间的绩效差距，并分析差距产生的原因，从而识别培训需求，科学化地制定解决方案，避免管理人员凭主观意愿设定培训计划，造成不必要的资源浪费。这种模型的优势在于：比较明确具体地找出培训需求；操作较容易，可根据目标任务或绩效标准与实际绩效考核情况比较，并结合技能与态度分析进行。其局限性在于：更适于操作性员工；需要有良好的工作岗位设计与分析资料，并具备完善的员工绩效考核体系。

需要注意的是，不是所有的绩效差距都可以转化成培训需求，培训只是缩小绩效差异的部分原因，只有绩效差距是由于知识与技能欠缺导致，而不是由于其他因素(如不当奖赏与惩罚、不足的反馈、资源不足、薪酬不足等)对员工工作行为构成影响所致，分析者才能将其视作是培训需求。如果提升组织绩效需要的是改变工作环境，而不是提高员工的知识与技能，那么在组织中提供培训对员工行为的影响将不是很大。培训需求分析者先要通过工作分析、人员分析、绩效评估、工作过程监控等多种手段找出绩效差距，接着深入分析哪些绩效差距是可以通过培训来缩小。一般来说，符合以下三个条件的绩效差异才是可以通过培训缩小的：①改变个体的某个特定行为能提高其绩效；②改变个体水平的特定知识、技能、态度，能增加员工的预期工作行为；③培训是改进关键知识、技能、态度的有效手段。

根据绩效分析的要求，只有在图 4-1 中实线表示的连接有足够强度时，培训需求分析才是准确和有效的。由此可见，绩效分析模型将绩效表现与培训需求联系起来，在实际操作中需要找到一套绩效标准，通过一定的方法了解到绩效表现，分析绩效差距，找出哪些是因为知识技能的原因而出现的差距，这个差距即为我们所需要的培训需求。该模型在实际操作中相对来说比较简便，它并非建立在组织的需要上，而是建立在一套标准之

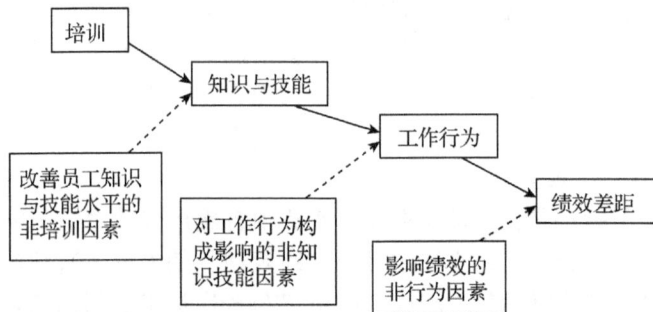

图 4-1　绩效分析模型示意图(Taylor，O'Driscoll，Binning，1998)

上，通过对比实际与标准的差距来分析培训需求，该模型也因此得到了比较广泛的应用。

3. 胜任力模型

"胜任力"这一概念是由美国哈佛大学心理学家戴维·麦克利兰（David C. McClelland）于1973年提出的，他认为传统的智力和能力倾向测验存在明显不足且与工作成就之间的相关性较低，忽略了个体方面的其他特征，因此他把直接影响工作业绩的个人条件和行为特征提炼出来，称之为胜任力。胜任力即在某一工作岗位、组织环境和文化氛围中，表现优异者所具备的、能够胜任岗位要求的个人表面特征和深层特征，包含知识、技能等外显特征，以及动机、特质、态度、自我概念、价值观、社会角色等内隐特征。胜任力与工作绩效是相关的，只有与工作绩效相关的个体特征才能成为胜任力要素，胜任力包含着对任务岗位或职务要求胜任的含义，不同任务、不同岗位、不同职务对于胜任力的要求是不同的。

基于胜任力的培训需求分析则是以胜任力要素为基本框架，通过对组织环境、组织变量与表现优异者的关键特征来确定培训需求，把培训从传统的知识、技能和态度的传输转变为工作行为模式的培养，从而把组织发展同员工自我提升的需求有机结合起来，使培训既能满足当前需要，又适应组织未来发展的要求，具有十分重要的战略导向意义。

胜任力模型是指担任某一特定的任务角色所需具备的胜任特征的总和，即统一的衡量标准，对每个级别的能力素质要求都有具体的行为表现描述和规范评价，可以为培训需求分析与预测提供可行而有效的依据或标杆，使培训需求分析更精确。在实践中，运用胜任力模型开展培训需求分析，应该要考虑指标的明确性、可操作性、公开性、数量化，才能扬长避短。基于胜任力模型的培训需求分析分为三个步骤，即组织核心能力分析、关键岗位的胜任特征模型构建、现有任职人员的胜任能力评估。通过以上步骤，发现每一个个体的能力优势和弱项，找出与胜任力模型要求的差距，将培训内容与组织的业务活动进行完美结合。

随着对胜任力研究的不断发展，胜任力的概念逐渐由个体层次拓展到组织层次，指群体或团队中根深蒂固的、互相弥补的一系列技能和知识的组合，表示整个组织的适应能力，体现了组织与环境、战略的适配性。员工的个体胜任力，如知识、技能、态度等，是影响组织胜任力的基本因素；组织胜任力是员工知识、技能的整体表征，并且会反过来影响个体胜任力，通过发展个体胜任力帮助组织获得竞争优势并增强组织胜任力是管理实践发展的必然趋势。

（六）撰写调研报告

在完成学员培训需求的调查和分析后，要将结果撰写成正式的书面报告。培训需求调研报告是培训需求调研工作的重要成果表现，其目的在于对收集上来的培训需求信息做出进一步的解释和评估结论，并最终确定是否需要培训、开展什么样的培训，以及如何开展培训。培训需求调研报告是确定培训目标、制定培训计划的前提和重要依据。

1. 主要内容

培训需求调研报告的主要内容见表 4-16 所列，在编写时可根据实际情况进行调整。

表 4-16　培训需求调研报告内容一览表

序号	项目	主要内容
1	报告提要	简要介绍报告的主要内容，帮助阅读者迅速掌握报告要点
2	实施背景	阐明培训需求产生的原因及意义
3	目的和内容	1. 说明培训需求调研的主要目的，目的规定着行为的价值和方向，贯穿行为的全过程； 2. 开展调研的主要内容
4	实施方法和过程	1. 介绍培训需求调研使用的方法与工具； 2. 介绍培训需求调研的主要实施过程
5	需求调研的分析结果	1. 调研数据的统计呈现； 2. 阐明通过培训需求的调查分析得到了什么结论
6	进一步的指导建议	1. 分析结果的阐释、评论； 2. 针对分析结果，可以采用哪些有效措施
7	附录	调研过程中用到的图表、资料，以及其他相关文件等

2. 报告撰写的注意事项

为保证调研报告的质量和规范性，须注意以下几点：

（1）资料是撰写调研报告的基础，注意对所收集资料的审核。

（2）确定培训需求调研报告的主要框架，理清撰写思路，保证撰写效果。

（3）要注意尽量及时与相关部门、专家进行充分沟通交流，确保报告的科学性、准确性与实用性。

（4）注意保证各章节之间的条理性和逻辑性，要反复推敲，多方面思考，使其更加完善。

(5)注意报告编写时数字、标点符号、表格、插图的正确使用。

第二节　培训项目策划

为了合理有效地响应培训需求，还需做好干部教育培训项目的分析策划。要明确培训目标，掌握培训项目策划的基本要素和主要流程，明确培训项目的关键点，系统地对培训实施过程进行设计，形成规范、可执行的培训方案，从而促成对培训需求的满足。

一、培训目标管理

(一)概念内涵

目标管理是美国管理学家彼得·德鲁克(Peter F. Drucker)于1954年提出的，它是在泰勒科学管理理论基础上形成的一套管理制度，主要用于企业绩效管理，用来考核管理者对组织的贡献。目标管理提出以后，便在美国迅速流传。时值第二次世界大战后西方经济由恢复转向迅速发展的时期，企业急需采用新的方法调动员工积极性以提高竞争能力，目标管理的出现可谓应运而生，遂被广泛应用，并很快为日本、西欧国家的企业所效仿，在世界管理界大行其道。

干部教育培训中的目标管理是围绕确定和实现干部教育培训的目标开展的一系列管理活动的总称，具体是指协调整合干部教育培训参与各方力量，使各方形成步调一致、同心同德的集体，通过采用一系列的管理手段，实现既定的培训目标。目标管理用系统的方法将教育培训管理活动结合起来，并且可以有意识地瞄准，高效地实现培训总目标和分目标，克服干部教育培训传统管理上存在的效率低下、粗放涣散、劳神费力、广种薄收的弱点。目标管理能启发自觉性，调动参与者的主动性、积极性、创造性。这种方法的实质是以目标来激励组织培训各方的管理意识，激发参训学员学习的自觉性，从而提高干部教育培训效果。

目标管理的特点主要有以下三点：第一，重视人的因素。目标管理是一种参与的、民主的、自我控制的管理制度，也是一种把个人需求与组织目标结合起来的管理制度。第二，重视目标体系。目标管理通过针对性的设计过程，建立目标锁链与目标体系，将整体目标逐级分解，转换为条理清晰、层次分明的一个个分目标。在目标分解中，权、责、利三者已经明确，而且相互对称。这些目标方向一致、环环相扣、相互配合，形成协调统一的目标体系。只有完成了各分目标，才能实现总目标，同时也只有完成了总目标，分目标的完成才有意义。第三，重视成果第一。目标管理以制定目标为起点，以目标完成情况的考核为终结。工作成果是评定目标完成程度的标准，也是考核和评价的重要依据。

目标管理作为"管理中的管理"，在干部教育培训管理中有着独特的作用和优势，既能从激励和约束两方面激发人的积极性，又能通过对干部的"量化管理"，克服在干部培养、评估和选拔问题上时有发生的随意性或不确定性。目标管理是推动干部教育培训发展，实现干部教育培训走向正规化、制度化的有效措施。

(二)工作内容

在培训计划管理中，培训需求分析是要解决"为什么培训"这一问题，而培训目标制定就是要解决"为了什么而培训"这一问题。它是培训方案制定与实施必不可少的要素之一。

培训目标管理通过界定培训所要达到的标准，分析培训具体解决什么问题，最终达到什么效果，培训对象在培训中要有什么变化、提高和发展。培训目标是培训工作的出发点和依据，也是培训活动的归宿，对于制定培训内容、选择培训方法、评价培训效果等起着决定性作用。有了培训目标，培训管理者才能确定行动方案，确定培训对象、内容、时间、形式等具体内容，培训管理者才能在培训之后对照目标评估完成情况和效果。因此，培训目标的制定往往决定了培训课程内容的深度和广度。

不同级别和不同地区的培训，由于地域、专业基础以及学科背景的不同，在培训目标的确定方面有很大差异。因此，培训目标的制定应立足于培训实际，意在服务培训对象综合素质的提升、身心的发展、自我的更新。实行目标管理一般开展以下几项工作：

1. 制定目标

制定目标包括确定总目标和分目标，总目标是在未来培训活动要达到的水平和取得的效果，分目标则是根据实际安排将总目标分解后再分配，这样就形成了以总目标为中心，分目标围绕的、一贯到底的目标体系。

2. 明确职责

总目标的完成依靠各分目标的实现，分目标的实现依靠精准的分工，这就需要提前协调好各职能工作，唯有每个部门、每位职工明确并做好职责分工，才能大大提高目标实现的可能。

3. 执行目标

各部门人员为达成分目标，需开展一定的活动，活动中必须利用一定资源。为保证有序有条件地组织目标活动，就要在分配工作任务时明确授予相应的权力，使之有能力调动和利用必要的资源，使目标执行活动有效地进行。

4. 成果评价

目标执行之后需要对执行成果进行评价。成果评价既是实行奖惩的依据，又是自我控制和自我激励的手段，包括教师对学员、学员对教师、上级对下级、下级对上级、同级之间以及自我评价等。

5. 实施奖惩

实施奖惩要以上述各种评价结果为依据。在干部教育培训中，多以奖励为主。奖惩的目的不在其本身，而在于激励和反思。

6. 制定新目标并开始新的目标管理循环

成果评价和实施奖惩既是对本阶段活动效果的总结，也为下一阶段工作提供参考和借鉴。在此基础上，总结经验，反思问题，优化管理布局，制定新的目标，开展目标管理新一轮的循环。

(三)目标特性

在干部教育培训管理中，培训目标呈现出层次性、网络性、多样性、现实性、反馈性等特点。

1. 层次性

层次性主要体现在以下三个方面。一是从宏观角度来看，干部教育培训必须依次满足国家和行业提出的相关目标要求、各级各类党校干部学院的培养目标、参训团体的培训目标、培训教师的教学目标、具体课程单元目标等。同时，在这类总目标的基础上，依各类班次的"核心任务"，对培训班次提出分目标，以及对学习时间、学习内容、学习方式、学习过程、学习成果提出具体量化目标，形成科学、详细、具体的目标体系。二是从目标内容来看，一个教学目标一般包括认知、情感、素质技能三方面，每一方面都有不同层次的要求。每一层次的行为或操作包含了由较低到较高层次的行为和操作，即目标本身要反映出学习结果的层次性。三是从学员个体来看，不同学员达到的目标在层次上是有个体差异的，在培训过程中学员的思维是逐渐发展的，情感体验是逐渐深入的，这往往是一个自下而上的多层次过程。因此，教学目标需适应各种层次的要求，形成一个清晰明了的层次体系，范围从广泛的总体性目标到特定的具体目标，内容包括知识目标、技能目标、思维目标、实践目标等。

2. 网络性

培训目标之间，通常会形成相互关联、相互协调、相互支持的目标网络，其表现为以下三点：一是目标制定并非单纯线性的，即并非一个目标实现后接着去实现另一个目标，目标间是存在空间上的交叉和非线性的重合，这样形成一个互相联系的网络；二是目标制定需关联整体的培训方向和具体的培训内容，使得培训目标与培训方案、培训内容之间构成相互依存的网络；三是目标制定要考虑组织培训中的各个部门、各位人员的分工定位，辅助部门与部门间、教师与教师间形成职责分明而又相互联系的工作网络。因此，目标网络中的每个组成部分要相互协调，不仅空间结构上要协调，而且时间进程上也要协调，培训目标网络的建成与否往往决定着培训后续实施效率的高低。

3. 多样性

干部教育培训方法多样、内容饱满，并随着发展逐渐丰富。因此，培训的主要目标通常是多种多样的，在目标层次体系中的每个层次的具体目标也可能是多种多样的。这样的特性往往提升了制定目标的难度。一方面，制定的目标角度单调、数量太少，会导致培训过程中缺乏内生动力，使得学员降低参与积极性；另一方面，制定的目标繁复多样、数量太多，使得无论哪一个都没有受到足够的注意，最终导致将主要目标与各分目标混为一谈，让培训效果大打折扣。因此，在目标制定过程中需明确培训重点，掌握好目标数量，在追求多个目标的同时，分清主次层级，对各目标的相对重要程度进行区分。

4. 现实性

目标是建立在现实基础上的，必须是可行的，而不是可望而不可及的，应建立在对培训整体内外环境进行周密调查研究的基础上，有充分的客观依据，因此培训目标普遍具有现实性。为此在制定目标时，需要注意以下两点：一是目标本身要切合实际。培训目标是以培训需求分析为依托，结合参与培训干部学员的实际情况，既考虑党校干部学院的资源现状，也考虑干部学员的实际能力范围，在资源可控、能力可及的前提下制定。二是目标要有适当强度。即在目标切合实际的同时，还要让所定目标具有一定的挑战性，只有有挑战性的目标，才能激发拼搏精神、增强竞争意识、提高参与热情。这就需要制定出的目标坚持高标准、严要求，以挖掘个人潜能、深化创新突破、提升能力素质为落脚点，最终制定出的目标要使学员感到既充满信心，又不敢掉以轻心。

5. 反馈性

信息反馈是把目标管理过程中目标的设置、目标实施情况不断地反馈给目标设置者和参与者。首先，培训信息反馈给目标设置者，可以实时关注学员的培训进展，并根据实际情况有侧重地调整培训走向，这对总目标的达成具有重要指引作用。其次，培训信息反馈给目标参与者，让参与学员在培训中实时了解自身的培训情况，知晓组织对自己的要求、自己的贡献情况，这样就能更进一步加强学员积极参与的态度，提高培训实效。

（四）制定原则

1. 政治原则

在制定培训目标的过程中要坚持以政治为统领，以中央和上级各部门要求为指导思想，以党和国家关于干部教育培训的方针、政策，国家相关行政管理部门关于培训的规划和要求为重要依据。突出政治训练、政治历练，把提高政治判断力、政治领悟力、政治执行力贯穿全过程，通过系统的教育培训，引导干部增强政治敏锐性和政治鉴别力，把党的政治主张、政治纲领转化为自身的行动自觉。

2. 主体原则

在制定培训目标过程中，要顺应干部教育培训的主体原则，即参训干部是培训主体，是培训预期成果和培训目的的重要决定因素。如果制定的培训目标不适应干部主体，那么会直接导致培训难以实现预期的培训成果。因此，培训目标的制定要在充分了解参训干部的地域、岗位、学历、工作经历、技能水平等基础上进行，培训目标与培训主体相契合，让接下来的培训工作得以高质高效地进行。

3. 需求原则

培训目标的设置应以组织实际需要和参训干部现实需求为原则，以问题为中心，遵循需求导向，定期开展调研活动，在策划培训活动之前，要对干部进行培训需求分析，这是前提，也是制定与实施培训方案的首要环节。需求分析可从三个维度入手：第一个维度是将岗位需求扩展成知识、能力、素质三个衡量指标；第二个维度是将管理层次分为初级、中级、高级三个层级；第三个维度是根据岗位成长规律将在岗阶段划分为初任、新任、提任三个阶段。

4. 统一原则

培训目标要反映全面发展的要求，除对干部学员知识性目标的要求外，还要重视情感、态度和意识以及素质技能的发展要求，可定性要求，可定量要求，也可定性、定量结合，纵横关联，形成一个合理、完整的目标体系。因此，目标的制定应体现知识和能力、过程和方法、情感态度和价值观的相互统一，使之相辅相成、条理清晰，发挥出最大效益。

5. 弹性原则

课堂是动的、是活的，通常可以根据客观需要与活动内容，不断调整、修正或更新。课堂教学灵活多变，目标也是动态生成，在教师与学员、学员与学员间的思维碰撞中，出现新的创新成果。因此，培训目标要有"弹性区间"，既可以顾及学员之间的差别，又可以考虑到目标与实际结果间的差异，不能忽视开放性目标的把握和达成。

（五）操作步骤

制定培训目标不是一个随意的过程，要遵循目标管理体系方法，明确目标的特性和原则，并按照一定的步骤进行。制定培训目标主要有以下几个操作步骤：

1. 分析培训情况

培训情况分析主要是对与培训相关的整个环境因素进行有效分析，其中包括：培训内外部环境、技术因素、学员主体情况、整体需求状况、组织相关方情况等。

2. 界定目标问题

在对培训情况进行分析的过程中，往往会发现一些影响项目实施或开展的不利因素或问题，这时候就需要对这些因素和问题进行分类、界定，并经过认真分析，得出这些因素或问题产生的根源和解决方法。

3. 建立目标体系

通过上述对培训情况的分析以及问题的界定，基本可以对培训总目标以及各层次的分目标进行确定，并对项目目标的重要性和具体内容展开表述，进而建立针对培训本身的目标体系，既有较高层次的总目标，也有较低层次的分目标。

4. 厘清目标关系

目标体系建立后，需要梳理整体总目标和各分目标的关系，明确各目标层次关系，深挖目标之间潜在的联系或者制约。厘清这些关系，有助于对培训的整体把握，并可以有效地推进培训的发展。

二、培训方案管理

(一)概念内涵

培训方案就是对培训活动作出的设计安排,是培训指导思想、培训总体目标、培训方法、地点设施、培训教师、课程教材、培训评估等要素的有机结合。

科学谋划培训方案,是干部教育培训管理中非常重要的一环。培训方案是提供给学员直接和基本的产品,对于实现培训目标,帮助培训学员提升素质和能力、改变学员的态度、促进学员的成长和发展等方面具有直接的作用,培训方案的质量好坏是决定整体培训管理成败的关键。培训方案也是承担培训任务的培训管理和实施机构履行培训职能、增强自身竞争力、提高影响力的重要途径。

1. 培训方案设计理论

(1)布鲁纳课程教学四原则。

一是动机原则。美国教育心理学家布鲁纳(Bruner)认为,学习过程和效果取决于学员对学习的准备状态和心理倾向。主动学习的表现形式有两种:一是重视已有经验在学习中的作用,学习者总是在已有经验的基础上,对输入的新信息进行重组吸收;二是重视学习的内在动机,内在动机比外在动机更为有力和持久,人们普遍认同学习的最好动机是对所学材料本身的兴趣,不宜过分重视奖励竞争等外界刺激。

二是结构原则。结构原则是指要选择适当的知识结构,并选择适合学员认知结构的教学方式,这样才能够促进学习。布鲁纳认为,任何学科知识都是具有结构的,反映了事物之间的规律和联系。学习知识就是学习认识事物是怎样相互关联的,以及如何变化的。

三是程序原则。程序原则是指按照最佳次序组织和实施教学内容。布鲁纳认为教学的程序直接影响着学习者掌握知识的熟悉程度。在任何特定条件下,合理的程序取决于多种因素。培训教师要根据培训内容、学员的学习能力、个体差异、认知发展水平、探索活动的特点来安排教学程序。这个原则对于培训教师合理安排培训内容,保证学员对培训内容循序渐进地理解、吸收和掌握,具有重要的指导意义。

四是反馈原则。反馈原则又称强化原则,即让学员适时了解自己的学习状态和学习成果。布鲁纳认为反馈原则是教学过程中必不可少的一种积极评价,通过提供有关的教学信息,了解教学效果,发现问题并进行校正，使学员逐渐具备独立思考、探究发现和自我矫正的能力。

（2）戴尔的"经验之塔"。美国视听教育家埃德加·戴尔（Edgar Dale）1946年提出了"经验之塔"理论，认为经验获得方式分为三大类、十个层次，如图4-2所示。

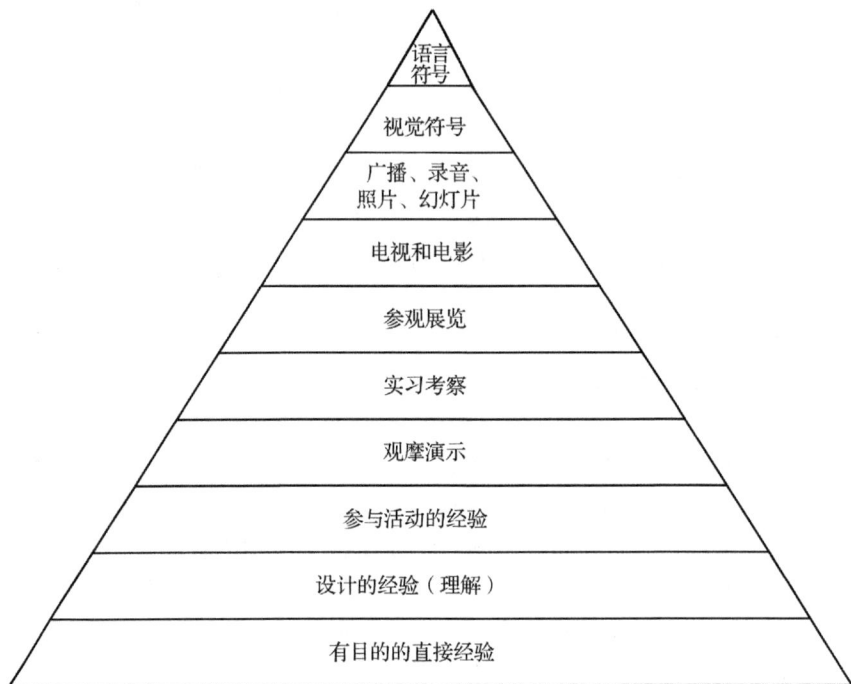

语言符号

视觉符号

广播、录音、照片、幻灯片

电视和电影

参观展览

实习考察

观摩演示

参与活动的经验

设计的经验（理解）

有目的的直接经验

图4-2 戴尔的"经验之塔"

普遍意义上的"经验之塔"所表现的学习经验可分为三大类，即做的经验、观察的经验、抽象的经验。一是从行为出发进行的有目的的直接经验、设计的经验和参与活动的经验；二是通过观摩演示、实习考察、展览、电视和电影、广播、录音、照片和幻灯片获得的观察经验；三是提炼出的包括视觉符号和语言符号等抽象经验。具体分为十个层次：

第一层：有目的的直接经验。直接经验是通过对事物的看、听、嗅、尝等，即通过直接感知获得的具体经验。这是经验之塔的第一层，奠定了人类学习的基础。在实践活动中直接用感官接触事物，接受事物的刺激，并由此形成感觉和印象、经验和认识，其特点是以生动具体的形象直接反映外部世界。

第二层：设计的经验（理解）。设计的经验是指通过人为设计的各类模型、标本等学习间接材料获得的经验。克服了直接经验的局限，有助于学习者区别对象的本质属性，从而更好地形成概念。尽管模型与原物相比，其大小和复杂程度有所不同，但在教学上应用比真实事物易于领会。

第三层：参与活动的经验。参与活动的经验是指让学员在创设好的情境中扮演角色、真实体验，进而获得经验和感悟。戴尔认为学习者通过参加表演、演戏，相当于身处某些实际情境，可以感受那些在一般情形下无法获得的感情、观念等。

第四层：观摩演示。观摩演示是对重要的事实、观念、过程的一种形象化的解释。通过观摩别人怎么做，让学员获得经验，感受、知晓一件事应如何做，以后自己就可以模仿去做。

第五层：实习考察。实习考察是通过实践，深入现场、实习体会，目的是让学员观察到真实事物的各种景象。

第六层：参观展览。参观展览是通过观察来学习知识。展览一般包括模型、照片、图表以及一些实物等。与实习考察相比，参观展览的学习经验更为抽象。

第七层：电视和电影。银幕上的事物是实际事物的代表，学员通过看电视或电影，可以获得一种替代的经验，由于观看电视和电影时并没有直接的接触和体验，只能以想象的方式参与其中，因此不如实地参观来得更身临其境、感受深刻。

第八层：广播、录音、照片、幻灯片。广播、录音、照片、幻灯片所提供的内容更加抽象，虽然它们能为学员学习提供必要的感性材料，容易理解和记忆，又便于借助解说对学员进行提示和总结，但是照片和图解缺乏类似电视电影画面的动感体验，广播和录音则缺少视觉形象。

第九层：视觉符号。视觉符号主要是指表达一定含义的图形、模拟图形等抽象符号，包括地图、图表、示意图等提供的学习经验。在视觉符号里，人们看不到事物的真实形态，只看到一种抽象的代表，如地图上的曲线代表河流，线条代表铁路等。

第十层：语言符号。语言符号包括口头语言和书面语言（即文字符号）两种，可以是一个词、一个概念或一条原理等，语言符号是一种抽象化了的代表事物或观念的符号，它们与其所代表的事物或观念不存在任何视觉上的提示，因此语言符号的学习是最抽象的学习经验。

"经验之塔"说明人的学习经验是从直接参与到用图像代替，再到用抽象符号表示的逐步发展过程。戴尔认为"由视听方法带来的学习经验，既容易转向抽象概念化也容易转向实际具体化"。所以，经验之塔底层的基本学习经验最具体，越向上则越抽象。教师应根据不同教材和方法所提供的学习经验来进行分类，并根据学员的需求和能力以及教学任务选择合适的媒介。各类学习经验是相互联系、相互渗透的，具体或抽象的程度与学习的难易无关。干部教育培训方案设计中应综合利用各种学习途径，让学员的直接经验与间接经验产生联系融合，最终获得知识与技能的提升。

（3）科尔伯学习风格类型。每个个体通过不同的学习方式进行学习，这些不同的学习方式被称为学习风格。个体通过不同的方式对信息进行感知和处理，在方案设计时学习风格是需要考虑的一个重要因素。在培训领域，备受培训讲师推崇的学习风格类型是美国教授科尔伯（Kolb）的学习风格理论，该理论认为，学习风格的划分以"人的认知过程"为基础，也就是"人类感知的两个维度"，以及由此衍生出的四种感知和处理方式，即具体的和抽象的感知方式，以及反思型和积极型的处理方式。

人类感知的第一个维度是学习者如何感知信息，包括具体的和抽象的感知方式。两者吸收知识的方法是完全不一样的。对抽象感知者来说学习信息的最好方法是分析，他们更愿意去注意、观察、思考这些信息；对于具体感知来说，学习信息的最好方法是具有直接的经验，通过具体的活动实践来学习信息，运用仿真环境、模型和直接经验来获得更好的学习效果。人类感知的第二个维度是学习如何进行的，即信息在第一次被介绍时个体是如何对其进行处理的。反思型处理者更加愿意通过反射和思考的方法来对待信息，这种方式更能够帮助他们厘清信息的含义；积极型处理者则选择把新的知识立即运用起来，通过直接的经验来进一步处理和吸收这些信息。

个体可以是任何一种感知方式和处理方式的组合，形成四种学习类型：抽象的感知者/反思型的处理者，抽象的感知者/积极型的处理者，具体的感知者/积极型的处理者，具体的感知者/反思型的处理者。这四种类型构成了科尔伯的学习风格理论，该理论认为，学员可以被分为实用者、行动者、体验者和理论者（图4-3）。

实用者——具备良好的学习习惯，善于做决定、解决问题，但是很难集中精力评估，通常采用互动与反馈的形式，同时提供一定的技能、技巧。

行动者——善于制定可行的完成计划，具备一定的领导和冒险精神，

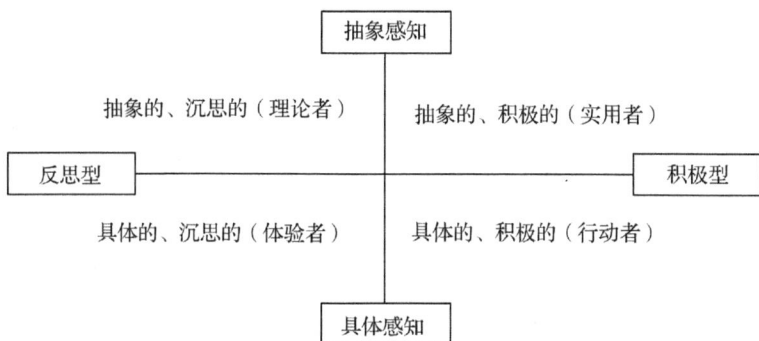

图 4-3　科尔伯学习风格类型

但是过于强调目的，通常采用技巧技能训练等形式，如小组讨论。

体验者——更加擅长学习想象、脑筋急转弯问题，但是弱于发现机会、提出行动方案，适合包括大量反馈时间的课程讲授。

理论者——擅长学习知识、制定计划，善于创建模型与理论，但容易忽视从经验中学习，适合的培训方式有案例分析、理论研讨和独立思考等。

2. 培训方案设计模型

培训方案设计模型是由美国学者布兰克(Jerry Blanc)等人根据自身多年的实践经验针对成人学习者提出的，适合在职干部培训工作。该模型由内圈和外圈组成。内圈主要包括需要、目标、设计、传递和评价五要素，这五个要素构成了相互连接的循环圈。培训方案设计模型的外圈由四种独立要素组成，分别为方法和技巧、组织和管理、研究及方案评价。外圈的每种成分与内圈各要素紧密相关，如图 4-4 所示。

该模型指出，培训方案的设计首先要明确培训的需要，通过对学员进行需求评估，明确培训的必要性。其中，教育环境、社会交往环境和物理环境是影响培训需求评估的重要外在因素。在明确需要后，需要制定培训目标。培训目标的制定主要包括对预期结果的行为描述和掌握标准的确立。再基于已确立的目标设计培训方案，培训设计主要包括培训方法的选择、培训活动的安排以及培训材料的准备等环节，在设计培训方案时要遵循灵活性、规范性和创造性的原则。

在培训方案设计模型外圈的各要素中，方法与技巧指的是落实内圈各步骤所需运用的方法，例如，在对学习者进行需求评估时，可以运用访谈法和问卷调查法等方法；组织和管理渗透在培训的各个环节之中，培训方

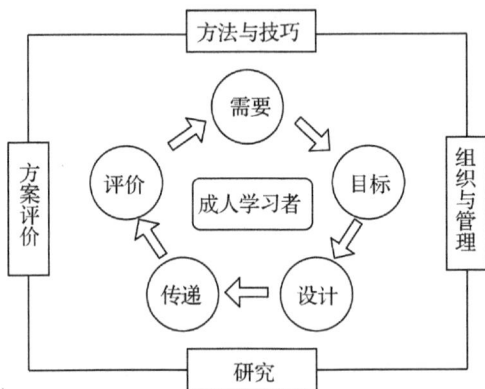

图 4-4　培训方案设计模型

案的预算、培训活动的安排以及培训材料的准备、培训推进和协调评价工作等均需组织与管理；研究是对内圈的各个环节进行分析，以寻求可用于多种情景的个性化的培训工作；方案评价同时存在于内圈和外圈之中，与内圈中评价不同的是，外圈中的评价更加关注对培训全过程的评价。

(二)组成要素

对培训机构而言，干部教育培训项目可分为委托培训和自主策划培训，其预期成果和目标设定根据委托或策划单位开展培训的目的而确立。不论哪种项目，都需要在方案中明确"为什么要培训"，以及通过培训"想要取得什么样的效果"等问题。干部教育培训方案要包含以下要素。

1. 明确预期成果

预期成果是通过培训使得参训的干部学员在行为、关系或行动，甚至是态度方面发生的变化，可以表现为知识的更新、技能的提升或行为的改变。值得注意的是，预期成果因组织的不同而有所区别，大致可分为五个方面：一是提升对国家政策、时政热点问题的总体认识和理解；二是促进干部的团队合作和组织解决问题的能力；三是通过行业相关知识的系统培训，对制定行业相关政策或者战略提供思路；四是增加参训学员掌握到的新知识、新技能，以便运用在之后的实际工作中；五是满足关键岗位干部知识更新和专业能力提升的需要。

2. 确定参训对象

参训对象是实现培训预期成果的重要决定因素。在确定参训对象时，首先应注意培训对象的适配度，确定合适的参训对象后才可以发通知进行招生。倘若参训的干部学员不适合，会直接导致培训难以实现预期的培训效果和目标，所以在设定和筛选培训对象时，要结合培训目的确认学员已有的知识技能水平，以及预期达到的知识技能要求。除此之外，参训干部在地域、岗位、学历、工作经历等方面的差异也会影响培训教学的开展，这就需要在确定培训对象时充分分析干部学员的构成，使得培训方案更具针对性。

3. 制定培训预算

在制定培训方案时，需充分考虑预算问题。一方面，培训单位应针对培训需求，根据培训时间、地点、人数以及日程安排等主要环节，与主办方协调核算培训预算费用，力求在有限的经费之内取得最优的培训效果；另一方面，务必将培训经费预算里的各个事项考虑充分，同时预留出部分不可预见费用。目前各机关单位干部教育培训工作已基本实现了预算管理制度，培训单位每年会根据工作任务制定下一年度培训计划，并安排一定额度的培训经费。因此，制定科学合理的培训预算费用对培训能否顺利开展起到重要的支撑作用。

4. 设定培训内容

培训内容是培训方案的核心要素。培训内容设定主要是回答如何将培训目标转化为培训内容，如何将培训内容集成为培训课程，以及培训课程在培训方案中如何表达。

(1)确定培训内容。按照现行干部教育培训规划要求，培训内容根据不同的培训方向可以划分为理论教育、党性教育、能力培训和知识培训，各类别内容要求在前文已说明。在制定培训方案的过程当中，就要根据行业发展以及干部自身能力水平提升的实际需要来选择各类别培训内容。

(2)设计培训课程。培训课程的设计是制定培训方案的核心要素，是实现培训目标的主要途径和教学活动的直接载体，培训课程开发的过程实质上就是探索实现培训目标的过程。培训课程内容设计的针对性和适用性直接关系到整个培训质量的高低和培训效果的好坏。根据培训对象、目的、时间等实际情况，围绕培训主题安排培训课程。目前课程设置多采用模块化设置方法，采用不同的模块组合方式进行内容筛选。所谓培训模块是从某一相对独立的问题出发，打破学科界限，将解决这一问题所需的相关知识、工具、方法、模型和解决问题的流程有机结合起来，组成一个相对独立的培训单元。一般而言，培训模块与培训目标一一对应，在培训模块内部，课程既可以按照问题解决的流程编排，也可以按照从宏观到微观、从理论到实践编排。在干部教育培训中，培训模块一般包括形势热点模块、党性教育模块、理论教育模块、领导能力模块、专业能力模块以及人文综合知识模块等。

课程内容主要有三大类来源：第一类是培训组织内部的经验萃取，即通过调研、访谈骨干员工及内部专家等人群，萃取组织内部的经验及方法；第二类是吸收外部专家、行业标杆的经验及方法；第三类是借鉴经典的学科内容。根据实际培训情况，结合课程内容来源，设计培训思路，并将设计思路与主办单位或委托单位进行沟通，按照反馈意见进行修改完善，最终敲定培训课程内容。

（3）选择培训方法。干部教育培训方法越来越多样，采用适当的方法能够实现既定的培训目标和预期成果。当前较为系统的、比较常用的方法主要有讲授式、研讨式、案例式、模拟式、体验式等。一方面，这些培训方法多具有普适性，这就需要在选择培训方法时，通过深挖课程内容所需，选择与课程内容最为契合的一种或多种方法；另一方面，不同的培训方式对于学员的情绪刺激效果是不一样的（图4-5）。研究证明，成人大脑在没有持续新鲜信息的刺激下，10分钟后将自动关闭，不再接受其他信息。为了让学员在参与中获得经验，引导学员在思考后产生行动，教师在授课的过程中需要运用多种授课方法调动学员的情绪。在培训过程中学员的参与感越强，越能调动学员情绪，有节奏地变换培训方法，刺激学员各种感官，形成顿挫有序的情感起伏，张弛有度地达到用最佳的表现形式来呈现培训内容。

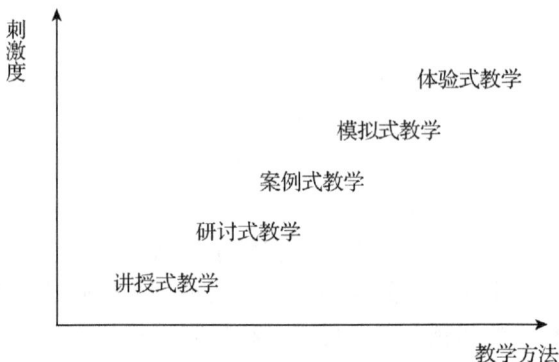

图 4-5　常用教学方法对学员刺激梯度图

5. 选择培训场地和设施设备

根据授课内容以及方式方法需要，提前选择教学场地、确定培训设施设备，这是促进教学目标实现的基本保障。例如，培训场地是室内还是户外，培训地点的选择，话筒、投影，甚至是案例式、研讨式教学常用的签字笔、白纸白板等，都需要提前选择和准备好。在一个设计好的培训环境里，培训场地以及设施设备是必要的保障因素。既要考虑哪些是实现培训课程最优的场地和最适合的设施设备，也要确定如何使用能够最大限度保证教学的顺利开展。

6. 选定授课教师

培训教师是实施培训的灵魂，是开展培训的授课主体，其研究领域、表达方式、授课形式等均会对培训效果产生影响。因此，选择授课教师应注重多元化、专业化和权威性，根据课程需要选择来自不同单位的专、兼职教师。所聘教师原则上应为所在业务领域的领导干部或专家学者，具备处级及以上职务或副高级以上职称，具有丰富工作经验和研究能力。在干部教育培训中，专业技能型课程的师资构成以行业专家、管理人员为主，时政解析类、领导科学类、人文素质类课程通常考虑相关领域的专家学者，以党校、行政学院、高校、科研院所为主要来源。

(三)制定步骤

方案制定本身是培训的一个环节。为了保证方案的合理性，确保能够实现决策的组织落实，需采用科学的方法、合理的步骤。虽然方案类型多种、形式多样，但在制定过程中，都遵循相同的逻辑和规律，制定步骤基本相同(图 4-6)。

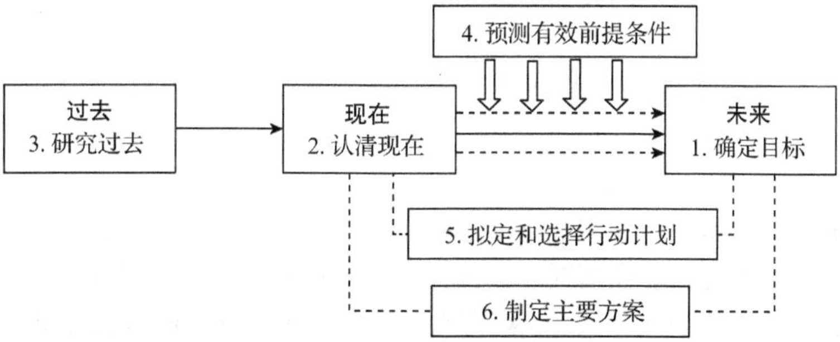

图 4-6 培训方案制定的步骤

1. 确定目标

确定目标是决策工作的重要任务。制定方案的第一步就是要认清将要走向何方。一方面，要明确培训期望实现的最终成效，明确达到的标准，不仅为培训工作的开展指明方向，而且为培训评估提供依据；另一方面，要将所确立的目标进行细化分解，具体落实到培训各环节，为每门课程、每位授课教师指明方向。

2. 认清现在

计划是连接此时所处的此岸和将要去的彼岸的一座桥梁。目标指明了要去的对岸。那么，制定方案的第二步是认清当前所处的此岸，即认清现在。其目的在于寻求合理有效的通向彼岸的路径，即实现目标的途径。认清现在不仅需要放眼整体，全面、系统地了解参训群体当前的实际情况、所在单位和工作岗位对知识和技能方面的需求以及当下的培训情况等，还要动态地分析考察，了解组织需求和个人发展的时间、空间、环境的动态范围，预测时间和外部环境变化可能带来的培训需求变化以及对培训工作的新要求，以保障在培训过程中能够相应地作出动态反应，及时调整培训内容和方法等。

3. 研究过去

虽然"现在"不必然在"过去"的线性延长线上，但"现在"毕竟是从"过去"走来。研究过去不仅是从过去发生的事件中得到启示和借鉴，更重要的是探讨过去通向现在的一些规律。从过去发生的事件中探求事物发展的一般规律，基本方法有两种：演绎法和归纳法。演绎法是将某一大前提应用到个别情况，并从中引出结论。归纳法是从个别情况发现结论，并推理出具有普遍原则意义的大前提。即要么从已知的大前提出发加以立论，要么有步骤地把个别情况集中起来，再从中发现规律。通过以上两种方法，得出结论、获得经验、总结规律，这可以对未来组织培训的开展提供借鉴。

4. 预测有效前提条件

前提条件是关于要实现方案的环境假设条件，是关于从此岸到达彼岸过程中所有可能的假设情况。预测并有效地确定前提条件的重要性不仅在于对前提条件认识越清楚、越深刻，工作就越有效，而且在于组织各部门、各成员越彻底地理解和同意使用一致的前提条件，培训工作在实施过程中就越协调。但是，由于未来是极难精准判断且极其复杂的，要对一个计划未来环境的每个细节都作出假设，是不切合实际的，也是不必要的。

因此，前提条件是限于那些对培训来说具有关键性的，或具有重要意义的假设条件，也就是说，限于那些最影响培训贯彻实施的假设条件。

5. 拟订和选择行动计划

"条条大路通罗马"，实现目标的途径是多条的。这就需要在培训实施前选好最优的路径。拟订和选择行动计划包括三个内容，即拟订可行性行动计划、评估计划和选定计划。

拟订可行性行动计划要求拟订尽可能多的计划。可供选择的行动计划数量越多，被选计划的相对满意程度就越高，行动就越有效。因此，在可行的行动计划拟订阶段，要发扬民主，广泛发动群众，充分利用组织人员、内外专家资源等，通过他们献计献策，产生尽可能多的行动计划。在寻求可供选择的行动计划阶段需要"巧主意"，需要创新性。

评价行动计划要注意考虑以下几点：一是认真考察每一个计划的制约因素和隐患；二是要用总体的效益观点来衡量计划；三是既要考虑到每一计划的许多有形的可以用数量表示出来的因素，又要考虑到许多无形的不能用数量表示出来的因素；四是要动态地考察计划的效果，不仅要考虑计划执行所带来的利益，还要考虑计划执行所带来的损失，特别注意那些潜在的、间接的损失；五是按一定的原则选择出一个或几个较优计划。

6. 制定主要方案

完成拟订和选择行动计划后，就要开始制定培训主要方案。制定出的方案需清楚准确地描述"5W1H"内容，即 Why——为什么做？What——做什么？Who——谁去做？When——何时做？Where——何地做？How——怎样做？具体来说，Why 就是培训的目的，What 是培训的内容，Who 是培训的人员，When 是培训的时间和期限，Where 是培训的地点与场地，How 是培训的方法。方案的确定是遵循这六个组成要素，将其充实并完善后形成。

7. 培训方案评估及完善

一个完美的培训项目方案需要不断进行评价和修改。具体实施过程中需要不断进行测试、评价、修改才可以使得培训方案得以完善。培训方案测评一般从四个角度开展：一是在内容效度上，基于培训方案本身来说，要确保培训内容的合理性和可执行性，并确保达到培训需求的要求。二是从反应效度上，看参加培训的人员对于培训项目的反应，如果可以接受证明方案可行，如若不是则需要及时修改。三是从学习效度上，按照方案执行的顺序进行，观察参训者能否及时吸收，如果不能吸收，就要考虑从传授的方法以及受训者学习的特点等各个方面的因素来进行修改和完善。从受训者的角度来观察，受训者培训后的变化是否和期望一样，如果不一样，就应该分析是培训内容不完善还是效果不达标。四是要对所有参训人员的最终效果进行实时监控和追踪考核，对所有参训人员培训后可以创造的价值和培训成本进行对比。如果培训成本比价值低，则有可行性；如果培训成本比价值高，那就需要找出失败的原因在哪里，从而设计更优更好的方案。

（四）注意事项

干部教育培训方案区别于一般社会企业培训方案，主要是根据党和国家各项政策实施的需要，并以此为策划依据，既要坚持需求导向、能力本位的基本要求，更要根据各级各行干部教育培训机构特有的职能，形成具有行业特色和特点的培训方案。因此，在制定培训方案的过程中需要注意以下几点。

1. 注意突出围绕党和国家的各项政策和工作

围绕党和国家的各项政策以及专业工作需要制定培训方案，是坚持以需求为导向的培训工作区别于基础教育和成人教育的重要特点之一。一般意义上的成人教育，更多的是依据成人个人职业生涯的发展和个体自我完善的需要提供培训，而干部教育培训工作既要满足整体社会经济发展的需要，也要依据具体行业和职业发展对个人的知识和素质能力需要。党和国家在每个时期都会根据形势和任务要求作出重大决策部署，指导经济社会发展和建设。各行各业干部正是落实这些决策部署的践行者，在贯彻执行党的路线、方针、政策、重大部署中担任着重要的执行者角色。因此，要注意引导广大党员干部率先领会中央精神，准确掌握中央的相关要求、推动各项部署决策的落实。这就要求制定培训方案时必须紧紧围绕党和国家的决策部署和行业工作的需要。

2. 注意突出对干部理论教育和党性修养的培养

习近平总书记曾指出："要一如既往地处理好科学理论教育、党性教育、公仆意识教育和知识教育、能力教育的关系，把提高能力和提高思想政治素质有机结合起来，贯穿到各类班次、各项课程之中。这是行政学院坚持正确办学方向的根本体现。"在制定培训方案时，首先要注意强调马克思主义理论，坚持不懈抓好习近平新时代中国特色社会主义思想教育培训，把中国特色社会主义理论体系作为培训课程建设的重中之重，并将这些理论充分体现在培训内容和教学布局上；其次要注意围绕党性教育等一系列体系培训，锤炼干部的党性修养，使参训干部学员牢固树立正确的"三观"，时刻保持忠于党、忠于祖国、忠于人民、忠于中国特色社会主义，永做人民的公仆，始终保持艰苦奋斗、甘于奉献的精神和锐意创新、开拓进取的激情。因此，在制定培训方案时要加大理论教育、党性意识修养方面的培训比重，引导广大干部养成良好的思想境界和工作作风，始终保持思想品质和道德情操上的先进性和纯洁性。

3. **注意突出干部岗位职责和素质能力的要求**

我国的干部队伍分工明确、职责不同，不仅需要具备一定的工作管理素质能力，还要提升行业相关的业务素质能力。因此，在注重行业基本理论、党性教育等方面培训的同时，还要注重专业知识、专业化能力等内容体系的培训，切实提高干部综合素质。秉承岗位导向、能力本位的理念，在制定培训方案时，要注意顺应当下岗位职能对干部基本能力和业务素质的需求，以解决干部在实际工作中出现的问题为中心设置教学内容，摒弃机械的灌输记忆和知识传输的传统做法，突出课程设计的实用性，打破学科界限，开发既有针对性、适用性，又有前沿性和前瞻性的交叉型、模块式综合教学。总的来说，干部教育培训的方案制定应紧密结合不同岗位职责要求和素质能力需求，注重提升干部学员的综合能力。

4. **注意突出行业培训特色和优势**

突出行业特色和优势，是增强行业课程体系竞争力和吸引力的重要途径，培养方案应准确把握、精确定位、全面突出行业特色。不同行业业务范围、干部特点均不同，准确把握不同行业的干部群体，牢抓行业特色，深挖行业特点，有的放矢地策划制定培训方案，是确保行业培训机构提高办学质量、增强行业竞争力和影响力的重要保障。因此，不同行业的干部教育培训在制定培训方案的过程中要注意突出自身的行业培训特色，充分发挥行业优势，让培训内容有特点、有亮点。

（五）制定要求

1. **精准把握培训需求和培训目标**

培训源于需求，培训的目的在于满足需求。培训方案的制定应以干部学员的培训需求为中心，明确学员在培训中应该处于积极、主动的地位。在实际落实过程中，需转变思维，注重"供给导向"的同时，强化"需求导向"。精准把握培训需求和培训目标，这是培训活动的起点，也是提高培训针对性、实效性的有力抓手。

2. 明晰培训权责主体

在干部教育培训过程中，培训项目的进行，一般会涉及多个部门、多个团体、多位教职工。因此，在制定培训方案时，首先明确培训各环节权责主体，有针对性地整合培训项目团队的资源。让各部门间、团体间、干部间彼此呼应、高效配合，各项资源指向一致、互相契合。其次注意权责对等。对等的权责也意味着赋予某个部门或岗位的权力不能超过其应负的责任，防止出现权力滥用的现象。明晰培训权责主体，可大大增强培训方案的可控性、科学性、全面性。

3. 注重综合优化意识

综合优化意识就是放眼于培训的各个综合环节，看清复杂的培训管理结构，明确分工、清楚责任，通过优化复杂的多层传递机制，将一个个"模块"打磨组合成一个有机整体，增强培训的决策、执行和活动运转的效率。有了综合优化意识的加持，可以将原本复杂的思路变得更清晰，可以将潜在因素挖掘出来，可以进一步补齐培训实施中可能会遇到的短板问题，提高整体培训效能的发挥，让制定出的方案更具整体性、灵活性与实践性。

4. 尊重客观规律

干部教育培训管理虽然是一项党性和政治性极强的工作，但它也是一门科学和艺术，也同样存在着不以人的意志为转移的、具有普遍指导意义的客观规律，需要不断地观察思考和学习研究，去发现它、掌握它，以便更好地遵循它、利用它。制定培训方案同样如此，切勿机械重复照搬，方案的结构框架或许大同小异，但方案的内容细节一定有差距，这就需要具有研究思维，把制定方案当成是对方案的研究，持续深挖培训目的、分析培训需求、细扣内容设置、总结经验教训，不断研究改进方案框架和内容，让培训方案满足培训所需的同时，不断提升自我的组织研究、综合管理能力。

第五章

培训实施管理

　　培训实施是指培训实施部门接到培训项目信息后，对即将开展的培训工作作出系列安排，按照培训方案组织开展培训工作，并完成该培训项目相关的系列报表和信息统计汇总、反馈等工作。

　　培训实施管理就是对培训项目实施的系列工作过程进行有序、保质、高效的协调与组织。培训项目开展和实施水平是培训效果的基本保障，培训实施管理的质量对培训结果起着重要作用。如果没有好的培训实施，就算有再好的培训资源、再明确的培训目标、再完备的培训方案，参训人员的培训体验感也会比较差，结果也会引起参训人员的不满。本章从培训实施工作要点、实施流程管理和教师学员管理等方面，详细阐述在培训实施过程中涉及的管理工作和注意事项。

第一节　培训实施工作要点

　　干部教育培训实施管理指的是教育培训机构通过有效地汲取、整合和拓展优质培训资源，高质高效执行培训项目，从而达到培训目标的过程。培训机构应具备一定的培训实施管理能力，即能够从构成要素、组织结构、信息交换和反馈控制等功能进行分析、设计、规划、反馈控制和服务，从而达到培训项目的最优设计、最优控制和最优管理，使培训涉及的各项活动协调有序，以实现培训系统实施过程综合优化的动态运行。具体而言，就是培训机构按照培训项目方案招收培训对象、聘请教师、培训实施前的准备、组织与实施培训、实施评估、服务保障等一系列流程化、精细化、优质化的组织管理过程，核心是培训方案的执行。

一、培训方案执行

　　培训方案包括一系列具体活动，各项活动之间存在一定的依赖性。培训项目的实施就是依据培训方案，将各项活动有机地组合在一起，形成一套实施流程，并对每项活动设定标准。有了培训流程，就能有效防止项目实施时出现盲目性，减少工作的随意性，降低失误率。有了质量标准，实施者心中有数、监督检查者心里有底，方能保证培训的进度和质量。

培训方案操作规范体现在两方面。一是体现在按流程实施。流程设计是培训实施方案的具体体现，将方案中的各项活动进一步分解，再按前后次序对各项活动进行串联。流程中的每一项工作，要明确工作内容、完成时间、具体实施人、检查落实责任人等。二是体现在按标准实施。各项活动要有标准，标准包括完成的进度及质量两个方面，即每项工作完成进度上应有明确的时间要求，完成质量上要有具体的指标。

二、培训资源统筹

培训实施仅仅依靠培训机构的资源是远远不够的，需要充足的内外资源支持。培训项目的实施不只是在培训机构本部，在本部之外实施也是普遍现象；培训教学需要一支强大的跨地区、跨学科的师资队伍，在培训机构的专职教师力量有限的情况下，来自社会各界的兼职教师必不可少；培训现场教学需要类型齐全、分布广的基地，等等。作为培训机构来讲，这些社会资源不可能为机构所有，但应努力做到为我所用，只有这样，培训机构的实施方案才能得以付诸实际，培训业务才能得以开展。统筹培训资源主要有以下几个方面内容。

(一)统筹培训师资

统筹培训师资是指培训机构聘请专职教师和兼职教师开展培训教学。培训机构统筹培训师资资源要从知识层面、地区分布、职业背景、教学能力等多方面考虑。从培训师资知识层面上看，培训教师应由多学科、多专业人员组成，不仅要有懂业务知识的行业领导，还要有懂公共管理、经济学等社会科学的专家学者；不仅要系统掌握专业知识、学科发展动态，还要有丰富的社会实践知识、拥有丰富的生产一线的素材。从地区分布来看，培训教师应来自全国各地，跨地区、跨行业。从职业背景来看，培训教师选聘要不拘一格，可根据培训实际需要选聘大专院校教师、科研院所研究人员、党政机关领导干部、企业精英、生产一线的技术人员、劳动模范等不同身份的人员作为培训教师。从培训教学能力上看，培训教师必须懂得成人学习特点，掌握一定的培训教学方法，拥有培训教学经验；在每个学科或领域，既有学科带头人、专家型党政领导干部，也要有从事生产一线的技术能人。培训机构拥有了这样一支强大的培训师资队伍，才能满足培训教学内容新、范围广、时效性和针对性强的需要。要建立一支这样的培训师资队伍，培训机构仅凭自己的努力是很难培养出来的，统筹外部力量才是关键。

（二）统筹现场教学基地

统筹现场教学基地是指培训机构借助社会资源，建立能为培训机构所使用、能满足培训教学需要的现场教学基地。不同的专题需要不同类型的基地，同一专题因培训对象不同，对现场教学基地的要求也不一样；同一类型的现场教学基地，国家级培训机构要求在全国各地均有分布，省级培训机构则要求在本地区及周边地区有分布；随着专题内容的更新以及新专题的出现，需要在全国各地迅速建立一批新的现场教学基地。鉴于教学基地具有种类丰富、更新快、分布广等特点，培训机构只能依靠社会资源开展培训基地建设，建立强大的培训现场教学基地库。

（三）统筹培训场地

培训场地是指培训教学场地，以及满足培训教学所需要的后勤服务。培训教学也不仅在培训机构内部进行，还常根据培训师资所在地区、培训现场教学基地分布情况，将培训教学置于培训机构之外进行。这种现象在国家级培训机构更为普遍，培训项目常在全国各地进行。省级培训机构则基本在本地区举办培训项目，且大多在培训机构内进行。

培训机构要各种方式统筹使用机构内外的各种场所，具体需要考虑场地承载力、场地的服务质量、场地的地区分布等。培训场地承载力指满足培训需要的培训教室、住宿和餐饮的能力。培训教室方面，既能满足小规模培训教学，也能满足大、中规模培训教学；既能满足集中授课，又能满足分组讨论、参与式研讨需要。住宿和餐饮方面，具有接待一定规模人员的能力。场地服务质量包括提供教学、住宿、餐饮和交通、通信等配套设施的能力及服务质量等。培训场地具有开展多媒体教学、参与式研讨等需要的辅助设施并能满足教学需要，培训场地位于大、中城市则食宿条件应达到一定标准，其中住宿不高于处于同一城市国家定点酒店收费标准，能提供免费上网服务，交通设施有保障、接送学员较方便等。培训场地分布因培训机构面向的培训对象而定，国家级培训机构应在全国各大、中城市设有培训场地，省级培训机构应在本地区的地级城市设有培训场地。

三、培训项目营销

营销能力起源于企业，包括把握市场动向的"情报力"、有组织向市场渗透的"店铺力"、提高商品销售能力和竞争能力的"商品力"、接近和影响顾客的"推销力"以及维护顾客与深化顾客关系的"服务力"五大能力。其中，商品力指的是商品影响力，包括商品的创意和商品宣传，提高商品力常用的手法为商品包装、商品形象设计、广告宣传、出版宣传册、发放有标识性的纪念品等；推销力指上门推销商品的能力，决定于店员和推销员接近顾客、了解顾客、维护顾客、控制顾客和影响顾客的能力；服务力即与顾客面对面服务的能力，包括建立售后服务体系，以便将顾客组织在一起，推介商品、征询意见。

干部培训机构的营销能力是指将培训项目推销给受训者的能力。与企业相比，干部教育培训机构的项目营销能力尚处在较原始阶段，这就要求培训机构提高市场意识、强化市场观念，以市场的眼光看待培训，从商品的角度看待培训项目。就目前情况看，培训项目营销能力建设的重点应放在商品力、推销力和服务力上。

（一）商品力

干部培训机构的商品力同样包括项目的包装力和宣传力。

（1）培训机构对培训项目的包装力。一个培训项目即是一件商品，该商品的内涵包括培训目标、培训内容、培训对象、培训时间、培训教师、培训收费等。在对外宣传上，首要的任务是让受训群体对项目有感性认识，但不要求在很短的时间内将培训项目的所有内容向受训群体逐一介绍。对一个培训项目的内容进行高度概括，并且用几句吸引受训群体的语言或图像进行有效表达至关重要。因此，包装力也就是项目实施者对培训项目用语言进行高度概括的能力、独具风格的形象设计能力。

（2）培训机构对培训项目的宣传力。一件包装好了的培训项目，要通过一些渠道对外进行宣传，经常采用的措施有发放项目手册、在合适场地就项目内容做简要发言、借助网络和新闻媒体对项目进行介绍或广告宣传等。因此，宣传力就是培训机构针对培训项目设计宣传手段和方式，以及保证宣传效果的能力。

（二）推销力

干部培训机构的推销力指向受训者、特别是受训干部推销培训项目的能力。一个培训项目在包装和进行宣传之后，为一部分人留下了感性印象，涌现一批潜在培训需求者。在此基础上，就应组织力量，本着因人施教、按需施教原则，带着培训项目与受训者接触，深入介绍项目培训目标及内容，使潜在受训者变成现实的受训者。这种能力的强弱不仅决定于推销人员对项目精髓的把握和语言表达能力的高低，而且依赖于抓住受训者心理和需求的能力。

(三)服务力

培训项目的服务力，一方面指培训过程中向受训人员提供的学习、生活等方面的服务能力，包括学习支持、课后辅导、住宿、餐饮等；另一方面指对受训人员的跟踪服务及项目推介能力。大多情况下，受训者地区分布跨度大，面对面跟踪服务成本高，而建立受训者网络或数据库是提高服务力的重要途径之一。通过电话访谈、书信或电子邮件等方式进行效果跟踪调查、培训意见反馈等，延伸训后服务，加强与参训学员的联系，并以此为基础进行项目宣传。因此，建立受训者数据库、保持与受训者联系是提高服务力的重要环节。

面对激烈的市场竞争，培训的营销设计和策划对培训机构而言显得越来越重要，谁的营销设计理念更新、市场策划能力更强，谁策划的培训产品更适合消费者需求，谁就能在培训市场竞争中取胜。培训机构必须不断深化改革，从偏重编制培训计划、培训技能到重市场、重经营、重效益转变，进而建立"以市场为导向，以需求为中心，以效益为目标"的运行模式和运行机制。

四、培训实施评价

本节实施评价区别于第六章的培训评估，主要是对培训机构培训实施能力进行的评价及管理。干部教育培训机构的实施评价主要从战略规划能力、项目开发能力、项目实施能力三方面开展。干部培训机构实施评价主要内容见表 5-1 所列。

表 5-1 干部教育培训机构实施评价主要内容

一级指标		观测点
战略规划能力	使命和愿景设计能力	1. 培训机构对未来的发展方向和目标有无明确的构想； 2. 培训机构对自己的社会责任是否明确； 3. 培训机构员工对本单位使命和愿景是否了解； 4. 培训机构员工在本单位使命和愿景方面是否达成共识

（续）

一级指标		观测点
战略规划能力	环境分析能力	1. 培训机构对所处的政治、经济、社会、行业环境的变化对本单位的机遇和挑战是否有明确的分析； 2. 培训机构对培训市场竞争情况是否有明确的分析； 3. 培训机构对自身的优势、劣势是否明确
	战略目标设计能力	1. 培训机构是否确立了长期的战略目标； 2. 培训机构以往战略目标是否已实现或基本实现； 3. 培训机构是否能根据环境变化对战略目标进行修订； 4. 组织的近期和远期目标是否可度量并得到了很好的宣传
	战略匹配能力	1. 培训机构管理层的决策与单位既定战略能否保持一致； 2. 培训机构制定的战略是否与经济、社会、文化以及行业发展要求相适应； 3. 培训机构制定的战略是否符合本单位的实际； 4. 培训机构是否根据变化及时做出应对策略
项目开发能力	培训市场调研能力	1. 培训机构信息资源的获取渠道有哪些； 2. 培训机构在行业间的社会地位如何； 3. 对市场反应的灵敏度如何； 4. 对市场预测能力怎样
	培训方案设计能力	1. 培训项目目标定位是否准确； 2. 培训内容的选择和组合是否合理； 3. 课程类型的选择是否具有针对性； 4. 培训组织模式选择是否有效； 5. 项目的经济效益、社会效益如何
	培训课程开发能力	1. 课程目标是否与整个培训目标一致； 2. 课程内容是否具有针对性、时效性； 3. 培训方法是否具有感染力； 4. 培训环节设计是否合理； 5. 教材编写能力如何； 6. 课程标准是否科学
	项目创新及优化提升能力	1. 培训机构是否建立了项目评估机制； 2. 培训机构是否建立对培训学员的跟踪调查和回访机制； 3. 培训机构在近几年开展的同类项目的培训中，培训方案是否一成不变； 4. 是否开展培训教学和培训管理的研究，并有相关的记录或成果等
	培训品牌创建能力	1. 培训机构有没有自己的品牌项目； 2. 品牌项目的数量有多少； 3. 在行业中的知名度或认可度怎样

（续）

一级指标		观测点
项目实施能力	培训方案实施能力	1. 实施方案是否符合培训内容和要求； 2. 实施方案是否简洁明了，具有很强的操作性； 3. 项目实施中是否常出现更改培训方案的现象
	培训资源统筹能力	1. 培训师资是否能够满足各类培训的需要，是否建立了师资库； 2. 是否建立了现场教学基地库，现场教学基地是否能够满足培训教学需要； 3. 培训场地资源是否充足，服务质量是否能够达到干部培训要求
	教学能力	1. 是否具有一定规模的教师队伍满足各类教学需要； 2. 是否具有学科带头人负责教师建设和教学研讨活动； 3. 设计的教学方案是否符合培训的要求，教学是否具有感染力； 4. 是否建立了教学评估机制，有改进教学效果的措施
	项目营销能力	1. 培训机构是否有专人负责培训项目的宣传； 2. 通过什么途径、什么方式进行项目宣传； 3. 有多少培训任务是通过培训机构自身宣传或其他单位(人员)介绍而非上级主管部门指令性计划获取； 4. 项目的美誉度如何

（一）战略规划能力

战略规划能力是制定培训的长期目标并将其付诸实施的能力，是对培训机构社会责任、组织发展目标、组织发展形势等认知程度进行综合评价的过程。该评价主要着眼于对培训近期及较长一段时期发展的规划设计和保障实施的水平。

1. 使命和愿景设计能力

使命和愿景设计能力是对培训机构及其员工自身社会定位的认知能力评价。主要内容包括培训机构对自己的社会责任是否明确、对未来的发展方向和目标有无明确的构想，培训机构员工对本单位使命和愿景是否了解、在本单位使命和愿景方面是否达成共识等。

2. 环境分析能力

环境分析能力是对培训机构掌握自身发展机遇能力的评价。主要内容包括培训机构对所处的机遇和挑战、竞争环境及自身优劣势是否有明确的分析。

3. 战略目标设计能力

战略目标设计能力是对培训机构未来发展能力及目标达成情况的考察

评估。主要内容包括培训机构是否有长期发展目标、以往战略目标达成情况如何等。

4. 战略匹配能力

战略匹配能力是对培训机构领导层及全体员工达成一致目标的能力进行评估。主要内容是培训战略是否符合社会经济实际以及机构自身发展实际。

(二)项目开发能力

培训项目开发实际上就是为满足特定培训需求，寻找、发现、挖掘、选择培训对象、内容、手段、形式方法的一次性活动的过程。培训项目开发能力就是评估培训机构进行项目开发的能力和水平。主要从调研能力、方案设计能力、课程开发能力、创新能力、品牌创建能力等角度进行考察。

1. 培训市场调研能力

培训市场调研能力是对培训潜在的需求对象开展调查，并准确掌握培训各项信息的能力。主要包括市场预测、市场反应度等。

2. 培训方案设计能力

培训方案设计能力是根据掌握的信息，科学制定培训目标，选择合适的培训内容方式，以及作出保障安排的能力。主要考察培训目标定位是否准确、培训内容是否合理、培训组织模式选择是否有效等。

3. 培训课程开发能力

培训课程开发能力是培训机构根据需求和目的构想课程内容，形成完整的课程体系，并对授课形式和授课技巧进行设计的能力。主要考察培训课程是否有针对性、是否科学合理、教学形式是否有效等。

4. 项目创新及优化提升能力

项目创新及优化提升能力是从培训项目的反馈角度上来看的，是通过一段时间的培训之后，对项目实施效果进行考察后可以进行优化的一种能力。主要从理论研究、评估反馈、优化提升等角度考察。

5. 培训品牌创建能力

培训品牌创建能力是培训机构打造自身培训特色的能力。可以是行业特色，也可以是某一项目或某一领域特色。主要内容包括行业知名度、品牌影响力等。

(三)项目实施能力

培训项目实施能力评价是指在培训项目结束后通过对培训学员、培训单位、主管部门的调查访问，对培训机构在培训项目开展过程中的方案实施、资源统筹、组织管理以及教学能力等方面进行综合评价的过程。

1. 培训方案实施能力

培训方案的实施是将培训内容、培训师资、培训对象、培训经费、培训场地和现场教学等方面的有机组合。对培训方案实施能力的评价可从方案本身和实施过程两方面考虑，包括设计的实施方案是否符合培训内容和要求、是否简洁明了、是否具有很强的操作性，以及方案实施是否规范、是否按照培训流程和标准进行、实施过程中是否常出现更改培训方案的现象等。

2. 培训资源统筹能力

培训资源统筹能力评价是对为培训教学服务的各类资源统筹协调能力的评价，可从培训教师、现场教学基地和教学场地三方面考虑，主要观测点包括培训师资是否能够满足各类培训的需要、是否建立了师资库、是否建立了现场教学基地库、现场教学基地是否能够满足培训教学需要、培训场地资源是否充足、服务质量是否能够达到干部培训要求等。

3. 教学能力

教学能力是对具体教学环节的评价，包括授课教师、授课内容、授课方式、授课效果等方面。主要观测点包括培训机构是否具有一定规模的教师队伍以满足各类教学需要、设计的教学方案是否符合培训的要求、教学是否具有感染力、是否具有学科带头人负责教师建设和教学研讨活动、是否建立了教学评估机制、是否有改进培训效果的具体措施等。

4. 项目营销能力

项目营销能力是对项目营销及其效果的评价，主要观测点包括培训机构是否有专人负责培训项目的宣传，通过什么途径、什么方式进行项目宣传，有多少培训任务是通过培训机构自身宣传或其他单位(人员)介绍而非上级主管部门指令性任务获取，项目的美誉度如何等。

第二节　培训实施流程管理

培训项目实施流程总体上分前期准备、中期组织实施、后期总结整理三个阶段，每个阶段又由许多具体工作构成，各项工作也有先后顺序。前期所做工作的成效都通过这个环节呈现出来，这一阶段的管理工作最直接、最紧迫、最复杂，也最重要，具体可分为事前管理、事中管理和事后管理。

一、培训前管理

培训开始前的一切流程都属于准备环节，充分的准备工作有助于培训项目的顺利开展，科学合理的管理方法和步骤能达到事半功倍的效果。不同的培训项目有不同的目标、内容和要求，管理工作的内容和要求也会有所不同，但一般包括以下内容。

(一)预算管理

本书第三章第六节"培训经费管理"概括介绍了经费预算管理涉及的内容，该阶段的预算管理是在其基础上更加深入、更加细化、更加具体的管理。要把划拨到位的项目经费按照前期申请时设计的经费支出结构具体到各支出项目。

根据《中央和国家机关培训费管理办法》规定，培训费指的是各单位开展培训直接发生的各项费用支出，包括师资费、住宿费、伙食费、培训场地费、培训资料费、交通费以及其他费用。除师资费外，培训费实行分类综合定额标准，分项核定、总额控制，各项费用之间可以调剂使用。培训费定额标准见表5-2。

表 5-2　培训费定额标准　　　　　　　单位：元/(人·天)

培训类别	住宿费	伙食费	场地、资料、交通费	其他费用	合计
一类培训	500	150	80	30	760
二类培训	400	150	70	30	650
三类培训	340	130	50	30	550

一类培训是指参训人员主要为省部级及相应人员的培训，二类培训是指参训人员主要为司局级人员的培训，三类培训是指参训人员主要为处级及以下人员的培训。以其他人员为主的培训项目参照上述标准分类执行。30天以内的培训按照综合定额标准控制；超过30天的培训，超过天数按照综合定额标准的70%控制。上述天数含报到和撤离时间，报到和撤离时间分别不得超过1天。

师资费是指聘请师资授课发生的费用，包括授课老师讲课费、住宿费、伙食费、城市间交通费等，该费用不在综合定额标准内。住宿费是指参训人员及工作人员培训期间发生的租住房间的费用。伙食费是指参训人员及工作人员培训期间发生的用餐费用。培训场地费是指用于培训的会议室或教室租金。培训资料费是指培训期间必要的资料及办公用品费。交通费是指用于培训所需的人员接送以及与培训有关的现场教学、调研等发生的交通支出。其他费用是指现场教学费、设备租赁费、文体活动费、医药费等与培训有关的其他支出。参训人员参加培训往返及异地教学发生的城市间交通费，按照中央和国家机关差旅费有关规定回单位报销。

预算管理要严格遵循相关制度规定，同时也要考虑培训项目实际情况。一方面保证培训费用的合理使用，另一方面要在有限的经费额度内取得最大效果。另外，预算管理必须将培训过程中各个支出事项充分考虑，同时预留出部分不可预见费用，以备应急情况下的不时之需。

(二)培训场地管理

培训场地管理包括提前选定满足培训项目实际需求的培训场地，并设计安排好培训期间的场地管理。

培训场地的选择既要考虑培训对场地容量、设施设备、后勤服务等方面的实际需求，也要符合项目预算标准，同时兼顾交通情况、住宿条件、餐饮质量等方面的具体情况，选择性价比较高的场所。一般来说，培训场地优先选择培训机构自有场所，一方面便于管理，另一方面费用相对较少。也可以选择满足培训要求的酒店等场所进行培训。

对于包含拓展训练或现场教学的培训，必须事先根据培训主题、时间长短等因素选择好拓展训练或现场教学内容及开展地点，在相同条件下优先选择与培训机构有合作的基地。并提前沟通好教学内容、路线、时间安排、现场讲解人员安排等，确保教学顺利进行。

培训场所选定后，需要根据培训内容需要，对室内培训场所的桌椅、计算机、投影仪等进行布置，对所需的设施设备进行维护。场所布置一般包括教师讲台、学员桌型、室内张贴及宣传(海报、易拉宝、条幅、引导布、水牌)等方面，布置方式有鱼骨型、U形、大圆桌型等多种，要根据培训方案以及授课内容和形式的需要选用合适的布置方式，同时要兼顾培训场所的硬件条件。不同的布置方式各有优缺点，适合不同的培训方式，下面介绍几种常用的布置方式。

(1)鱼骨型。顾名思义，就是像鱼的骨头一样，按"八"字形依次摆放桌子。在桌子的周围摆放座椅，组与组之间留出走路的间隔，使整体样式呈现鱼骨的形状。鱼骨型场所布置适合有较多小组研讨、小组内及小组间有充分走动与交流的培训项目，是当下广受欢迎的培训场所布置方式。鱼骨型场所布置如图 5-1 所示。

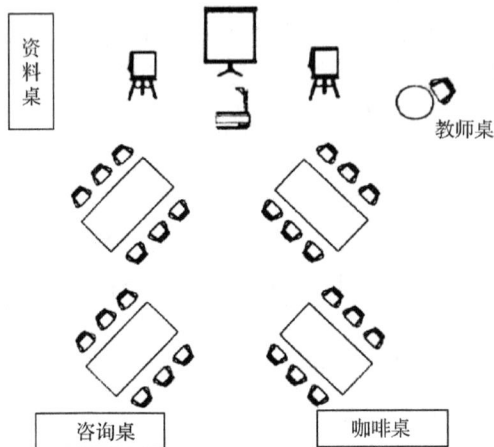

图 5-1 鱼骨型场所布置

（2）传统排列型。又称为会议型。之所以称为会议型，是因为这种布置适合 40~200 人的大型会议。这种布置不利于学员与教师之间的沟通，如果学员数量较多，也不便于学员走动，教师很难与学员互动，尤其是后排学员。传统排列型场所布置如图 5-2 所示。

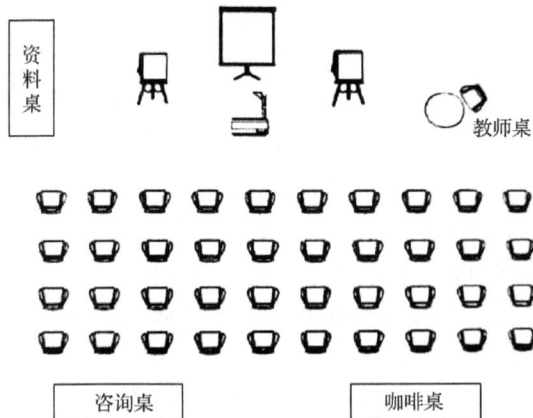

图 5-2 传统排列型场所布置

（3）双通道型。双通道型场所布置的优点是有助于学员将注意力集中到培训教师身上，适合不需要太多互动的课堂教学；缺点是受场地、桌形和学员座位的限制，不容易活跃现场气氛，学员随时间的推移容易分散注意力。双通道型场所布置如图5-3所示。

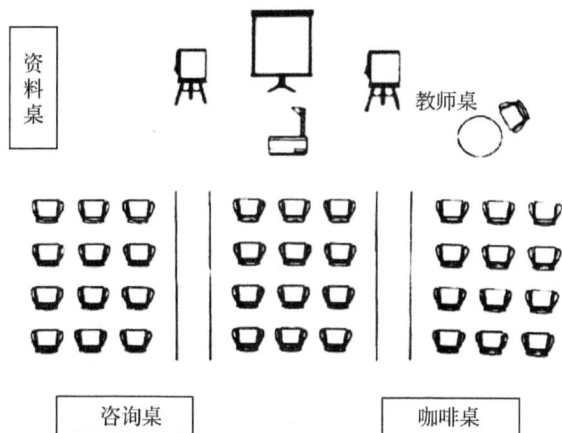

图5-3 双通道型场所布置

（4）圆桌小组型。圆桌小组型场所布置适合有小组研讨的、培训教师与学员互动多的工作坊或团队型培训项目。这种形式的优点是有利于培训教师激发学员参与讨论，方便培训教师在场地走动与学员形成互动，还能设计多种不同的团队建设游戏，而且不会有学员背对教师而坐（学员可以调整椅子方向）的情况；缺点是对场地空间要求大，适合于小型培训班。圆桌小组型场所布置如图5-4所示。

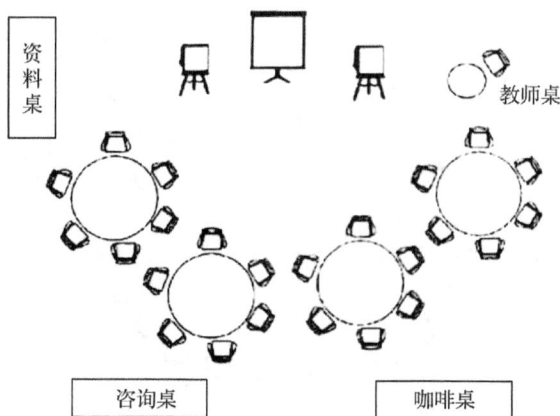

图5-4 圆桌小组型场所布置

（5）U型。U型场所布置的优点是适合学员互动和参与活动，培训教师能站在U型内部从而解决教室后排学员听不清楚的问题，培训教师也容易和学员形成良好的互动以提升培训体验；缺点是对场地面积要求高，适合小型培训项目。专家面对面、领导座谈等项目适合采用这种形式。如果小组有研讨成果要总结，需要为每组配置立式白板。U型场所布置如图5-5所示。

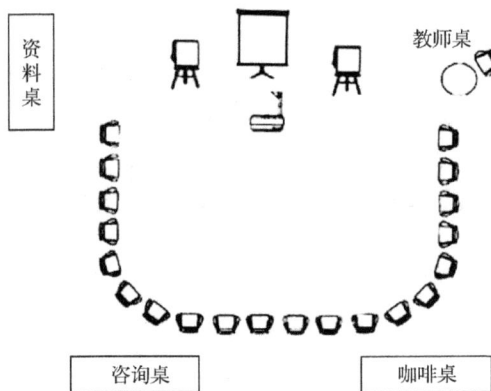

图5-5　U型场所布置

（6）大圆桌型。大圆桌型场所布置适合户外体验培训及引导工作坊等项目。这种形式的优点是培训教师与学员之间能产生更多的互动，有助于鼓励学员分享，增加培训体验；缺点是比较考验培训教师的控场技巧和学员互动技巧。大圆桌型场所布置如图5-6所示。

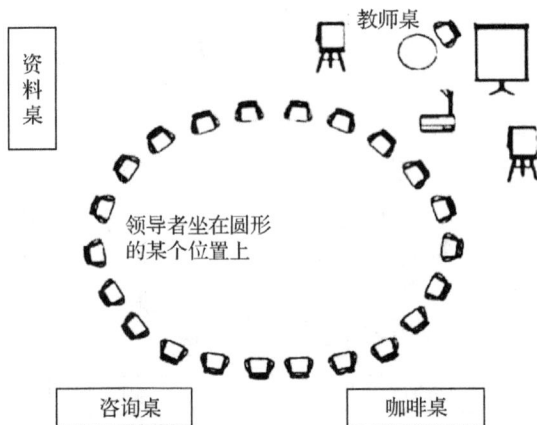

图5-6　大圆桌型场所布置

(7)单一矩阵型。单一矩阵型场所布置适合有小组研讨的培训项目，学员数量以 10~20 人为宜。缺点是不利于培训教师和学员沟通。单一矩阵型场所布置如图 5-7 所示。

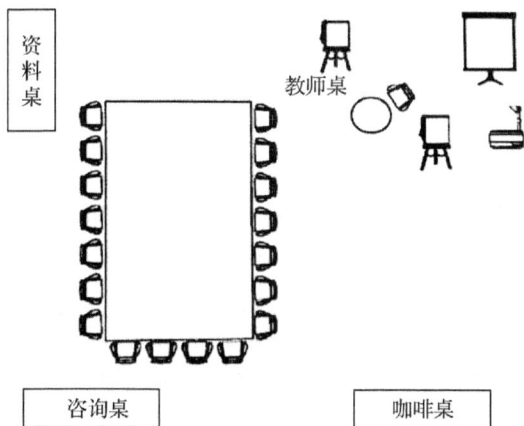

图 5-7　单一矩阵型场所布置

(三)方案管理

此处的方案管理是指根据第四章第二节中的"二、培训方案管理"介绍的方案设计理论、模型、步骤等，对培训的具体环节进行方案设计，核心包括教学方案和评估方案。

1. 教学方案

教学过程是培训的核心环节，教学方案是教学过程顺利实施的保障，教学方案的管理一般包括以下内容。

(1)设计培训课程。在培训需求调研基础上，结合培训对象、培训目的、培训时间等实际情况，围绕培训主题，认真思考安排哪些培训课程比较合适。将设计思路跟主办单位或委托单位进行沟通，按照反馈意见进行修改完善，确定培训课程及内容。

(2)选择培训方法。确定培训课程内容后，选择最佳的表现形式来呈现这些培训内容，比较常用的方法包括专题讲座、专题报告、案例教学、情景模拟、交流研讨和现场教学等。

(3)聘请授课教师。选聘来自不同单位的专、兼职教师，注重多元化、专业化和权威性，所聘请授课教师原则上应为所在业务领域的专家，具备中级以上专业职称，并具有丰富的授课经验，以保证培训课程的质量。一般要提前一周与培训教师联系。要让培训教师有充裕的时间准备，同时培训教师的课件要提前审核。当培训需要考试时，要提前告知培训教师，提前沟通好考试内容和时间安排等。

(4)制定培训日程表。确定了培训课程、培训方式方法及相应的授课教师后，按照课程内容的逻辑性，结合培训时间，按照先后顺序形成一个培训日程表。

2. 评估方案

根据培训班性质、培训时间长短、培训实施部门参与度及主办方或委托方对评估的要求等综合情况，培训方案设计人员要选择合适的培训评估方案，并报培训管理部门审批，审批通过方可实施。

(四)通知管理

培训通知是培训部门向学员传递培训信息的载体，撰写培训通知是培训前的准备工作。完整的培训通知由标题、培训对象、培训目标、培训内容、培训模式、培训课程、培训要求、时间地点、培训费用、报名方法、落款与日期等组成，并附上路线、住宿安排、培训负责人联系方式，以及近期天气情况等信息。

培训通知示例见表5-3、表5-4所列。

表5-3　培训通知示例(1)

××培训通知

一、培训背景
二、培训目标
三、培训对象
四、培训日程

日期	时间	课程	形式	讲师	内容

五、时间地点
六、参训要求
1. 训前作业
2. 纪律要求
3. 着装要求
4. 请假要求
附件：1. 报名回执表
　　　2. 交通路线

××单位

××××年××月××日

表 5-4 培训通知示例(2)

××培训通知

一、目的意义

二、时间地点

三、培训日程

日期	时间	课程	形式	讲师

四、注意事项

1. 各参会人员按要求参加培训

2. 联系方式

联系人：××，××

附件：1. 报名回执表

2. 名额分配表

××单位

××××年××月××日

(五)学员信息管理

学员信息是培训过程中非常重要的信息，不仅影响具体培训环节的实施，如座次安排、培训分组、准备培训资料、制作签到表等，而且是提供后勤服务的重要参考，如安排住宿、接送站、餐饮安排等，在培训过程中需要多次使用。对学员信息的管理包括培训前的信息收集和培训过程中的信息管理两方面。学员信息收集需要注意以下几点：一是与主办方沟通，及时获知学员信息和动态；二是在开班前将学员信息及时反馈给主办方和其他相关部门；三是对少数民族学员和有特殊情况要求的学员加以备注。表 5-5 为学员信息表示例。在培训过程中要做好学员信息的管理，一是要

表 5-5 学员信息表示例

序号	姓名	性别	民族	单位	职务/职称	联系电话	备注
1							
2							
3							
4							
5							
...							

注意核对，发现有误及时修改完善，确保准确无误；二是要注意合理使用，不滥用学员个人信息；三是要注意保密，尤其是重要身份信息不能随意泄露。

（六）培训资料管理

培训资料是指为保障培训纪律和学习效果提供给参训人员的纸质或电子材料，一般包括以下几项。

1. 培训指南

培训指南既是受训学员参加培训时需要遵守的文件资料，也是学员培训期间学习和生活等各方面的指导性文件，应在培训开始前编写完成。培训指南有规范的格式，一般至少包含以下几项内容：培训中的注意事项（学员须知）、日程安排、学员名单或分组名单、周边环境介绍、培训机构简介等。

（1）培训中的注意事项（学员须知）。应结合当时当地具体情况，综合考虑纪律要求、酒店要求、培训要求等，示例见表5-6。

表 5-6　学员须知示例

××培训班学员须知

各位学员：

您好！欢迎参加××培训班。为保障大家健康安全，确保本次培训顺利进行并取得圆满成功，请严格遵守××单位相关要求，现将有关事项提示如下：

1. 进入酒店前自觉接受体温检测，若体温超过37.3℃，请勿参加培训，并告知班主任。房间内经常开窗通风，保持空气流通。个人物品要注意日常清洁、消毒。

2. 进入教室时请按确定位置就座，下课后有序离场，保持安全距离，耐心等候，切勿拥挤。

3. 用餐地点：××，早餐凭房卡用餐，午晚餐凭餐券用餐。早餐7:00—9:00，午餐11:30—14:00，晚餐17:00—20:30。请取餐时自觉排队，自助取餐。请您积极响应国家号召，杜绝餐饮浪费，践行文明用餐。

4. 纪律要求

（1）上课期间请关闭手机或调至振动状态，保持课堂良好秩序。

（2）培训期间不得请假，确因身体原因无法上课，请立刻告知班主任，我们将帮助您尽快就医。

（3）培训期间不得外出，培训结束后即刻返程，不得在当地逗留或辗转去其他地方。

（4）培训期间请严格遵守中央八项规定，严禁饮酒、互相宴请和私自聚餐。

5. 其他

培训期间的长途电话、物品保管及其他服务项目等，请按照宾馆有关规定办理。请注意个人安全，不要参加陌生人组织的各种活动（如牌类、麻将类、喝茶、喝酒等），妥善保管好个人贵重物品。

（续）

6. 培训班工作人员
联系人：××，××
祝您在学习期间生活愉快、身体健康、学有所获！

（2）日程安排。可用表格展示，也可用文字展示（表 5-7）。

表 5-7 日程安排表示例

日期	时间	内容	主持人	地点
××月××日	全天	报　到		
××月××日	9：00—9：30	开班仪式：负责人单位、姓名		
	9：30—12：00	专题报告：课程名称 主讲人：姓名（单位、职务、职称）	姓名	
	14：30—17：00	专题讲座：课程名称 主讲人：姓名（单位、职务、职称）	姓名	
××月××日	9：00—12：00	业务培训：课程名称 主讲人：姓名（单位、职务、职称）	姓名	
	14：30—17：00	业务培训：课程名称 主讲人：姓名（单位、职务、职称）	姓名	
××月××日	全天	现场教学：内容、地点		
××月××日	全天	返　程		

（3）学员名单。根据最终确定的学员信息表制作，在培训指南中的学员名单只保留关键信息即可，见表 5-8。

表 5-8 培训指南中学员名单示例

序号	姓名	性别	单位	职务/职称
1				
2				
3				
4				
5				
…				

如培训过程中需要对学员进行分组，应在培训指南中提前告知学员分组名单。学员分组一般用于分组研讨、分组乘车、分组座谈、分组调研等活动，见表5-9。

表5-9　学员分组名单示例

序号	组别	姓名	电话	内容	组长
1	一组			教室、车次、地点等	
2					
3					
4	二组			教室、车次、地点等	
5					
6					
…					

2. 培训讲义

培训讲义是授课教师在正式授课时展示给受训学员看的内容，一方面能吸引受训学员的注意力；另一方面能够帮助受训学员掌握培训内容。在实际培训过程中，PPT是使用频率最高的培训讲义，印制PPT讲义时要进行适当的编辑，以便讲义更清晰、更便于查阅。培训过程中用到的课程PPT文件、视频资料、音频资料等相关电子版文档需在培训前1天拷贝到培训用计算机上，并逐项测试，保证正常可用。同时准备一个U盘或硬盘，将所有电子版资料拷贝备用。

3. 其他培训物资

其他培训物资主要包括培训所需的物品、学员所需的文具、培训设备和会务材料等。准备培训物资最快捷、有效的方法是列出本次培训需要的全部工具、道具、模型、设备等物资的清单，根据清单准备核对物资。课堂讲授对培训设备的依赖性较大，在选择培训设备时，应从培训预算、培训的紧迫程度、受训学员人数、培训场地、现有的培训设备、培训教师及培训资源等方面进行考虑。培训中用到考试题的、需要人手一份培训纸质资料的，需提前打印或购买。提前打印培训需要的评估问卷。需要打印分发的资料，为避免出现异常状况，适当多打印几份。培训物品准备清单见表5-10，学员材料准备清单见表5-11，培训会务检查表见表5-12。

表 5-10　培训物品准备清单示例

序号	物品名称	数量	负责人	备注
1	白板			
2	麦克风			
3	电源用接线板			
4	电池（7 号电池、5 号电池、干电池）			
5	大白纸			
6	A4 纸			
7	白板笔			
8	签到笔			
9	桌签			
需要提前准备的固定设备				
1	投影仪、幕布			
2	音响			
3	笔记本电脑			
需要提前准备的移动设备				
1	照相机			
2	激光笔（电池）			
3	U 盘			
4	文具便签			
需要提前准备的软件设备				
1	培训用音乐			
2	课件 PPT			

表 5-11　学员材料准备清单示例

序号	物品名称	数量	负责人	备注
1	培训手册			
2	签字笔			
3	笔记本			
4	餐券			
5	手提袋			

表 5-12　培训会务检查表示例

培训场地布置

序号	工作事项	负责人	备注
1	培训手册		
2	指示水牌		
3	横幅或电子显示屏		
4	安排培训教室座位		
5	摆放领导、学员台签		
6	调试音响、投影、计算机		
7	准备白板、白纸		
8	摄像拍照		

班务准备

序号	工作事项	负责人	备注
1	制作与发放讲师邀请函		
2	发放学员培训通知		
3	制作学员通讯录		
4	准备学员资料袋		
5	准备证书		
6	准备学员培训签到表		
7	准备训后评估表单		
8	准备相关音乐		
9	汇总培训课件		
10	安排学员接送		
11	安排房间		
12	餐饮安排		
13	学员分组		
14	准备开训、结训		

(七)培训后勤管理

1. 住宿

在掌握培训学员信息的基础上，学员报道前即需要安排好人员住宿，根据住宿条件和学员需求分配好房间。住宿分配的主要依据是学员性别，同时要考虑学员年龄、所在地区等因素。对住宿有特殊需求的学员单独处理。住宿分配表见表 5-13。

表 5-13　住宿分配表示例

序号	日期	姓名	性别	房间号	备注
1					
2					
3					
...					
合计		人数			
		房间数			

除学员住宿外，还要安排好培训班出席领导、授课教师休息房间。另外，为应对突发情况，要预留出机动房间，灵活应对。

2. 餐饮

根据学员数量、培训场地就餐条件以及培训经费等情况，合理设计学员就餐形式和标准，并提前以书面形式通知餐厅。要注意对餐饮有特殊要求的少数民族学员，特殊需求及时提交餐厅。培训期间要对每日学员就餐情况进行跟踪，了解菜品是否和菜谱一致、就餐人数是否与学员数量基本一致等，并征求学员就餐意见，对出现的问题及时做出相应调整。

3. 车辆

提前梳理培训期间的用车需求，如外出参观考察、现场教学、户外拓展等培训活动，确定每次用车的人员数量、时间、地点等，提前与车队沟通，确定车辆安排表(表 5-14)。另外，要安排至少一辆小型专用车辆随时待用，满足培训期间突发状况时的用车需求，如接送学员就医、接送授课教师等。

表 5-14　车辆安排表示例

序号	时间	车型	数量	地点	价格	联系人及电话	备注
1							
2							
3							
...							
合计							

二、培训执行管理

从培训报到日开始，即进入培训项目执行阶段。该阶段的管理主要是培训过程中的秩序维护和突发事件处理。

(一)培训实施准备

为保障培训的顺利实施，对前期的准备工作进行进一步确认，并对各项细化工作逐一落实。包括培训第一天的接待工作，授课教师的需求确认，学员名单、日程安排、培训课件等相关资料的准备等。务必要根据授课教师的要求准备相应的设施设备(计算机、投影、音响设备、白板等)，并进行调试，确保能够正常使用。

(二)培训报到管理

学员报到时需要完成缴纳费用、办理住宿、领取资料等多项流程，而且学员到达时间不可控，在学员批量到达时必须做好报到现场的秩序管理工作。这就要求每个流程安排专人负责，一般按照学员签到、缴费、安排住宿、发放资料的顺序进行。报到地点需按培训通知上写的地点设置，并设置明显标识。

负责签到的人员须提前制作学员签到表(表 5-15)，报到时请学员仔细核对相关个人信息；负责收费的人员则要制作收费单，详细列出收费项目及金额，明确告知学员，并制作发票登记表，让学员确认开发票的相关信息；资料发放人员将提前准备好的培训指南和资料袋发放给学员，并告知上课及用餐时间、地点，可适时向学员介绍培训地点周边交通、医疗、购物等环境；为方便培训实施和学员管理，班主任可建立微信群，在报到当天将微信群二维码展示给学员，方便学员入群。

表 5-15 学员签到表示例

序号	姓名	性别	单位	职务/职称	签到
1					
2					
3					
4					
5					
...					

(三)培训实施管理

1. 开班仪式

开班仪式是每个培训班正式开始的标志性事件,做好开班仪式管理是培训实施管理的第一步。开班仪式一般由培训班举办方和承办方双方领导出席并作代表性发言,主要内容是强调学习作风、宣讲纪律、致欢迎词。为保证开班仪式顺利举行,要提前拟订仪式议程、准备出席人员讲话稿、制定突发状况应急预案等。仪式当天要注意维护现场秩序,做好学员进出场管理。开班仪式议程、主持人讲话稿、领导讲话稿、班主任讲话稿示例见表 5-16 至表 5-19。

表 5-16 开班仪式议程示例

××专题培训班开班仪式议程

8:10—8:25 全体合影

一、典礼时间:××××年××月××日上午 8:30—9:00

二、典礼地点:培训大楼第一会议室

三、出席领导:

四、典礼议程:

主持:培训班主持人××

第一项:奏国歌(全体起立)8:30—8:32

第二项:介绍出席开班仪式的领导与嘉宾 8:33—8:38

第三项:承办方领导致辞 8:40—8:45

第四项:学员代表做表态发言 8:45—8:50

第五项:主办方领导讲话 8:51—8:57

第六项:班主任××做纪律要求 8:58—9:00

典礼结束

表 5-17　开班仪式主持人讲话稿示例

尊敬的各位领导、各位学员：

　　大家上午好！我是本期培训班主持人××。

　　在××，我们迎来了××培训班的全体学员。在此，我们举办一个简短的开班典礼，热烈欢迎各位领导、各位学员的到来！

　　现在我宣布：××培训班开班典礼正式开始！

　　首先进行典礼第一项：奏国歌（请全体起立面向国旗），请坐下。

　　典礼第二项：请允许我向大家介绍今天来参加开班典礼的各位领导……

　　典礼第三项：下面请××同志致欢迎词

　　感谢××的致辞，同时感谢领导们对本期培训班各项具体工作的关心与支持。

　　典礼第四项：请学员代表××同志做表态发言

　　典礼第五项：请××同志讲话

　　感谢××对培训班学员们提出的明确要求和殷切希望。

　　再次感谢双方领导对本期培训班寄予的厚望。

　　典礼第六项：请班主任××做纪律要求

　　我相信各位学员一定能够全身心投入学习中，学有所获。

　　最后，我也预祝本期培训班取得圆满成功！谢谢大家！

　　开班仪式到此结束，请大家稍作休息，5分钟后回到教室开始上课。

表 5-18　开班仪式领导讲话稿示例

尊敬的××、各位学员：

　　大家好！

　　首先请允许我代表承办单位对来自全国各地学员的到来，表示热烈的欢迎！

　　××为办好这次培训班做了充分的准备，希望同志们珍惜这次难得的学习机会，全身心地投入学习中，使自己的理论素养和思维水平有一个较大的提高，为经济和社会建设做好准备。

　　下面，我讲四个方面的内容。

　　一、介绍承办单位

　　二、培训班的意义

　　我们举办这次培训班的意义，主要有四方面意义：第一，加强理论知识；第二，启迪思维智慧；第三，更新知识提升能力；第四，加强交流合作。

　　三、建议和要求

　　在此，我也要向学员们说明，尽管我们为培训班做了精心的准备，但由于学校教学资源有限，生活和教学设施还有不尽人意之处，请大家原谅，也希望大家对我们的工作提出意见和建议，我们会不断加以改进。

　　祝大家学习愉快、工作顺利、生活美满！预祝培训班圆满成功！谢谢大家！

表 5-19　开班仪式班主任讲话稿示例

尊敬的各位领导、各位学员：

　　大家上午好！

　　今天，本期培训班如期开班了。我是××，非常荣幸能担任本期培训班的班主任。首先，我对大家放下手头繁忙的工作任务，来到这里参加为期××天的培训学习，表示由衷的感谢和热烈的欢迎。本期培训班在双方领导的支持下顺利开班，刚才领导们已经做了全面细致的介绍与纪律要求，我在这里不再重复，简单给大家提三个小希望：

　　一、希望身心与思想到位。本期培训班项目组给大家设置了细致全面的课程，授课精彩，名家云集，希望能给大家的工作带来启发和思考，达到开阔胸襟、开拓视野的目的。

　　二、希望纪律与面貌并存。请大家在上课期间配合我们，尊重上课期间的纪律要求，不要随意走动，请将手机调成静音状态，如遇特殊情况请到教室外接听电话，保持良好的学习作风和精神面貌。

　　三、希望共同成长。请大家配合项目组工作人员在手机上做好培训的教学质量及服务质量测评问卷，留下你们的宝贵意见，使我们的接待和办班水平能够更上一层楼，更好地服务于社会。

　　最后，祝大家学习愉快，生活愉快，预祝本期培训班取得圆满成功，谢谢大家！

2. 集中培训

　　集中培训包括面授课堂、研讨活动、现场教学等，管理内容一方面是协助授课教师做好授课资料的准备、教学设备和课堂秩序的维护等；另一方面是根据课程安排，做好餐饮、车辆等后勤服务管理。尤其是涉及现场教学环节，务必按流程与现场教学地点做好公函接洽，并安排好教学流程及相应的食、宿、行等问题。现场教学对接公函见表 5-20。

表 5-20　现场教学对接公函示例

关于商请协助开展××现场教学的函

××：

　　我单位将于××××年××月××日—××月××日在××举办××培训班，并于××月××日赴××开展现场教学，人数约为××人。为确保培训班顺利进行，请贵单位协助安排现场教学用车和讲解等相关事宜。

　　特致此函，请予以支持为盼！

　　联系人：××　电话：××

单位名称：××××××××
日期：××××年××月××日

3. 结业仪式

培训班课程全部结束后举办结业仪式，宣告学习结束，总结学习体会，领取学习证明。结业仪式议程示例见表 5-21，也可简化程序或取消此仪式。

表 5-21　结业仪式议程示例

培训班结业仪式议程
一、典礼时间：××××年××月××日下午 17:30—18:00
二、典礼地点：培训大楼第一会议室
三、出席领导：
四、典礼议程：
主持：培训班主持人××
第一项：介绍出席结业仪式的领导与嘉宾 17:30—17:32
第二项：承办方领导致辞 17:33—17:39
第三项：学员代表作学习感言 17:40—17:45
第四项：主办方领导讲话 17:46—17:55
第五项：颁发结业证书 17:56—18:00
典礼结束

结业仪式前须完成结业证书制作、盖章，当天按照结业式议程举行结业各项活动，包括领导发言、学员代表发言、领取结业证书、闭幕等流程。结业仪式主持人（班主任）讲话稿示例见表 5-22，结业证书示例见表 5-23。

表 5-22　结业仪式主持人（班主任）讲话稿示例

尊敬的各位领导、各位学员：
大家下午好！
时光荏苒，岁月如梭！又到了我们说再见的时候了，大家圆满完成了×天的课程学习，今天就要结业了，本期培训班，我们开设了×门专题课程，相信每位学员都获益良多。相信大家不仅收获了知识，同时也收获了我们的友谊，希望各位朋友无论是在今后的工作还是生活中，都能时常忆起这次培训学习之旅，时常忆起我们这些老朋友。
下面，我们举办一个简短的结业典礼
……
（结束语）再美好的旅程也有归途，再幸福的相逢也有别离，天下无不散之筵席，现在，我宣布：结业典礼到此结束，祝愿各位在今后的日子里，家庭美满，事业有成！

表 5-23 结业证书示例

结业证书	
照片(2寸)	张三，男，于 2022 年××月××日—2022 年××月×× 日在××单位参加"××××××综合能力提升培训班"的学习，学习合格，特发此证。 　　　　　　　　　　　　　　　　　　××单位

4. 突发事件处理

在培训实施过程中，有可能产生的突发事件类型如下：

（1）人员冲突。人员冲突包括培训组织管理人员与学员或教师发生的冲突、教师与学员发生的冲突、学员之间发生的冲突等情况，遇到这类突发事件时，培训组织管理部门必须及时处理，避免事态进一步恶化。

（2）设备故障。培训组织管理人员应协助培训教师和学员及时维修故障设备，培训组织管理部门应准备好备用设备，保证培训顺利实施。

（3）安全事故。做好安全检查工作，消除安全隐患。如有事故发生，应及时上报，并在事后总结教训，避免类似事件再次发生。

（4）授课教师迟到。授课前一日提前与授课教师进行沟通确认，提醒授课时间。如有迟到情况发生，可播放各类正能量宣传视频等。

（四）质量评估管理

为了解培训学员对培训质量的满意情况，进一步提高培训质量，确保培训过程的有效性和持续改进，培训方案设计人员根据培训班实际情况制定相应的评估方案，培训管理部门按照评估方案要求实施培训质量评估，发放评估问卷，并统计、分析评估问卷，撰写评估报告。

三、培训后管理

培训结束，学员全部返程后，还需做好培训后期管理工作。

（一）结账报账

培训班结束后及时与培训场所、餐厅、车队等发生费用的相关部门进行账目核算，并将相关发票、单据收集齐全。严格按照单位有关规定，做好培训班发生费用票据的粘贴、领导审批签字、教师课酬报税等，对培训班经费收支及时进行决算。报账表示例见表 5-24。

表 5-24 培训班经费报账表示例

培训班名称(全称)					
培训时间		参训学员人数		工作人员数	
主办单位		承办部门		培训地点	
项目			金额(元)	票据张数	备注
经费来源	专项经费班				
	横向经费班				
	合计				
支出情况	住宿费				
	伙食费				
	场地费				
	讲课费				
	资料费				
	交通费				
	其他费用				
合计					
结余					

负责人： 经办人：

(二)资料整理归档

按照资料整理归档要求，整理培训考核材料、评估问卷、培训档案等资料，并报送相关部门。

1. 整理培训考核材料

培训考核材料包括培训过程中授课教师布置的作业、培训结束时的终结性考试答卷、受训学员的课程学习心得和培训总结等。并将学员的培训考核结果进行汇总、梳理，发给相关单位及负责人审阅，并存入个人档案。

2. 整理培训评估问卷

对于培训评估调查问卷的整理，一定要注意细节，仔细检查每一份问卷，剔除无效问卷，确保数据可靠。调查结果汇总完毕后，需对得到的数据进行分析，形成评估结论。

3. 整理培训档案

培训档案是重要的人事档案，由人事教育部门统一存放，完整的培训档案包括但不限于培训签到表、培训反馈表、考核试卷、培训心得、培训座谈记录表、行动改进计划表、培训评估问卷、培训跟踪与辅导表、培训总结报告等，一般按照培训类别和时间先后顺序归档。

(三)培训总结

召集参与培训组织管理的所有工作人员，结合培训班的评估结果，总结培训班的成功之处，寻找问题存在原因，提出改进意见，并将分析结果形成培训总结报告，根据培训总结及时撰写培训班新闻稿。

培训总结报告包括两方面的内容：一是参训人员对于本次培训的总结报告，收集后纳入参训人员的培训档案；二是培训部门对于本次培训的总结报告，包括培训基本情况、培训成绩、存在的问题及整改措施、对后续培训工作的启示等。培训总结示例见表 5-25。

表 5-25　培训总结示例

××培训总结

(此处填写培训组织单位名称、总结时间)

一、培训概况

(一)基本信息

1. 开展培训的背景和目的

2. 培训时间

3. 参训人员及出勤情况

4. 培训总体评估

(二)课程安排(此处填写课程表内容)

(三)学员名单

(此处罗列学员名单，应能体现应参训人员、已参训人员、未参训人员)

二、培训评估

(一)参训学员评估(此处填写学员成绩及课上表现等)

(二)培训课程评估(此处信息来源于培训效果评估表中的课程评价)

(三)培训组织评估(此处信息来源于培训效果评估表中的培训组织评价)

(四)培训总体评估(此处信息来源于培训效果评估表中的培训总体评价，本次培训的亮点和成果也可写在此处，单独列出)

三、存在的问题及解决措施

(此处填写本次培训中存在的问题、问题原因分析以及解决措施)

四、培训剪影(此处张贴培训照片)

第三节 培训实施教师和学员管理

教师和学员是培训实施过程的主体。教师和学员管理工作包括教学管理、学风管理、师生沟通、安全管理等内容。教学质量的基础是优秀的教风，教风的基础是优良的学风，学风的基础是学员管理工作质量。学风管理的关键，是加强师生沟通，严格纪律制度，在管理的同时提升服务质量。

一、教师管理

(一)教师聘任邀请管理

授课教师为外聘教师时，要做好教师资格审核工作，与教师所在单位做好公函接洽程序，邀请函示例见表 5-26。授课结束后，按国家相关标准发放授课酬金。授课教师在授课期间有不当言行，造成严重不良影响的，应立即终止授课；授课教师在培训教学过程中出现重大教学事故，不能按时、保质保量完成培训教学任务的，将终止培训合作和聘任邀请。

表 5-26 教师邀请函示例

邀 请 函

××单位：

    我单位将于××月××—××日在××举办××培训班。培训对象主要为××。根据培训主题和培训内容，拟聘请贵单位××同志到现场为培训班学员讲授××课程。

    请予以支持为盼！

    联系人：×× 电话：××

单位名称：××××
日期：××××年××月××日

(二)教师教学行为管理

为保证课堂授课秩序，规范培训教师言行，可在授课前与授课教师签订《意识形态安全责任告知书》（表 5-27）。在每次课堂开课之前，由班主任介绍课程教师相关信息。新课程或者是新教师都需要安排随堂听课，并做好听课笔记，其他课程也尽可能安排工作人员随堂听课，一方面可以了解授课情况和学员听课情况；另一方面可以及时处理课堂可能出现的突发情况。

表 5-27 意识形态安全责任告知书示例

××单位意识形态安全责任告知书

活动名称：××培训班

主承办单位（部门）：

活动时间及地点：

讲授（发言）主题：

主讲人姓名及职务职称：

为进一步加强我单位主办或承办的各类培训班、报告会、研讨会、讲座及论坛等活动管理，筑牢意识形态阵地，维护意识形态安全，请您在活动中严格遵守如下规定：

1. 严守政治纪律和政治规矩，不得发表同中央精神相违背的错误言论，不得发表否定中国共产党的领导、中国特色社会主义制度等错误言论，不得传播违反党的理论和路线方针政策、违反中央决定的错误观点，不得散布政治谣言。

2. 遵守国家宗教和民族政策规定，不散布和传播宗教言论，不得开展任何形式的封建迷信和宗教活动；坚决反对民族分裂主义，不得发表破坏民族团结、影响国家稳定的言论。

3. 坚持弘扬社会主义核心价值观，不得发表拜金主义、享乐主义、攀比奢靡之风等与社会主流价值取向不一致的言论或观点。

4. 尊重中华历史传统文化，不歪曲党史、国史、军史，不得抹黑革命先烈英模。

感谢支持！

单位名称：××××

日期：××××年××月××日

（三）教师劳务经费管理

师资费是指聘请师资授课发生的费用，包括授课教师讲课费、住宿费、伙食费、城市间交通费等。住宿费、伙食费、城市间交通费根据实际发生支付，师资讲课费按实际发生的学时计算，每半天最多按 4 学时计算，同时为多班次一并授课的，不重复计算讲课费。

根据经费来源不同，讲课费执行标准不同。根据《中央和国家机关培训费管理办法》有关规定，中央和国家机关及其所属机构使用财政资金在境内举办的三个月以内的各类培训班，讲课费（税后）执行以下标准：副高级技术职称专业人员每学时最高不超过 500 元，正高级技术职称专业人员每学时最高不超过 1000 元，院士、全国知名专家每学时一般不超过 1500 元，其他人员讲课费参照上述标准执行。不在规定范围内的其他培训班，师资讲课费参照该办法执行，相对较为灵活，根据市场情况和培训费预算综合考虑进行支付。教师酬金表见表 5-28。

表 5-28 教师酬金表示例

培训班名称:

讲课教师	职务/职称	课程名称	授课日期、时间
身份证号码		联系电话	
银行卡开户行及账号			

课酬(应发)	交通补助	实发金额		税金	领款人签字
		¥	大写:		

负责人: 经办人:

(四)教师教学过程管理

教师管理最主要的是教学管理。教学管理的核心任务是保障教学过程顺利实施,这就要求在培训过程中及时检查了解各培训课程的教学情况、教学环节的落实情况,督促授课教师严格执行教学工作的管理制度,确保严格按照培训方案落实教学过程。一旦发现安排不合理的教学任务必须及时予以调整,确保课堂组织方式的高效有序、培训考核办法的恰当合理。

二、学员管理

(一)学员管理组织架构

学员管理是培训班管理中的重点工作,这个环节主要靠三层组织来实现。第一层是班主任层面,培训期间班主任每天都直接面对所有学员,能够解决一线学习过程中的大部分问题;第二层是培训实施部门,负责培训项目营销、参与培训项目开发和培训项目的实施;第三层是培训机构管理部门层面,负责班级非现场学习类的管理工作。

1. 班主任职责范围

管理部门同时负责多个培训班的统筹管理工作,通过对班主任的管理调配来实现对班级的管理。一是以学员课堂考勤和集体活动为重点,抓好班风,培养纪律性、组织性;二是以教学日常沟通、日常学习效果评估和反馈为核心,培育优良学风;三是按照"因材施管"的工作方法,对不同特点的学员采取不同措施,激励、鼓励、赞扬和约束学员,直至改善或提高其精神面貌。

2. 培训实施部门职责范围

培训实施部门是直接参与学员培训全过程的组织方和管理方，涉及学员管理的主要职责如下：一是实施培训项目，按照培训方案、规范化操作流程及标准，制定实施方案，学员招生和项目的实施；二是建设学员库，按学员数据库建设要求建设和维护学员库；三是培训项目营销，制作培训项目手册、培训项目的包装，制作培训项目宣传品，开展培训宣传。

3. 培训管理部门职责范围

培训管理部门从统筹整个行业或部门培训事业发展的角度，参与培训学员管理：一是以学员纪律建设为基础，培育优良党风、校风；二是以教学沟通和学习效果评估为中心，培育优良学风；三是支持班主任开展学员管理与服务工作。

(二)学员安全管理

1. 安全管理原则

安全管理指涉及维护或保护学员在教学期间人身、财产和精神安全的工作。学员安全责任人分别由培训主办单位负责人、培训机构负责人、培训部门责任人和班主任分级负责。学生安全实行预防为主、积极防范、制度规避的原则管理。

2. 突发事件预防与处理

突发事件指学员发生急性疾病、社会冲突、感情剧变或压力过大所致精神失控、斗殴、违法等事先不可预见、难以预见的事件。突发事件分别由班主任、培训部门责任人、培训机构管理部门负责人和领导小组领导分级负责。突发事件实行预防为主、积极防范、制度规避的原则管理。

(三)学员出勤管理

一般来说，学员出勤应做到以下几点：一是受训学员在培训期间，应按时到指定培训地点参加培训，不得迟到和早退。二是受训学员在培训开始前与培训结束后均应按规定在签到表上签字。如因故未签到，须在当天向培训相关负责人说明原因，并在培训部门备案，否则按旷课处理。三是受训学员须亲自签到，任何人不得代替他人签到或由他人代替签到。四是培训部门将不定期对培训签到进行抽查，检查受训学员的迟到、早退及请假情况，如发现弄虚作假者，均以旷课处理。五是培训结束后培训部门须统计受训学员的出勤情况，将培训签到情况如实反馈主办方，并将考勤结果作为受训学员年度绩效考核、岗位晋升的重要参考依据。

培训过程中可能会出现一些意外情况，如意见领袖型学员不配合培训教师，甚至质疑培训的必要性以及培训内容的价值，又如大量学员中途离场等。这些异常现象都需要培训教师第一时间关注到，并及时处理，以免影响培训项目的顺利进行，也可在训前通过向学员发布学员承诺书的方式预防这些意外情况。学员承诺书示例见表5-29。

表 5-29　学员承诺书示例

学员承诺书

为了营造良好的学习环境，保证培训效果，展现学员良好的精神风貌和礼仪风范，培养自觉自律的专业精神，培训班学员郑重承诺：

一、自觉遵守作息时间

1. 培训期间不迟到、不早退。每天8:30培训开始，课前提前10分钟进入教室记录考勤。

2. 旷课一次将给予退训处分。

二、自觉维护课堂秩序

1. 上课时禁止随意走动、互相交谈。

2. 自觉关闭手机，禁止接听电话。

3. 教室内严禁吸烟。

4. 注意保持环境卫生，爱护公物。

三、全身心投入培训

1. 认真听讲，做好笔记。

2. 尊敬老师。

3. 积极参加研讨和培训班活动。

四、体现良好的精神面貌

1. 上课时按培训要求着装。

2. 遵守培训要求。

3. 使用文明用语。

五、遵守考场纪律

1. 认真答卷，按时交卷。

2. 如果发现考试作弊，成绩记零，不予补考，情节严重者予以退训。

3. 成绩不合格者，不予资格认证。如有事需要帮助，请与培训班班主任联系。

××××单位
××××年××月××日

（四）学员课堂管理

培训教学是一个授课教师与参训学员以及参训学员之间相互沟通的过程。课堂讲授形式的培训虽然由授课教师主导，但受训学员也是主角，受训学员能否积极地配合和响应培训授课教师，营造互动的课堂氛围，会直接影响到培训效果。因此，培训部门必须对参训学员的行为做出约束，制定出明确的课堂纪律。课堂纪律既可以保证授课教师的讲课效率，也可以提高受训学员的学习效率。受训学员遵守课堂纪律，积极主动地配合授课教师，既是对教师的尊重，也是受训学员整体素质的体现。培训现场纪律管理制度见表 5-30 所列。

表 5-30　培训现场纪律管理制度示例

第 1 条	培训现场内禁止一切不文明行为，受训学员需文明着装，培训期间不得喧哗
第 2 条	课堂内所有人员应按要求关闭通信工具，如确因工作需要不能关闭通信工具的，应将通信工具调至振动状态，并到培训课堂外接听电话，以避免影响培训教学秩序
第 3 条	受训学员在培训期间应认真听讲、做好笔记，不得交头接耳扰乱培训秩序
第 4 条	受训学员须保持培训课堂内的环境卫生，严禁随地吐痰、乱扔纸屑及其他杂物
第 5 条	受训学员须提前 10 分钟进入培训教室，做到不迟到、不早退、不在课堂上随意走动，如确因工作需要离开培训课堂，应向班主任讲明原因
第 6 条	受训学员在培训期间原则上不允许请假，如确因事不能参加培训，须向培训部门递交请假申请，审批通过后方可请假

第六章

培训评估管理

干部教育培训评估是调动干部学习积极性、提高培训教师教学质量和培训机构办学质量的重要监督手段，对于提升培训效率、保障培训质量、促进培训效果转化具有重要意义。随着培训规模的增长和培训方式的多样化发展，受新公共管理运动以及政府绩效理念等影响，干部教育培训评估正受到越来越多的关注。

第一节 培训评估概述

一、基本要求

从干部教育培训工作整体看来，培训评估是实现教育培训活动闭环管理的重要一环，在培训体系中发挥重要作用。如果没有培训评估这一环节，就无法找出培训中存在的不足或失误，也就不能及时在后续的培训工作中调整、修正和完善培训计划、培训方案及培训内容。可以说，培训评估作用于培训项目的开发、设计、实施的全过程，如图6-1所示。

完善培训评估制度，构建科学合理的评估体系，规范开展干部教育培

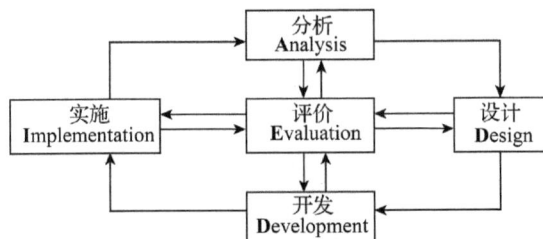

图6-1 ADDIE 通用培训模型

训评估，已经成为实现高质量干部教育培训的重要保障。《2010—2020年干部教育培训改革纲要》提出："建立干部教育培训质量评估机制。干部教育培训主管部门要会同同级党校、行政学院和干部学院等，研究制定教学质量评估办法和指标体系，定期开展评估工作，将评估结果作为培训机构承担培训任务、深化教学改革的重要依据。干部教育培训机构要组织学员对培训项目、课程设置、师资水平、教学管理等进行评价，根据评价情况不断改进工作，提高教学水平。到2012年，在全国普遍推行教学质量评估制度。"《2018—2022年全国干部教育培训规划》明确要求，要健全培训制度体系，要"建立健全干部教育培训质量评估制度。坚持定量与定性相结合，完善质量评估指标体系，全面推进干部教育培训机构办学质量、项目质量、课程质量评估……完善项目质量评估制度，健全由项目委托单位、参训学员、培训机构等共同参与的评估机制。完善课程质量评估制度，健全由学员、教师（或者专家）、跟班管理人员、教学管理部门等多方参与的评估机制"。

干部教育培训评估应依据组织需求和个人需求，利用科学的理论和方法，在培训过程中广泛收集信息和数据，以确定培训的价值和质量。信息的来源及处理、不同方法的选择及应用、程序的执行和控制等，都会对培训效果评估的信度和效度产生直接的影响。因此，对干部教育培训评估体系的科学化和规范化管理显得尤为重要。

二、发展概况

（一）国外干部培训评估概况

国外公务员培训研究起步较早，经过长期的发展，已经形成一套比较完备的评估体系。许多国家通过制定法律以及配套的法规和政策，对培训的各个方面作出具体规定，有了法律依托，再进行评估时就有了明确的工作目标和操作标准。

1. 美国

1958年，美国政府颁布了《政府职员培训法》，规定政府雇员应当接受培训，法律的颁布为联邦政府各部门及培训机构对公务员进行培训提供了有力的法律依据。随后，该法令被编入《美国法典》第五部第四十一章，对公务员培训的规定更趋细致。此后美国国会制定了《联邦法规》，对培训所涉及的相关内容作出规定，如培训的规划与执行、培训的经费、非政府组织的赠予、奖励、支付、培训评估等。美国的公务员培训评估主要从反应层、学习层、行为层、结果层四个层面来检测培训效果。公务员培训机构往往会与政府相关部门一起研究有关情况后再确定一种或多种评估工具和方法。

2. 法国

法国也高度重视公务员培训评估，并建立较为完备的法律制度，给予培训评估工作以法律保障。《公务员总章程》和《公职人员地位法》构成了法国培训制度的法律基石。1971 年，法国颁布《继续教育法》，对公务员的培训评估等各项工作做了专门规定。在此后的近三十年中，政府又颁布了一系列关于公务员培训的专门法规，更为详尽地规定了文职官员接受培训的权利、义务、原则以及对效果的评估。通过完备的法律制度，法国把公务员的培训纳入法制化、规范化的轨道。

法国政府十分重视对公务员培训需求的调查研究，通过对公务员培训需求进行汇总分析，制定第二年培训计划，以此作为培训评估基础。同时非常注重评估的过程性，要在培训前、培训中、培训结束后当即评估，并在培训结束 6 个月后进行长期追踪评估。此外，培训评估结果以培训绩效为重点，考评的结果如实记入培训的档案，作为公务员职务晋升、工资和职位调整的重要依据。

3. 英国

英国的公务员培训，不管是内设部门组织的培训，还是社会培训机构组织的培训，都非常重视培训效果评估。评估主要从以下几个方面开展：一是注意学员对培训的反应；二是检查学员对培训内容是否掌握；三是学员是否真正掌握了课程内容并运用到工作中；四是培训是否有助于工作业绩的提高。在评估过程中，将公务员需要具备的核心能力作为评估标尺，对公务员个人能力评估定位。

4. 加拿大

加拿大联邦政府的公务员培训方案从培训过程本身和培训成果两部分进行评估，过程评估分别在培训开始前和结束后进行评估，培训成果评估则要考察培训成果转化的最终效果，见表6-1所列。

(二)国内干部培训评估概况

随着我国干部培训工作的长足发展，各级党组织和各级部门单位都逐渐重视培训工作，《中华人民共和国公务员法》用法律制度的形式将干部培训固定下来，为干部培训提供了法律依据和制度保证。此后，与干部培训工作配套的干部培训评估也逐渐受到党和政府的重视，并进行了一系列的探索。

表 6-1　加拿大公务员培训评估框架

评估项目		评估程序	评估内容
过程评估	培训前评估	培训计划开始前一周	1. 与培训相关的学员的当前素质自我评估； 2. 当前技能差距评估
过程评估	培训后评估	培训课程结束后，对全部受训者进行调查	1. 背景、技能、知识/经验评估； 2. 培训工具与技术评估； 3. 所涉及议题评估； 4. 导师能力评估； 5. 运用意图评估； 6. 培训整体评估
成果评估	培训成果转化评估	培训计划实施完成后的 3~6 个月，可以直接向参与者的上司或部属进行调查。一般对培训前后工作情况做对比调查是比较好的评估方法	1. 技能/知识运用评估； 2. 参与者/主管/同行对课程所带来的个人绩效提升情况的评估
成果评估	投资回报评估	选择达到一定比例的学员进行调查	1. 确定可计算的度量单位； 2. 确定度量单位所涉及的经济收益评估； 3. 培训带来的年总经济收益评估

　　2005 年颁布的《中华人民共和国公务员法》以及 1993 年颁布的《国家公务员暂行条例》明确了干部培训评估的重要性。2008 年颁布的《公务员培训规定(试行)》和 1996 年颁布的《国家公务员培训暂行规定》指出，组织人事部门对承办公务员培训的办学单位进行评估；承接公务员培训的主办单位对其所举办的培训班进行评估；以所得结果作为依据来提升培训效果、增强培训实效。既对评估的主体和内容作出了规定，也指出了评估的价值。

　　2003 年发布的《关于进一步加强国家公务员培训质量评估工作的意见》明确规定了培训评估的原则目的、方法内容、主体对象、结果反馈等。2015 年颁布的《干部教育培训工作条例》规定，加强评估制度建设，增强对承接培训的办学单位以及培训课程等的评估，加强对干部评估情况的运用，与本单位的职级晋升、任命任用等结合起来。

　　由此可以看出，我国当前的干部培训评估工作取得了一定成效。首先，初步建立了干部培训评估的法律法规框架，随着时间的推移，关于干部培训评估的法律法规体系不断地完善，虽然还未形成专门的政策法规制度，但对于评估的规定越来越细致和深入。其次，确立了干部培训评估的原则和目的，也就是把提高干部的综合素质和业务能力作为第一要务，以评促改，使评估工作更加规范科学有效。最后，明确了干部培训评估的主体、对象和内容，给出了工作的具体开展实施的依据。

但是在具体实践中，干部培训评估的开展程度不同，通过对党校和其他干部学院的了解，发现普遍存在着以办好培训为主而忽视评估的现象，以及只注重结果的评估而忽视培训前和中这两个阶段的现象。一方面，现行法规、条例对培训评估的规定比较笼统，缺乏具体配套制度和操作指导，导致实际评估工作开展时自由量裁空间较大，不同评估者在执行时存在较大差异；另一方面，尽管评估看似覆盖培训全过程，但是没有强调对学员行为层和结果层的评估，在实际实施过程中评估重心在学员反应层和学习层，仍处于较低层次。

三、工作定位

进行培训评估的最终目标是改进今后的培训工作，从培训评估目标的确定到评估结果的反馈，培训评估工作形成完整的循环系统，通过一次次的评价反思，不断将培训质量螺旋式向前推进。通过每次评估结果的运用，不断对培训项目进行改进和完善，从而促进我国干部教育培训事业的蓬勃发展，这也正是培训评估工作的意义所在。科学的评估对培训过程中所有相关利益方都是有利的。

(一)从培训委托方角度

干部教育培训结束之后，作为参训干部主管部门的委托方可以通过科学评估反馈的系统信息，来衡量参训学员参加培训后知识、技能提升的程度，了解培训机构在提供培训服务及管理过程中的质量和水平。培训评估反映出来的学员在参训后知识水平和业务技能的提高、工作绩效的改进、单位效能的提升等，有利于培训委托方提高对学员培训的认可度和重视程度。培训评估如能进一步阐明培训活动对组织产生的直接或间接的作用与影响，则能进一步体现干部教育培训是党政机关教育的有益投资，更有效地提升培训委托方继续开展干部培训的积极性和主动性。

(二)从参训学员角度

培训评估中最直接、最重要的信息来源就是参训学员。一方面，参训学员作为直接参与者，能在评估过程中如实地反映自己参加培训的感受、体验、收获以及建议，为培训评估提供较为准确客观的一手评价，同时还能最大限度地体现学员的意愿和价值，为后续培训项目的改进提供依据；另一方面，培训过程中有些评估活动需要考量学员的出勤情况、参与度、学习成果等方面，这些过程性评估既对表现突出的学员予以鼓励，又对表现不理想的学员形成鞭策。学员在参与评估的过程中能够清楚了解自己与既定目标的差距，以及与其他学员在水平上的差距，从而有效激发学员参与培训的积极性和参与度，达到更好的学习成果。

（三）从培训机构角度

作为培训项目的组织策划者和实际执行者，培训机构可以从评估结果中及时发现培训过程中存在的问题，及时纠正偏差，不断完善培训实施的各个环节，改进培训方案和培训技巧，优化培训环境，借此提升整体培训能力，形成良性循环，更好适应委托方和学员的需求。借助评估结果的导向性、规范化指引作用，向上级主管部门和培训委托方展示培训工作绩效，以便获得更多支持。同时还可借助外部评估机制建立并完善组织内部培训质量监测制度。

（四）从培训项目角度

通过科学的培训评估，培训组织者和管理者可以获得大量直观的信息，这些信息为培训项目的改进提供了参照和依据，这也是培训评估最直接、最普遍的意义。评估能从多个方面提供信息，培训需求分析是否准确、培训内容是否能满足学员需求、培训方案的组织实施是否存在问题、培训教师的选择是否恰当、培训目标是否实现、培训管理过程中有无需要改善的问题等。培训机构可以通过分析评估结果查找培训过程中的短板，综合学员的反馈意见提出项目改进方案。培训委托方通过系统分析评估信息，进一步了解学员需求，为后续培训项目的开展提供新的思路。

（五）从培训教师角度

培训评估结果可以比较客观地反映培训教师的工作成效。培训评估效果反映了培训教师的教学水平和工作态度，通过收集学员的反馈意见，培训教师可以了解自己及所教授课程被学员认可的程度，在此基础上促进培训教师的自我检查与反思，调整教学方式方法，改进完善培训技巧，提高自己的培训教学水平。

无论是参训者还是培训者，尽管培训评估可能会给双方带来一些压力，但是评估结果也会激励双方为了既定目标不断努力，把这种压力转化为内在动力，进而保障培训效果。建立科学严谨、切实可行的培训评估体系，通过评估结果对培训过程中可能存在的问题进行诊断，并为后续培训项目和培训工作的改进提供依据，这样才能不断提高培训专业化水平。

第二节　培训评估模型

作为整个教育培训过程中操作难度最大的一环，由于国情差异、文化差异、行业差异、培训目标和要求的差异、受训客体的差异等方方面面因素的影响，我们很难建立一套适用于所有培训项目的评估体系。本节内容将介绍当前世界范围内广泛运用的、影响力较大的经典评估模型，旨在从中寻求借鉴和思路，为后续建立符合我国干部教育培训现状的评估体系提供帮助。

梳理关于培训评估的现有文献可以发现，目前广泛运用的培训效果评估模型大致可以分为两类，一类是以柯氏四级评估模型为代表的层级评估模型，在此基础上，不同学者进行更新发展，形成了如汉姆布林评估模型、菲利普斯五层次评估模型、考夫曼五层次评估模型等层级评估模型；另一类是基于培训过程的效果评估模型，如 CIPP 评估模型、CIRO 评估模型等。

一、柯氏四级评估模型

按照柯氏四级评估模型，培训效果评估具体从四个层面开展。每个评估层面都非常重要，并对下一层面产生一定影响。

(一)反应层面

反应层面的评估是衡量参与培训项目的受训者对培训所做出的反应，包括对授课教师、教学方法、教学内容、环境设施、教学组织、学习资料等多方面的评价，主要是了解培训学员的主观感受，并根据学员的反馈意见对培训的教学内容、方式方法、培训安排和教学保障等方面做出相应调整，以便更好地满足学员需求。

反应层面的评估通常在课程结束时以问卷调查的形式进行。在这一层面，主要是评估学员对培训项目或课程的接受和喜爱程度，如果学员对培训项目能保持积极的态度，那么在后续的培训中他们更有可能去接受所学习的知识或技能，并将其运用到培训结束后的工作中。尽管这一层面并未涉及培训的成果，但是学员的积极反馈对于评估者总结反思培训项目，以及促进学员对所学内容进行总结，都是十分重要的。

(二)学习层面

学习层面的评估主要是衡量受训者对知识、技能和态度等培训内容的掌握程度，即通过培训，学员有学到新东西吗？是否掌握或者提升了技能？有无态度方面的变化？这一阶段的评估要求比较学员参加培训前后知识技能的测试结果，以了解学员是否通过学习掌握了相应的知识技能。

一般而言，学习层面的评估可以通过课堂表现或者笔试测试来进行。有条件的话，在非常重要的培训项目上，可以设置实验组和对照组，以学员是否参加培训进行划分，也可以按照不同原则将学员分组，然后分别培训，比较学习效果。

(三)行为层面

行为层面的评估主要是考察受训人员在回到工作岗位后，将所学知识、技能应用到工作当中的表现和工作态度的改变。学员只有将学到的东西应用到工作中，才真正达到了培训的目的，才能为后续新的培训奠定基础。

这一层面的评估难度较大，因为学员的改变不是即刻发生的，行为的改变需要较长一段时间才能体现出来，一般认为培训后 3~6 个月进行评估是比较现实的。而在这个过程中，学员的行为改变可能会受到其他因素的影响从而出现反复，因此还要根据实际情况对受训学员进行多次评估。同时还应注意，对学员行为层面的评估，除了当事人自己的评价外，还应通过学员的上级领导、同级同事和下属等进行多角度反馈，才能对受训学员行为改变作出恰当的评估。

在行为评估过程中，单纯的问卷调查往往不能满足评估需求，还需要与相关人员进行面谈，因此行为层面的评估在实际评估过程中周期较长、难度较大，进行这一层面的评估时需要仔细选择调查人群，设计评估问卷，并综合考虑评估的支出和收益。

(四)结果层面

结果层面的评估是四级评估模型中最重要的一环，也是培训目的的最终体现。对培训结果的评估必须上升到组织的高度，判断培训是否对组织具有具体而直接的贡献，可以通过组织的绩效、组织的成本、工作满意度、员工满意度和离职率等指标进行观察。但是在实际评估中，学员受训是否是业绩上涨的直接因素？外部政策变化、市场需求、人工成本、物料成本等都可能影响组织绩效，因此这一评估环节难度也是最大的。

二、汉姆布林评估模型

汉姆布林(Hamblin)认为，评估模型应该增加两个方面的评估：一是对行为产生的结果进行成本效益分析；二是要评估培训结果对组织/企业战略目标的影响。汉姆布林评估模型与柯氏四级评估模型基本相似，他将培训评估划分为以下五个层级。

(一)反应评估

反应评估主要了解学员对培训相关要素的看法，包括培训内容、培训形式、教学设施、培训教师及其教学方式等，这个阶段的评估可以在培训过程中或者培训结束后的一段时间内进行。

(二)学习效果评估

学习效果评估要在培训前和培训后进行测试，主要了解学员对培训内容的掌握程度，包括知识、技能和态度的进步。

(三)工作行为评估

工作行为评估确认由培训项目导致的学员在工作中行为表现的变化，通常在培训项目之前和之后进行。

(四)执行评估

执行评估用来量化培训项目给学员所在的部门、组织带来的影响，多数情况下采用成本-收益分析法评估。

(五)组织目标评估

组织目标评估可以判定培训项目对组织盈利能力和对抗危机能力影响的大小。

三、菲利普斯五层次评估模型

杰克·J.菲利普斯(Jack J. Phillips)认为，尽管柯氏四级评估模型第四级评估标准包括产量、质量、成本、时间和客户满意度等，可能产生了可以衡量的业务影响，但是有可能出现培训项目本身成本很大，甚至高于收益的情况，因此需要再增加一级评估，其重点是将培训所带来的货币利润与成本进行比较，只有这样整个评估过程才算完整。因此，他在柯氏四级评估模型的基础上增加了第五层"财务评估层(ROI)"，其核心思想是注重评估培训的价值收益，该模型主要分为以下五个层次。

(一)反应和既定的活动评估

反应和既定的活动评估主要评估培训项目计划的实施情况和学员满意

度，可以通过问卷调查或访谈法获得学员对培训内容、培训方式、课程实施等各方面的意见，以便培训方及时改进培训，同时衡量学员的满意程度。

(二)学习评估

学习评估是在培训开始前和结束后对学员进行测试，检验学员对培训内容的掌握程度，可以通过笔试、技能实践、小组评估、情境模拟等多种评估工具对学员知识、技能和态度的提升进行评估。

(三)工作应用评估

在评估应用和实施效果的过程中，用各种后续跟踪手段来确定学员是否将学到的东西应用到工作实践中。可以通过受训学员在后续工作中是否出现"新的行为模式"以及出现的频率进行考察，或通过实地考察受训者行为，了解他们在多大程度上将培训学到的知识和技能应用到工作中。

(四)业务结果评估

业务结果评估主要评估学员从培训中学习的知识、技能等是否对业务结果真正产生了影响。衡量标准包括产量、质量、成本、时间和客户满意度等。

(五)投资回报率评估

投资回报率评估是将培训带来的收益用货币价值体现出来，并将收益与培训项目所产生的成本相比较。一般可以用下列公式进行计算：

$$T_E = (E_2 - E_1) \times T_S \times T - C$$

式中：T_E 为培训效益；E_1 为培训前每个受训者一年产生的收益；E_2 为培训后每个受训者一年产生的收益；T_S 为培训人数；T 为培训效益可持续的年限；C 为培训成本。

只有进行了第五层评估，评估的周期才算完成。

四、考夫曼五层次评估模型

考夫曼(Kaufman)认为，柯氏四级评估模型忽略了对于培训项目背景分析，即没有对培训项目实现目标所需的资源基础和条件进行分析，而且培训效果分析时也忽略了对周边环境的影响，评估培训产生的社会效益不仅仅是培训组织获得的结果，对客户、供应商甚至竞争对手都会有影响，因此他将四层次扩展为五层次。

(一)培训资源可行性和反应内容评估

培训资源可行性评估分析受训组织的人力、财力、物力资源等，能否保证培训活动的完成；反应评估包括培训的方法、手段和程序的接受情况和效用情况。

(二)掌握评估

掌握评估主要考察受训学员对所培训内容的掌握情况。

(三)应用评估

应用评估是评估受训学员个体和群体在培训后工作中的表现，以及培训中所学内容的运用情况。

(四)组织效益评估

组织效益评估是评估由培训所带来的行为变化产生的组织结果，以及培训对于组织的贡献和回报情况。

(五)社会效益评估

社会效益评估是评估培训项目对组织外部主体的影响，如受训组织为企业，应评估对顾客、供应商等主体的受益情况。

五、CIPP 评估模型

美国著名教育评价专家斯塔弗尔比姆（Daniel Stufflebeam）认为，教育活动中所需的评价应该是广义的，不应仅仅局限于确定目标是否达成，新的评价定义应该有助于方案的管理和改进。20 世纪 60 年代，在当时的美国教育改革运动中，他在批判泰勒的目标评价评估模型的基础上提出 CIPP 评估模型，又称决策导向型评估模型。该模型从最初的教育评估领域逐渐扩展到其他领域，它包括四个评估内容：背景评估（context evaluation）、输入评估（input evaluation）、过程评估（process evaluation）、结果评估（product evaluation）。

(一)背景评估

背景评估是通过对培训的背景情况进行描述，发现学员的培训需求，对包括政策背景、需求背景等在内的特殊问题进行分析诊断，明确需求的资源和时机等，在此基础上明确培训的目标，为制定计划提出可供参考的决策依据。也就是说，面对不同类别的受训学员，培训者应根据他们不同的培训需求制定与之相匹配的培训目标。总而言之，背景评估主要是勘察与培训相关的外部环境，调研参训学员或派出单位的培训需求，根据需求和机会确定培训所要达到的目的等。

(二)输入评估

在背景评估的基础上，基本确定培训规划以后，需要对保障培训项目实施的各项措施和条件进行分析，对各项备选方案的优缺点进行分析，从而选择能够达到培训目的最佳方案，实质上是对方案的可行性和效用性进行判断，这就是输入评估。输入评估需要收集培训所需的相关信息，衡量为达到培训目标可能需要的各种资源和条件，并确定是否需要外部资源的协助配合，制定实施方案，比较现有方案和备选方案等，进而为项目的实施确定一个最佳方案，这个方案可能是几个方案中最好的一个，也可能是多个方案各自优势部分的结合面。

（三）过程评估

在方案的整个实施过程中，需要进行连续不间断的监督和反馈，任何一个培训项目方案都不能预测到实施过程中出现的所有问题，因此就需要进行过程评估，及时发现潜在问题，并反馈给方案制定者、执行人员和管理人员，对问题进行修正调整，保障培训项目的顺利展开。过程评估的主要内容包括观察方案实施进度、监测是否按照计划实施、发现实施过程中的问题并及时修正、随时调整项目决策以保证培训目标的实现等。

（四）结果评估

结果评估是在方案实施完成后，对方案的实施结果进行收集、判断、解释的过程，实施结果与前面三个阶段的评估和既定目标相联系，得出方案的不足之处和改进方向。结果评估主要内容包括根据既定计划确定方案完成情况，受训学员的受益程度如何，比较培训结果与既定目标的差异，各培训主体对培训项目的评价等。通过衡量培训结果，可以为下一次制定培训计划提供参考依据。

CIPP 评估模型的主要观点认为，评估最重要的并不是为了证明培训的效果，而是在培训过程中发现问题，为培训项目的不断改进提供依据。CIPP 评估模型把评估贯穿培训的整个过程中，首先，在背景评估中对目标进行诊断性评价，来监督目标的合理性；其次，在输入评估中对各个方案进行甄别，加以评判；再次，在过程评估中对方案的实施加以指导，不断调整完善，属于形成性评价；最后，在成果评估中对目标的达成度进行判断。这样就将整个培训活动置于培训评估的监督体系之下，针对培训活动的不同阶段，需要评估发挥不同的职能，自然就把诊断性评估、形成性评估、终结性评估有机地结合起来。

六、CIRO 评估模型

与柯氏四级评估模型一样，CIPP 评估模型在后续发展过程中也不断得到完善，比较著名的是 1970 年沃尔(Warr. P.)、伯德(Bird. M.)和莱克哈姆(Rackham)提出的 CIRO 评估模型。该模型在欧洲广泛应用，主要包括四个方面的内容：背景评估(context evaluation)、输入评估(input evaluation)、反应评估(reaction evaluation)和输出评估(output evaluation)。

(一)背景评估

背景评估是审查培训项目运行背景的基本条件，收集培训环境、人力资源等信息，确定培训的需求和要实现的培训目标。

(二)输入评估

输入评估是汇总培训项目中可能用到的内部资源和外部资源信息，对可利用的资源进行利弊分析和可行性论证，确定如何以最佳和最经济的培训方式实现培训目标。

(三)反应评估

反应评估是通过收集和分析学员的反馈信息，改进人力资源培训的运作程序，提高培训的有效性。

(四)输出评估

输出评估是收集并使用与培训成果相关的信息，对照预期目标，对项目完成情况及培训成果进行评估，并用于改进以后的培训项目。沃尔等人还认为，要想输出评估获得成功，需要在培训项目之前对培训的预期目标作出尽可能确切的定义和说明，并针对这些目标，选择或构建评估的标准。

第三节　培训评估方法

一、定性评估方法

培训的定性评估法是指不采用数学的方法，评估者在调查研究、了解实际情况的基础之上，根据自己的经验和相关标准，对培训效果作出评价的方法。利用这种方法获得的评估结果并没有明确的标准值，更大程度是一种价值判断。定性评价强调观察、分析、归纳与描述，它适合对学员的整体感受、培训教师教学态度、教学水平等不易量化的因素进行评估，评估结果也更趋向于作出"培训教师教学水平很高""培训效果整体较好"等概括性结论。

定性评估方法操作相对简便易行，对数据的要求较低，特别是对于一些难以量化的考核因素，评估者可以充分利用自己的经验得出结论。但是我们也应该看到，定性评估的结果受评估者的个人因素影响很大。评估者的个人知识水平、理论水平、实践经验、工作内容、所处职位以及对问题的主观看法等，可能存在较大差别，因此不同的评估者对同一问题很可能作出不同的判断。现在主要采用的定性评估方法有以下五种。

(一)观察法

观察法是指培训结束后，评估者亲自到受训学员所在的工作岗位上，仔细观察记录受训学员培训前后在工作岗位上的业绩表现，来衡量评估培训项目对受训者起到的效果。这种方法往往需要花费大量时间和人力，不能大范围应用。

(二)访谈法

访谈法是评估者与受访者面对面直接交谈，收集信息资料，可以一对一进行个人访谈，也可以以团体形式进行集体访谈。通常一对一访谈通过深入引导，可以获得可靠有效的资料；采用团体访谈可以节约时间，受访者回答问题时也可以相互启发，有利于促进问题深入。访谈法应用范围比较广泛，如了解学员对培训方案和学习方法的反应、了解学员对培训目标与实际工作相关性的看法、了解影响培训成果转化的影响因素等。需要注意的是，访谈法一般需要较多的人力、物力和时间，应用上会受到一定限制，此外还易受到访谈对象的影响，因此一般在调查对象比较少的时候采用，且常与问卷法、测验法等结合使用。

(三)关键人物评估法

关键人物是指与被评估对象在工作上接触比较密切的人，如受访者的上级领导、下属、同级别同事以及客户或服务对象等。有研究发现，在这些关键人物中，同级最熟悉受训者的工作状况，因此，可采用同级评价法，向受训者的同级了解其培训后的改变。这样的调查通常很容易操作，可行性强，能够提供很多有用信息。实际上由于同级之间可能存在竞争关系，而且上级或下属可能会存在对被评估人工作了解不全面等情况，为此有研究者设计了 360 度评价法，由上级、下级、顾客、同事甚至培训管理者等，从不同角度来评估受训者的变化。这种方法对了解工作态度或受训者培训后行为的改变比较有效。

(四)比较评估法

学员经过培训学到的知识、技能和态度提升是培训效果的重要衡量标准。比较评估法是衡量学员知识掌握程度的有效方法。可以分为培训前—

培训后评估法、纵向对比评估法、横向比较评估法。

1. 培训前—培训后评估法

培训前—培训后评估法是在参加培训前后，对参加培训的学员分别进行内容相同或者相近的测试，通过两次测试结果体现学员在培训前后的差别。使用这种方法应当注意，设置与参训学员素质相近的未参训学员对照组，以消除或减小评估结果误差。

2. 纵向对比评估法

纵向对比评估法是将评估对象放在自身的发展过程中，进行历史的和现实的比较，看其发展的相对位置是进步了还是退步了，其效果是增强了还是削弱了。

3. 横向比较评估法

横向比较评估法是将多个评估对象放在一起进行相互比较鉴别，看其相对水平的高低和效果的差异。一般是在被评估对象中选取表现最好的一个或多个对象作为对照，然后将其余被评估者与选出的参照者进行比较，划分等级，来衡量其相对水平高低和效果的差异。

比较评估法适用性强，节省时间，应用面比较广。但是在使用过程中要特别注意所选标准的准确性，标准过低差异性小，失去可比性；标准过高又难以体现被评估者的进步，因此在标准选择时应当慎重考虑。

(五)动态评估法

动态评估法是指把有关的人和事放到培训的整个过程中进行检测评估，根据原有基础，观察目前状况和未来的发展潜力及趋势。实施动态评估符合评估的连续原则。

二、定量评估方法

定性评估法只能对培训活动和受训人员的表现作出原则的、大致的、趋向性的判断，而定量评估法是在调查研究和统计分析的基础上，对培训作用的大小、受训学员行为方式改变的程度，以及工作单位收益多少给出数据上的解释，从而揭示并阐述学员行为改变、技能形成、素质提高等方面的规律性，并从培训评估的定量分析中得到启发，然后以描述形式来说明结论。定量评价具有客观化、标准化、精确化、量化、简便化等鲜明的特征。定量评估主要包括问卷评估法、考核法、收益评估法等。

(一)问卷评估法

问卷评估法是被评估者填写经过科学设计的问题表格，评估者回收问卷后，得到被评估者对某项问题的态度、意见和看法，然后对大部分被评估者的答案进行归纳分析，从而得出结论。这种评估方法具有效率较高、费用较低、调查结果受到人为因素干扰较小，且便于统计分析的优点，在样本量较大时仍然适用，不仅可以进行定量评估，也可以应用于定性评估，因此在目前的培训评估工作中被广泛应用。

需要注意的是，这种评估方法对问卷质量要求较高，评估者在设计调查问卷时需要注意以下几点：问卷目标要明确；调查指标要清晰，内容设定在被评估者知识范围内，以确保调查结果的真实性；问卷的题目和答案设计要有利于数据的量化处理；问卷呈现形式、题目数量等符合被评估者的心理、思维规律。

(二)考核法

考核法是通过试卷、实操等方式进行考试考核，评定分数或等级。技能实践类培训经常用这种方法对学员的学习效果进行评估。

(三)收益评估法

收益评估法是指通过计算出培训为组织带来的经济收益，从经济角度来综合评价培训项目的好坏。有些操作类强、实践类的培训项目可以较为直观地计算经济效益，有些项目则不适合采用这种评估方法。

三、定性定量相结合的评估方法

(一)硬指标与软指标结合评估法

硬指标分析是指培训的收益成本评估，利用成本收益模型分析培训的收益性。软指标主要是学员的满意度和服务对象满意度，前者包括学员对培训项目的反馈、知识技能的掌握程度、受训前后工作方式和工作态度的转变等方面；后者可以从服务对象的意见反馈、投诉率等多方面着手。单一的硬指标或者软指标评价都比较片面，因此培训评估效果要进行综合评估分析。

(二)绩效评估法

采用绩效评估法的组织或单位应该首先建立系统的绩效考核体系。学员在培训结束后，一般是3~6个月，组织再次对学员进行绩效考核，通过比较培训前后的绩效记录，看是否有所改进提高，提高程度如何，从而评估培训的效果。一般而言，绩效考核需要进行目标考核和过程考核，目标考核是核心，过程考核是保证，只有二者结合才能反映一个学员参加培训的真实绩效。

(三)FTF 评估法

FTF 评估法是通过市场调查和分析，总结出的具有自身特点的评估系统，通过"三步曲"对受训者进行客观的评估。第一步，在培训前对受训者进行一定的调查，确定其基本情况，同时也可以为培训需求分析提供依据；第二步，培训结束后，通过案例分析法对受训者的工作技能、个体思维等能力进行综合评定，较为客观地判断出受训者的个人思维创新能力和可塑程度，也可以为下次培训提供参考；第三步，培训结束 3 个月后，再对被培训者进行一次个体工作和个体素质分析，并进行一次案例分析测试，以确保测评的准确性。

不论是哪种评估方法都有其优势，也有所不足。定性评估操作简单，不需要大量数据，可以考量多种因素，但是受评估者主观因素影响较大，需要在评估前确定一个真实客观且准确性相当高的评估标准。定量评估能将各项评估结果用量化方式直观展现出来，客观性、说服性强，但是教育评估系统本身就具有高度复杂性，许多指标难以量化，影响评估结果。定性与定量评估相结合的方法可以结合双方的优点，但是使用之前需要设计科学完整的评估体系，实施难度相对较大。在培训过程中，评估者可根据实际需要选择适当的评估方式。

第四节　培训评估指标

本节通过分析干部教育培训评估的模型和方法，初步建立了一套评估指标体系以供参考，但是在实际工作中这些评估指标并非一成不变的，而是应该根据实际需要不断进行检验。只有通过不断的测评实践，发现指标存在的缺陷，并对指标进行优化再建，才能构建更加合理的评估指标体系。

一、指标体系组成

培训评估是一套系统的流程，需要运用多种理论、方法和程序，从培训项目中收集信息和数据，并与项目需求和目标联系起来，以确定项目的价值和质量。本节将基于 CIPP 评估模型和考夫曼五层次评估模型，构建一套干部教育培训评估指标体系。

(一)背景评估指标

在培训项目开始时，需要通过背景评估，鉴别该项目是否满足培训需求，现有的培训资源是否足够支持培训项目的开展，如果有培训需求且资源充足则说明有必要、有条件开展培训。明确培训需求以后，需要综合组织需求、岗位职责要求、学员个人需求等多方面因素制定切合实际的培训目标。

整个培训评估体系需要以背景评估指标作为基础，在此阶段，需要明确培训所处的背景情况，分析学员的培训需求以确认培训目标，并对培训目标的准确性加以分析，确认培训项目需要的资源以及面临的困难，以便为下一步培训方案的选择奠定基础。总体而言，这一阶段可以分为培训需求分析和培训目标分析两部分。

1. 培训需求分析

培训工作的开展必须建立在满足学员培训需求的基础上，因此培训项目开始之前必须进行培训需求分析。本节以目前被广泛认可且采用的组织—任务—人员三层次培训需求模型为基础，通过层次划分，从多方面寻找差距，使培训需求分析更加全面系统，培训计划也更有针对性。

组织需求分析指从组织的整体目标出发来考虑培训计划、培训内容和培训方式。干部教育培训的组织需求分析主要是分析干部素质能力现状与党和国家事业发展对干部的要求之间的差距，分析组织发展中存在的问题以及面临的机遇与挑战，从整体上鉴别是否需要开展培训以促进组织目标的实现。清晰的组织目标可以对培训规划起到良好的导向作用。

任务需求分析主要指的是根据岗位的性质，明确员工的工作职责和素质能力模型，既包括与岗位要求相匹配的理论知识、专业技术能力、工作态度等外显行为，也包括员工个人特质、动机等内隐知识。

个人需求界定的是干部个人的现有素质与个人期望之间的差距。这一层次的需求分析需要以任务需求分析为基础，对照工作绩效标准，分析员工现实绩效与理想绩效的差距，从而确定培训对象、培训内容和培训后应该达到的效果。

组织需求和任务需求是自上而下的需求，个人需求则是学员从个人实际出发，对提升专业技能和知识水平、增强履职能力、实现个人素质的微观要求。三者相辅相成共同构成了完整的培训需求模型，这也是制定合理培训目标的基础。

2. 培训目标分析

分析培训需求主要是为了确定适当的培训目标，因此培训目标的设定应该以培训需求为基础，选取的目标要能体现党和国家对干部培训的要求，符合政策、文件精神，结合干部实际工作需要和个人发展需要，从学习新理论、新知识、新技能以及个人综合素质能力提升等多个方面设置考核指标，注意选择那些具有代表性且易于收集数据信息、操作性较强的指标类型。

根据以上分析，可以构建表6-2所列的背景评估指标体系。

表6-2 背景评估指标

一级指标	二级指标	三级指标	评估因素
背景评估	培训需求分析	组织需求分析	1. 党和国家发展战略； 2. 政策要求； 3. 外部环境
		任务需求分析	1. 岗位工作职责； 2. 岗位能力胜任要求
		个人需求分析	1. 员工工作绩效； 2. 员工培训需求； 3. 个人职业发展规划
	培训目标分析	组织目标	1. 所制定目标的合理性； 2. 选取目标的可操作性； 3. 参训学员对培训目标的认同程度
		岗位目标	
		个人目标	

(二)输入评估指标

有了明确的培训目标，需要甄别现有的培训方案是否完善且满足培训目标，如果有，则直接实施；如果没有，或者现有的培训方案不符合条件，就需要对现有培训方案进行完善，重新制定一个符合培训目标、满足培训需求的培训方案。

输入评估是在背景评估的基础上，根据培训需求和培训目标评估培训需要的资源，制定培训计划，设计培训实施方案。评估者要对培训所需的各种资源进行分配，对培训方案中各个要素进行分析，以评估培训方案的可行性。

1. 组织保障

组织保障主要是指国家和政府在干部教育培训上政策和制度支持，以及学员主管单位和业务单位对干部教育培训的决策和资金上的支持。

干部教育培训是建设学习型、服务型、创新型马克思主义执政党、建设学习型社会的必然要求，党和政府历来重视干部教育培训工作，对干部教育培训的培训对象、教学内容、培训时长、教学形式、考核评估、师资、经费来源等作出制度上的规定。这就为干部教学培训工作的开展提供了政策上的支持和组织上的保障。

2. 资源保障

培训项目的顺利实施开展离不开各种资源的支持，包括人力资源和各种软硬件资源等。合理分配培训资源，将各种资源优先聚焦到核心培训项目上，才能保障项目的顺利开展同时避免资源的浪费。

(1)人力资源。人力资源是培训中最重要的资源，包括培训教师、培训管理者。

培训教师是培训教学活动的主要承担者，一个合格的培训教师不仅应该具有培训需要的理论知识水平、过硬的专业技能，同时还应该具备较高的教学水平，能够运用多种教学手段充分调动学员的积极性、强大的课堂掌控力和充分的表达能力，以保证教学效果。培训教师可以是专业教师，也可以是党政领导干部、企业经营管理人员和知名专家学者等，评估时不仅要对培训教师培训内容进行评价，还要对授课技巧、课堂调动、学员活跃度等方面进行考察。

培训管理者承担培训方案设计、培训计划组织实施、数据采集、协调反馈等多项职能，一般由培训机构职工承担这一角色。管理者的组织执行能力、沟通协调能力、后勤保障能力、反馈监督能力等都应该纳入评估范围。

(2)软硬件资源。软硬件资源指用于培训的各种物质资源的总和，既包括在线课程、教学素材库等辅助教学资源，也包括培训场所、培训设施、公共设施等各种硬件设施资源。培训场所包括能满足培训需求的培训教室、实训操作室、活动教学基地等；培训设施是指在教学活动中使用的各类教学设施，包括计算机、多媒体设备、音响、教具文具、设备模型、实验器材等；公共设施指后勤保障设施，如宾馆、食堂、接送车辆等。

3. 服务保障

服务保障是指在培训项目实施过程中培训管理者在课程设计、课程实施和学员管理服务上的投入程度。

根据以上分析，可以构建表6-3所列的输入评估指标体系。

表 6-3 输入评估指标

一级指标	二级指标	三级指标	评估因素
输入评估	培训方案可行性	组织保障	1. 党和国家政策、制度保障； 2. 学员主管部门和业务部门的领导支持； 3. 资金支持
		资源保障	1. 培训教师师资水平； 2. 培训管理者组织管理水平； 3. 教学资源丰富程度； 4. 培训场地； 5. 培训设施设备水平
		服务保障	1. 课程开发、实施投入程度； 2. 学员服务支持

(三)过程评估指标

培训项目实施的过程中，需要参照培训方案对培训过程进行不间断的监测，如果出现偏差应及时反馈、分析并修正，以确保培训项目能最大限度满足培训目标。此外，还需要从各方主体不断收集培训相关数据用于进行结果评估。

过程评估的本质是对培训计划的检验和修正。评估者将培训活动实际执行情况与培训计划相对照，检查培训项目完成情况，监测是否有偏离培训计划的情形，如发现偏差要及时进行纠正。通过持续的检验，一方面，培训管理者可以及时获取反馈信息，查看培训活动是否按计划实施，并且及时得知培训活动的反馈；另一方面，帮助培训管理人员及时发现培训过程中出现的问题，借此判断与培训目标的差距并及时修正。过程评估内容主要包括培训组织与开展情况、培训内容与方法、学习行为监测等。

1. 培训组织与开展情况

这一部分主要衡量培训管理者的组织管理工作水平，如培训开始前是否将培训通知及时告知符合条件的参训学员，培训过程中时间、地点、食宿培训安排是否合理，培训班主任能否将各项要求及时准确地通知到学员，后勤保障是否满足需求等。

2. 培训内容与方法

这一部分对培训的内容进行衡量，如评价课程内容设置是否合理，与教学目标的符合度如何，能否解决学员在实际工作中的困惑和问题，线上资源能否满足学习需求，教师理论水平、实践水平如何，教师教学态度是否端正，教师能否采用案例式、情景模拟式、研讨式等多种教学方式提高学员的积极性和活跃度，不同教学方法使用是否恰当等。

3. 学习行为监测

这一部分主要是培训教师对学员的学习情况进行评价，通过考察学员的出勤情况、课堂参与情况、学习时长、学习计划制定情况、作业完成情况等，教师可以了解学生对课程的接受程度和对教师的认可程度，为后续课程的改进提供依据。评估者对学员的学习行为进行汇总分析，可以间接对学员的培训效果做出评估。

根据以上分析，可以构建表 6-4 所列的过程评估指标体系。

表 6-4 过程评估指标

一级指标	二级指标	三级指标	评估因素
过程评估	培训方案执行情况	培训组织与开展情况	1. 培训项目前期宣传； 2. 培训时间安排； 3. 培训中通知与要求的传达； 4. 学员管理服务水平
		培训内容与方法	1. 培训课程与培训目标契合度； 2. 课程内容的深度、广度、实用性； 3. 辅助教学资源的丰富性、多样性； 4. 教师授课水平、工作态度； 5. 教学方式多样化
		学习行为监测	1. 学习计划的制定； 2. 学员出勤情况； 3. 学员课堂活跃度； 4. 学员在线课程课时数； 5. 学习进度监督； 6. 小组作业完成情况

（四）结果评估指标

结果评估是指通过衡量培训方案实际取得的效果和产生的影响，来确定是否达到培训目标以及达到培训目标的程度。即培训结束以后，分析培训评估结果，编制评估报告，总结培训中出现的问题，并向培训相关参与方进行反馈，为后续培训工作提出改进建议。这一部分评估可以分五个方面进行。

1. 反应层评估

反应层评估需要学员回答的最主要一个问题就是："你对此次培训是否满意?"一般以问卷调查方式获得学员对培训项目的主观感受，评估内容包括对培训内容、培训教师的满意度，对培训组织管理以及培训设施的满意度等。

2. 学习层评估

学习层评估主要是对学员在培训中涉及的原理、事实、技能的掌握程度进行衡量，这也是学员培训效果的最直接体现，可以通过试卷考核、技能实践、撰写研修报告等方式进行评价。很多培训机构进行干部培训评估时在这一层次就截止了，缺乏对学员将所学运用到实际工作中的考察。

3. 行为层评估

行为层评估是测量学员将所学的知识或技能转化为工作行为的程度，即在完成培训后，学员是否愿意或是否有机会将所学的知识、技能运用在工作中。这一层次的评估可以通过学员自我评估、360度访谈法、行为观察法等方法进行，考核学员返回工作岗位后行为的改变以及改变的程度。

4. 结果层评估

结果层评估是学员通过行为的改变带来的个人绩效提高，以及为组织单位带来的正向效益，如部门凝聚力增强、整体工作氛围转变、执行力提升等。一般绩效评估需要对培训前后的数据、信息等进行对比分析，而且绩效提高的效果需要一定的时间才能看出来，因此这一层次的评估结果通常要在培训结束后几个月，通过一段时间的考核观察才能得出。

5. 社会效益层评估

社会效益层评估是指干部培训的结果对社会层面的影响。由于干部工作的公共性，服务对象为广大人民群众，因此社会效益层评估可以从群众满意度等方面进行评估。

根据以上分析，可以构建表6-5所列的结果评估指标体系。

表 6-5　结果评估指标

一级指标	二级指标	三级指标	评估因素
结果评估	培训效果	反应层评估	1. 培训内容满意度； 2. 培训师资满意度； 3. 培训组织管理满意度； 4. 培训条件满意度
		学习层评估	1. 新理论、新知识的获得； 2. 技能的增强； 3. 素质能力的提高； 4. 态度的提升
		行为层评估	1. 工作态度的转变； 2. 是否有新知识、新技能的运用，运用频率如何
		结果层评估	1. 个人绩效考核； 2. 组织凝聚力； 3. 部门执行力
		社会效益层评估	1. 群众满意度； 2. 政府公信力

二、指标要素筛选

(一)筛选原则

培训评估是一个系统性的过程，如何筛选关系合理、层次清晰的评估指标至关重要。评估指标筛选一般要遵循以下原则。

1. 政治性与科学性原则

《干部教育培训工作条例》中明确规定："干部教育培训坚持以理想信念、党性修养、政治理论、政策法规、道德品行教育培训为重点。"政治上不合格的要一票否决，因此在评估指标的选择上，应该注重体现指标的政治性。此外，评估指标不能凭空想象编造，应该是经过实际调查并多方论证之后确立的，必须有科学依据。

2. 全面性与客观性原则

培训评估要涉及培训委托方、培训机构、学员等多个主体，评估结果也是反应层、学习层、行为层、结果层等多个层面效果子系统的集合，因此在评估指标的选取时应当考虑全面，指标要尽量覆盖影响评估结果的所有因素，体现评估结果的体系性特征，并且应该注意各指标含义的准确性，相互含义之间不应该有交互重叠。评估时要选取恰当的评估方法，尽量保证评估结果的客观性和中立性，避免主观随意的判断，对于一些主观性较强的评估意见可以选择相应的数学模型，将定性的描述转化为定量分析，以保证评价结果的客观性。

3. 有效性与可操作性原则

培训效果主要是衡量学员在受训前后知识、能力的掌握程度和行为、态度的转变，因此选取的评估指标应该能切实反映这种转变，这样才能保证评估结果的准确性。指标体系必须具有可操作性，主要体现在信息数据的可获取性、数据资料可量化分析，数据真实有效、评估过程简便易行，便于把握，以便评估工作的开展与推广。

4. 定性与定量相结合原则

干部教育培训的成绩考核可以通过量化手段进行分析，但是培训的成果往往是一个动态累积的过程，有时并不是立即显现的，且容易受到其他因素的影响，因此在进行评估指标设计时需要综合运用定性分析和定量分析方法，通过定性评价和定量评分相结合对培训效果进行评估，既要评估干部教育培训效果的现实指标，又要有培训实践发展的过程指标，充分发挥指标的导向作用，为干部教育培训工作的发展提供指导价值。

(二)筛选方法

干部教育培训评估起初会选取相关的多个指标，但指标过多容易增加数据获取的难度，造成评估可操作性差。为了评估易于开展，同时确保培训指标尽可能全面地反映培训总体情况，需要选取适当的方法对培训指标进行合理筛选。评价指标的筛选方法大致可以分为定性和定量两大类。

1. 定性筛选方法

定性筛选法又称经验法或专家意见法，主要是凭借评价者个人的知识和经验，借鉴同行专家的意见，综合后进行筛选。这种方法的优点是简单易行，缺点是主观性较强。

定性筛选一般通过德尔菲法开展，即根据事先调查得到的情况，凭借专家的知识和经验，直接地或经过简单地推算，对评价指标进行综合分析研究，选择更符合要求的指标。它最大的优点是简便直观，无须建立烦琐的数学模型，而且在缺乏足够统计数据和没有类似情形可以借鉴的情况下，也能对研究对象的状态作出有效的判断。

德尔菲法有以下优点：一是各专家能够在不受干扰的情况下，独立、充分地表明自己的意见；二是筛选结果是各位专家意见综合而成的，能够发挥集体的智慧；三是反应面比较广，费用比较节省。德尔菲法一般按照确定评估主题、选择专家、设计咨询表、多轮征询意见等步骤进行。

2. 定量筛选方法

定量筛选法目前采用的主要有主成分分析法、相关分析法和独立性分析法等，这类方法的优点是客观性较强，缺点是比较机械且计算量大，不一定符合评价的实际。

定量方法运用最广泛的是主成分分析法，它是设法将原来众多具有一定相关性的多个指标，重新组合成一组新的互相无关的综合指标来代替原来的指标。即从原始指标中导出少数几个主成分，使它们尽可能多地保留原始指标的信息，且彼此间互不相关。通常数学上的处理就是将原来的多个指标作线性组合，作为新的综合指标。干部教育培训评估所涉及的众多指标有一定的相关性，必然存在起着支配作用的因素。主成分分析就是找出影响培训效果某一要素的几个综合指标，使综合指标变为原来指标的线性拟合。这样综合指标不仅保留了原始指标的主要信息，且彼此间不相关，又比原始指标具有某些更优越的性质，在研究培训评估时更容易抓住主要问题。

第五节 培训评估流程及注意事项

根据干部教育培训目标，确定预期的培训效果，收集信息和数据进行分析，然后采用适当的评估方法实施评估并给予反馈。一般说来，干部教育培训评估包括六个步骤。

一、评估流程

(一)分析培训需求

进行培训需求分析是培训项目设计的第一步，也是培训评估的第一步。不管一个培训项目是由什么原因引起的，培训管理人员都应该通过培训需求分析来决定具体的知识、技能、态度的缺陷。此环节主要是确定培训的必要性，由有关人员收集有关组织和个人的各种信息，找出实际工作绩效与绩效标准之间的差距，从而进一步找出组织及其成员在知识、技术和能力方面的差距，分析产生差距的原因，以确定是否需要培训，谁需要培训等。

培训需求分析中所使用的最典型的方法有访谈法、调研法和问卷调查法。调查的对象主要集中在未来的受训干部和他们的派出单位，同时还要对工作效率低的管理机构及干部所在的环境实施调查，从而确定环境是否也对工作效率有所影响。

(二)确定评估的目的

在培训项目实施之前，培训管理人员就必须把培训评估的目的明确下来。多数情况下，培训评估的实施有助于对培训项目的前景作出决定，对培训系统的某些部分进行修订，或是对培训项目进行整体修改，以使其更加符合组织的需要。例如，培训材料是否体现组织的价值观念，培训教师能否完整地将知识和信息传递给受训人员等。重要的是，培训评估的目的将影响数据收集的方法和所要收集的数据类型。

(三)建立培训评估数据库

进行培训评估之前，培训管理者必须将培训前后发生的数据收集齐备，因为培训数据是培训评估的对象。培训的数据按照能否用数字衡量的标准可以分为两类：硬数据和软数据。硬数据是对改进情况的主要衡量标准，以比例的形式出现，是一些易于收集的无可争辩的事实。这是最需要收集的理想数据。硬数据可以分为四大类：成效、质量、成本和时间，几乎在所有组织机构中这四类都是具有代表性的绩效衡量标准。有时候很难找到硬数据，这时，软数据在评估人力资源开发培训项目时就很有意义。常用的软数据类型可以归纳为六个部分：工作习惯、氛围、新技能、发展、满意度和主动性。

培训数据库中应当收集以下信息：培训实施的时间、培训目标、培训内容、培训师的信息、培训日程安排、培训组织管理信息、培训实施过程的管理信息等。培训效果信息一般通过向管理部门、受训者、受训者主管和培训管理者来收集。

培训数据收集的关键是培训管理人员与参训人员及其所在单位良好的配合。例如，培训需求来自学员派出单位，他们知道干部素质能力的差距，他们能够指出干部能力改善的方向和预期改善目标。培训管理人员，尤其是培训评估实施人员只有与参训干部及其单位配合，才能更好地把握培训方向。收集的数据最好是在一个时段内的，以便进行实际分析比较。例如，前6个月的不满意数量，去年处理的失误次数，上一个季度学习的次数，或过去年份的学习成本等。

（四）构建培训评估指标体系

对于评估者来说，评估什么是一个关键。以本章第四节指标体系组成为例，首先，基于背景评估、输入评估、过程评估和结果评估，利用查阅文献、总结实际经验、德尔菲法等方法预选多级指标，并进行指标的逐级分级细化，构建干部教育培训评估指标库；其次，对各级指标进行权重分析，一般采用模糊分析法和层次分析法，对不同指标进行重要性排序汇总，最终选取一定数量的重要性较高的指标，构成干部教育培训评估指标体系；最后，评估指标体系确定后，评估者根据不同评估指标的特点选择恰当的信息收集方法，常用的有访谈法、问卷调查法等，对收集的各项数据信息进行统计分析，计算培训效果均值、最值、标准差等，结合定性分析方法，对培训情况作出总体评价。

（五）开展培训评估

基于对收集到的信息进行认真分析，培训管理部门就可以有针对性地调整培训项目。如果培训项目没有什么效果或是存在问题，培训管理部门就要对该项目进行调整或考虑取消该项目。如果评估结果表明培训项目的某些部分不够有效，例如，内容不适当、授课方式不适当、对工作没有足够的影响或参训学员本身缺乏积极性等，培训管理部门就可以有针对性地对这些部分进行重新设计或调整。

（六）反馈培训评估结果

在培训评估过程中，往往忽视对培训评估结果的沟通。尽管经过分析和解释后的评估数据将转给某些部门，但是，当应该得到这些信息的人没有得到时，就会出现问题。在沟通有关培训评估信息时，培训部门一定要做到不存偏见和有效率。

一般来说，有四方面的主体是必须要得到培训评估结果的：一是培训实施方，他们需要这些信息来改进培训项目。只有在得到反馈意见的基础上精益求精，培训项目才能得到提高。二是培训管理方，他们承担着培训管理实施的重要决策，决定着培训项目的未来，这也是培训评估的基本目的之一，就是为妥善的决策提供基础。即需要思考应该为继续这种努力投入更多的经费吗？这个项目值得做吗？应该与管理方沟通这些问题及其答案。三是参训学员，他们应该知道自己的培训效果怎么样，并且将自己的业绩表现与其他人的业绩表现进行比较。这种意见反馈有助于他们继续努力，也有助于将来参加该培训项目学习的学员不断努力。四是受训人员所在单位和部门，这是受训人员是否取得培训成效的直接反映领域，也是干部培训与成长晋升直接挂钩的途径，是培训评估发挥其约束力的重要一环。

二、注意事项

我国目前的干部教育培训坚持"谁主办、谁评估"的原则，因此在评估时难以做到"教评分离""管评分离"，评估的客观性和中立性不能得到有效保证，因此在建立健全评估体系时应当建立多元化主体评估制度，各主体各司其职，充分发挥作用，确保评估工作的实施。

（一）培训委托方

行业主管单位在培训评估中应统领全局，把握评估整体方向。培训开始前根据机构准入标准筛选培训机构，只有经过资质认定、符合准入要求的培训机构才能承担培训评估任务。培训初期考察培训目标和培训方案的合理性和可行性，培训过程中协助培训机构对出现的问题及时进行纠正，培训结束后综合各方反馈，从委托方角度对培训各个方面的工作进行整体评估，总结经验教训，为新的培训项目的开展提供科学的参考依据。学员所在单位还应该协助培训机构对学员培训效果的行为层和结果层进行评估。业务单位可以采用设置考察指标、比较法、360度访谈等方法，对学员培训前后的工作质量、工作态度、工作行为及产生的结果进行考核，以评估学员参训的效果。

（二）培训机构

培训机构作为培训方案的实际执行者，负责培训课程规划、师资安排及培训组织实施工作，培训机构的评估包括对自身的评估和对学员的评估两部分。一方面培训机构要对照培训目标，考核培训教师的教学质量、培训方法是否合理、是否按计划完成培训内容、培训管理保障是否到位；另一方面可以通过书面测试、情境模拟、角色扮演等形式，在参训前、培训中、培训后对学员的知识、技能等培训内容进行考核，以检验学员对培训内容的接受程度和掌握程度，进一步了解培训的效果。

（三）参训学员

作为评估主体，学员主要对培训项目的实施过程进行评价，包括培训计划是否符合实际要求、课程设置是否科学、培训时间安排是否合理、课程内容能否解决实际问题、教师的授课水平如何、教学方法和手段是否灵活多样、管理组织能力如何等方面，可以通过问卷调查、访谈法、座谈法等方式收集学员的真实意见建议，作为改进的依据。此外，培训的最终目的是通过培训，带来受训学员个人知识能力素质水平的提高，并最终把学习成果运用到工作中，因此受训学员还应该在培训后对个人在知识、技能、态度等方面的收获进行自我评估，反思总结培训中存在的问题，积极为后续培训工作提出建议。

参考文献

彼得·德鲁克, 2005. 现代管理宗师德鲁克文选 (英文版) [M]. 北京: 机械工业出版社.

陈福荣, 刘建德, 2008. 延安时期中国共产党培养和造就干部的基本经验 [J]. 中国延安干部学院学报 (3): 85-88.

陈婷婷, 2008. 重庆市公务员培训效果评估体系创新研究 [D]. 重庆: 重庆大学.

陈婉莹, 2021. 基于 CIPP 模型的干部培训评估研究 [D]. 济南: 山东大学.

崔巧红, 2013. 学习型组织理论与我国成人教育管理 [J]. 现代交际 (5): 87+86.

戴玲, 2021. 关于少数民族干部培训需求特征的实证研究 [J]. 贵州民族研究, 42 (1): 174-180.

范治军, 2021. 对县级党校提升干部教育培训成果的探讨——以崇信县干部教育培训成果转化为例 [J]. 甘肃农业 (1): 105-107.

冯茜, 2015. 新中国成立以来党员干部理论教育研究 [D]. 武汉: 武汉大学.

高铁成, 2022. 事业单位青年干部培训的管理与创新 [J]. 现代商贸工业, 43 (13): 89-91.

高小凡, 2017. 培训项目管理的过程控制研究 [J]. 中小企业管理与科技 (下旬刊) (8): 75-76.

耿萍, 2007. 公务员培训评估研究 [D]. 西安: 西北大学.

郭磊, 2020. 把培训效果转化为工作能力 [N]. 中国组织人事报, 2020-12-25 (006).

何彦霏, 刘晓哲, 2019. 中国共产党干部教育培训 70 年: 历程、规律及启示 [J]. 贵州社会科学 (10): 13-20.

何亦健, 1994. 目标管理在干部教育管理中的效用 [J]. 中共福建省委党校学报 (10): 51-53.

胡丁月, 2020. 四川省直机关党校干部培训需求调研分析及对策建议 [J]. 新西部 (上旬刊) (11): 94-95, 98.

胡银根, 游红, 李寒, 2016. 终身教育背景下干部培训教学法探讨 [J]. 中国教育技术装备 (6): 123-124.

黄卓, 黄丁, 高雅静, 等, 2020. 国际视域下中国干部培训标准化评估方法研究 [J]. 百科知识 (3): 25-27.

嵇景岩, 2017. 党的十六大以来干部教育改革创新问题研究 (2002—2012) [D]. 长春:

吉林大学.

李闯, 2017. 从柯氏评估模型角度分析基层党员干部培训评估问题[J]. 湖北函授大学学报, 30(20): 108-110, 120.

李勤, 2007. 企业员工培训有效性研究[D]. 成都: 西南财经大学.

李晓媛, 2014. 浅析实施目标管理提升基层干部教育培训实效[J]. 经济研究导刊(5): 100-101.

梁文俊, 2014. 培训方案设计的逻辑与方法[J]. 石油化工管理干部学院学报, 16(3): 28-32.

林茂松, 王东亚, 2008. 项目管理理论回顾和思考[J]. 农村经济与科技(7): 34-35.

刘博洋, 2022. 胜任力视角的Z银行中层管理者培训管理优化研究[D]. 石家庄: 河北经贸大学.

刘春玲, 2018. 干部教育培训师资队伍规范化建设思考[J]. 广西教育(11): 116-117, 128.

刘欢, 2020. H公司技能型员工培训成果转化及提升策略研究[D]. 北京: 北京交通大学.

刘伟, 刘梅红, 丁悦, 2015. 教师专业化视阈下培训教师专业能力的培养——基于中国气象干部培训学院湖南分院[J]. 继续教育, 29(12): 22-24.

刘伟, 朱文欣, 2018. 基于培训需求的人事干部培训课程设计实践与思考——以气象部门地市级人事科长岗位培训为例[J]. 继续教育, 32(8): 26-28.

刘银行, 2019. 柯式评估模型理论下培训成果深度转化研究[J]. 农银学刊(6): 10-15.

刘月清, 2015. 浅议规范的培训管理流程设计[J]. 赤子(上中旬)(16): 98.

刘志凯, 冯会, 2019. 培训学习转化环节培训生态的营造与实践[J]. 石油化工管理干部学院学报, 21(4): 17-20.

罗旭, 2019. 共产党人的"心学", 常修方能常新[N]. 光明日报, 2019-2-28.

马佳, 佟文京, 2019. 基于行为事件访谈法的教育干部培训需求调研模式研究[J]. 中国教师(3): 109-110.

马娟, 2010. 国外公务员培训质量评估的主要做法及借鉴[J]. 当代教育理论与实践, 2(5): 170-171.

马丽, 2011. 注重原则策略制定, 追求课堂目标实施[J]. 新课程(教研)(12): 33-34.

马彦立, 1987. 干部教育的目标管理[J]. 领导科学(1): 37.

马云风, 2013. 浅析电力企业领导干部培训课程体系的构建[J]. 中国电力教育(20): 148-149.

孟昭君, 陈树清, 2012. 基于胜任力特征的干部培训院校教师管理研究[J]. 现代商贸工业, 24(10): 130-131.

彭毅, 2020. 企业培训成果转化的障碍与突破之道[J]. 企业改革与管理(10): 65-68.

邱慧娴, 2015. 干部教育培训评估系统研究[D]. 上海: 华东师范大学.

邱文华, 2015. 新公共管理视角下的税务员培训管理研究[D]. 武汉: 华中师范大学.

任康磊, 2021. 培训管理实操从入门到精通[M]. 北京: 人民邮电出版社.

沈丽莉, 刘艳霞, 2013. 目标管理在高校学生干部管理和教育中运用的探讨[J]. 快乐
阅读(34): 2-3.

宋立平, 卫心雨, 2022. 基于培训方案设计模型的高校图书馆馆员培训路径探究[J].
河北科技图苑, 35(3): 81-85.

宋莎, 姚晨静, 强宁娟, 2020. 顺丰快递企业员工培训方案设计分析[J]. 经济研究导
刊(26): 69-70.

孙俊凤, 冯志文, 董红亮, 等, 2021. 新时代干部教育培训的实践与思考——基于自然
资源系统基层干部培训的调研[J]. 中国人事科学(6): 1-7.

汤嘉琛, 2013. 改进学风是"严管干部"的重要一环[J]. 理论参考(4): 1.

唐小兵, 2018. 高校干部教育培训项目管理研究[M]. 武汉: 武汉大学出版社.

王国春, 2009. 目标管理——新课程背景下教师培训模式研究[J]. 科教文汇(上旬刊)
(10): 15-16.

王建, 2016. 教师培训方案制定与实施的基本要素及其关系研究[J]. 当代继续教育,
34(2): 62-66.

王洁, 2008. 国外公务员培训制度研究[D]. 上海: 华东师范大学.

王立娟, 2021. "互联网+"背景下党校干部培训模式分析[J]. 活力(24): 178-180.

王凌鸿, 王秦妮, 段海禹, 2022. 全过程评估理念下企业工会干部培训模式研究[J].
延安职业技术学院学报, 36(2): 21-25.

王仲清, 1997. 党校教育的历史沿革[J]. 中共中央党校学报(3): 99-102.

习近平, 2016. 在全国党校工作会议上的讲话[J]. 求是(9): 3-13.

新华通讯社, 1956. 中国共产党在全党范围内开展干部理论教育和党员教育工作[C].
新华社(2290): 1.

薛红, 2014. 加强石油企业干部培训评估效果的对策建议[J]. 科技与企业(7):
82-83.

闫轶卿, 2020. 培训管理18项精进[M]. 北京: 中国法制出版社.

杨楠, 2019. 新时代干部培训方法创新[M]. 北京: 知识产权出版社.

杨学祥, 李国斌, 2016. 北京大学继续教育发展历程回顾与高校继续教育面临的新挑
战[J]. 继续教育(11): 3-5.

叶绪江, 刘祖云, 2011. 我国公务员培训体制"全程改革"探析——基于新公共管理的
理论视角[J]. 深圳大学学报(人文社会科学版), 28(6): 60-65.

佚名, 1953. 干部业余理论学校应该推广举办[J]. 山西政报(3): 103-105.

余新, 2012. 教师培训师专业修炼[M]. 北京: 教育科学出版社.

袁瑞雪, 2019. 基于人力资本理论的终身职业技能培训制度研究[J]. 中国成人教育

（17）：22-25.

张健，2020. 新时代继续教育师资队伍建设的思考——以气象干部培训学院为例[J]. 继续教育研究(5)：8-12.

张黎黎，2021. 气象年轻干部培训工作的实践与思考[J]. 现代职业教育(49)：228-229.

张利明，2020. 林草干部教育培训理论与实践[M]. 北京：中国林业出版社.

张茹，2013. 现代干部培训目标管理[J]. 企业导报(2)：48-49.

张淑，2020. 基于 ADDIE 模式的临床护士叙事护理培训路径研究[D]. 南昌：南昌大学.

赵宁宁，2021. Q 市税务局干部教育培训管理研究[D]. 济南：山东财经大学.

赵永业，罗生洲，刘珍花，等，2019. 气象干部培训中远程教学为先导的多元培训模式探讨[J]. 青海科技，26(5)：99-101.

中央档案馆，1991. 中共中央文件选集 第一册(1921—1925)[M]. 北京：中共中央党校出版社.

中央党校教务部，1993. 党中央和中央领导同志论党校教育和干部学习[M]. 北京：中共中央党校出版社.

周俊，2020. 企业培训转化为生产力的思考[J]. 人才资源开发(20)：82-83.

周忆陶，闫捷，尹志鹏，2019. 基于自媒体平台的职业教育干部培训方法探讨[J]. 人才资源开发(22)：55-56.

朱亚勤，2012. 全国干部教育培训高校基地建设综述[N]. 中国组织人事报，2012-5-21.

左蕊，2020. 基于胜任力模型的国有企业基层管理者培训需求研究[J]. 中国中小企业(11)：149-150.